Dynamic Financing Mechanism of Entrepreneurial Enterprises

创业型企业的动态融资机制

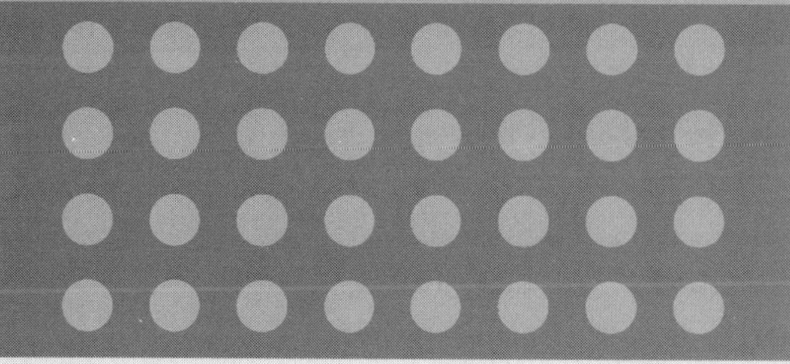

中国财经出版传媒集团
经济科学出版社
Economic Science Press

图书在版编目（CIP）数据

创业型企业的动态融资机制 / 吉云著．—北京：经济科学出版社，2021.8

ISBN 978-7-5218-2670-8

Ⅰ．①创…　Ⅱ．①吉…　Ⅲ．①企业融资－研究　Ⅳ．①F275.1

中国版本图书馆 CIP 数据核字（2021）第 132663 号

责任编辑：朱明静
责任校对：王肖楠
责任印制：王世伟

创业型企业的动态融资机制

吉云　著

经济科学出版社出版、发行　新华书店经销

社址：北京市海淀区阜成路甲 28 号　邮编：100142

总编部电话：010-88191217　发行部电话：010-88191522

网址：www.esp.com.cn

电子邮箱：esp@esp.com.cn

天猫网店：经济科学出版社旗舰店

网址：http://jjkxcbs.tmall.com

北京季蜂印刷有限公司印装

787×1092　16 开　15.25 印张　260000 字

2021 年 8 月第 1 版　2021 年 8 月第 1 次印刷

ISBN 978-7-5218-2670-8　定价：68.00 元

（图书出现印装问题，本社负责调换。电话：010-88191510）

本书出版由温州大学、温州大学商学院、温州大学金融研究院联合资助，在此致谢！

前　言

创业是一个复杂的动态过程。其复杂性在于，创业全过程充满着高度的奈特不确定性，创业者在整合和激励各种内外部创业要素时，会面临诸多不可预知的挑战。其动态性在于，创业创新本质上是一个不断试错的过程，企业家需要对各种可能性保持开放的态度，采取灵活且富有弹性的适应性策略。与此相匹配，为了获得其生存和发展所必需的资金支持，创业型企业需要基于动态契约机制进行外部融资。

动态融资机制具有信息发现和双边激励功能，它不仅能很好地适应创业过程面临的奈特不确定性环境，其动态均衡性质还有助于提升企业家隐性激励和投资者参与投后管理的意愿。因此，动态契约大大降低了创业型企业的融资交易成本，在降低投资者风险暴露水平的同时，提高了创业型企业的资金可得性，宏观上提升了创业成活率。

创业活动多种多样，但我们最感兴趣的是基于创新的创业。这意味着企业家位于创业活动的中心，创新和企业家精神是创业成功的基础。反过来，创新发展史表明，创新，尤其是颠覆性创新，多数来自新创企业，其开拓性、独创性和颠覆性是推动技术进步和经济增长的根本动力。因此，任何有效的创业融资机制都需要尽可能地实现企业家创新激励的最大化。如果作为中心签约人的企业家创新意愿不足，创业型企业的价值源泉会逐渐枯竭，融资交易的基础将被削弱，所有利益相关者的利益都会受损。

有关创业融资的文献浩如烟海，但真正以创新和企业家精神为中心，从创业创新活动面临的奈特不确定性切入，利用动态契约框架对此进行探讨的研究还极其少见。本书可算是往这一方向进行拓展的一个尝试，通过理论研究和经验考察，我们试图触及该领域的几个重要主题，例如创业者与投资者的动态博弈、双边激励、创业型企业动态估值、动态治理和风险控制、奈特不确定性的影响及其应对等。

第一，通过将投资者与创业者之间的融资关系模型化为附带通信的贝叶斯博弈，我们证明，静态框架下存在事前有效的激励可行融资机制，但不存在事后有效的融资机制，事后有效要求引入动态契约。在两阶段融资博弈中，第二轮融资失败可能性的存在限制了企业家的期初机会主义行为，在一定条件下，激励可行的动态融资机制能够实现事后有效。在该机制中，创业者在第一轮如实报告其类型信息，投资者则在第二轮交易中完全满足其融资需求。因此，现实中观察到的动态融资机制内生于创业者与投资者之间的贝叶斯博弈均衡。

第二，从创业者和投资者的角度考察动态融资机制实施双边激励的基本原理。分析表明，不确定性环境下的融资契约是不完全的，企业家激励不足，而静态契约安排下投资者处于消极地位，也不能充分发挥创业企业的增长潜力，这妨碍了融资交易的正常推进。本书证明，自我实施的隐性契约可以提升企业家的自我激励程度，改善双方合作的条件，提高创业融资成功的可能性。动态契约则能很好地适应不确定性环境，相关条款确保投资者具有足够动力和能力积极介入融资过程，充分挖掘不确定性带来的增长期权价值。

第三，从创新和企业家精神的本质出发，本书提出了一种新的创业型企业估值方法。该方法基于投资者与创业者之间的合作剩余，利用合作博弈的均衡配置内生出合理的股权配置比例，再基于项目的资金需求对创业型企业进行估值。该方法将企业家置于创业活动的中心，并考虑到其他利益相关者的边际贡献。此外，我们的分析还表明，动态的分阶段融资机制充分利用市场发现信息的功能，可在不确定性逐渐降低的过程中实现动态估值，而其内嵌的退出实物期权则为投资者提供了风险控制工具，在事前直接提高了企业的价值。

第四，我们发现，创业型企业的治理机制与成熟企业存在明显差异，投资者在公司运作中发挥着更为积极的作用。本书构造了3个不同信息条件下的扩展式博弈模型，以刻画不确定性下创业型企业分阶段融资机制中蕴含的动态治理机制。分析表明，有关企业家才能和创新机会的先验信念决定了投资者与企业家之间的均衡治理机制，即企业家治理、对抗式治理、合作式治理、顾问式治理。随着融资轮次的增加，新信息的补充会改变相应的后验信念，一定条件下导致治理机制的动态调整。

第五，本书从三个角度进行实证研究，试图获得前述理论结果的部分证据。对创新能力与创业意愿之间关系的计量分析表明，创新能力和不确定性容忍度对创业意愿均有显著影响，创业合意性和创业可行性在其间发挥中介作用，而不确定性容忍度对创业意愿的形成过程具有双重调节效应。对经济政策不确定性对企业创新的影响效应和作用机制的实证检验发现，经济政策不确定性会阻碍企业创新，企业家不确定性容忍度可在一定程度上缓解这种不利影响，且在一定条件下甚至会反转两者的关系，即不确定性会促进创新。该调节效应通过两种机制发挥作用，即“资金约束缓解机制”和“研发激励机制”。此外，我们还检验了风险投资促进创业型企业创新的直接、间接效应以及具体传导机制。结果表明，风险投资介入能显著地提升创业型企业的创新水平，具体通过双重调节效应和部分中介效应推动企业创新。一方面，正向调节不确定性和管理层持股对创新的效应；另一方面，通过研发投入的部分中介机制间接推动创新。这些结果对之前的理论分析提供了部分经验支持。

第六，为了比较民间借贷和创业投资这两种特殊的融资机制，我们基于交易成本经济学框架，从融资交易特征和契约实施机制两个角度对此进行微观分析。利用不确定性、可实施性、标准化程度、代理人激励必要性、关系专用性五个维度来刻画交易的特征，据此考察不同融资活动的契约机制。分析表明，现实中发展出的多种契约条款和显性或隐性实施机制很好地解决了各种独特的融资交易难题，例如基于关系网络的隐性契约及其自我实施机制降低了民间借贷的违约风险；创业型企业的分阶段融资缓解了不确定性的影响，减少了投资者与创业者之间的双边机会主义动机。这些结果可为现实中各种融资关系借鉴其他机制的有效做法提供启示。

创业创新及其融资机制这一研究领域的涵盖范围极广，试图在一本书中囊括所有主题是不可能的。如果本书算是触及其中的某些主题，并且体现了某种努力的话，那便是我们的些许边际贡献了。可以确认的是，随着创业创新活动在现代经济中的地位越来越重要，任何在该领域做出的研究尝试都是有价值的，这也是我们未来将继续对此进行探索的根本动力。

目　录

第一章

总　论

第一节　创新、不确定性与创业型企业的成长

现代经济中，创新和企业家精神是一种极其重要但高度稀缺的资源。尽管大公司依然在创新领域扮演着重要角色，但大量创新，尤其是颠覆性创新却主要来自创业活动（毕海德，2004）。原因在于直接交易创意和技术知识会面临高额交易成本（Lerner & Malmendier，2010），而雇用契约又会导致创新激励不足，甚至企业家才能的消失，因此，创业这种间接定价企业家才能的机制便是创新者的最佳选择（吉云和姚洪心，2011；林强等，2001）。大量经验研究表明，创新能力高低的确会显著影响潜在企业家的创业意愿（Ahmed et al.，2010；Wurthmann，2014；孙春玲等，2015）。

创新者常常通过创业来实现自己的创意，但创业过程异常艰辛，创业型企业的生存和发展常常遭遇严重挑战。为了在有限的市场中争取生存空间，初创企业需要充分发挥其技术优势，利用创新武器对在位企业发起攻击（Christensen & Rosenbloom，1995；福斯特，2008），而为了在激烈的竞争中发展壮大，也需要基于其创新能力构建起持续性竞争优势（Dyer et al.，2011）。因此，创业成功的必要条件是创新，如果不能打破“循环流转”的均衡状态，初创企业不可能赚取到超额利润（Schumpeter，1934；Shane & Venkataraman，2000），进而实现持续成长。

创新的本质及其对于经济增长的含义首先被熊彼特正式讨论（熊彼特，2000），他将创新定义为实现新的组合。熊彼特指出，通过创造性破坏过程，创新

不断推动着资本主义经济向前发展。作为经济增长的引擎，企业家不断利用创新打破循环流转经济的均衡状况，并在经济重新恢复均衡的过程中赚取超额利润。熊彼特之后，有关企业家及创新的研究层出不穷，比较有代表性的观点来自卡森（Casson，1982）和柯泽纳（Kirzner，1997）。前者将企业家定义为就稀缺资源作出判断性决策的人。后者延续奥地利市场过程和主观主义传统，将创新界定为发现机会、捕捉机会并创造利润的行为，而企业家就是对市场机会具有高度警觉性的人。

尽管还有争论，但学者们对创新的基本性质是没有疑问的，即创新就是制造或利用市场非均衡赚取超额利润的过程，在实现新组合的过程中，企业家将不可避免地面对奈特意义上的不确定性。[①] 实际上，企业家正是凭借其应对不确定性的特殊禀赋进入处处充满非均衡的创新王国的（Knight，1921；Bewley，1989），在一个确定性的均衡市场，企业家将没有施展创新才能的空间（吉云和姚洪心，2011）。不确定性的存在是非均衡市场的常态，正因为有了不确定性，企业家才有了存在的价值。可以预期，创新程度越高，创业活动所面临的不确定性程度越大（Manso，2011；O' Connor & Rice，2013）。

既然创新过程充满着高度不确定性，潜在企业家需要具备足够的不确定性容忍度才敢于实施创业（Koellinger，2008；Linan et al.，2011；Bae et al.，2014；Zhang et al.，2015），并最终坚持下来。而风险投资机构可在这一过程中一方面通过为创业者提供资金支持消除其后顾之忧，鼓励企业增加研发投入，提升创新水平；另一方面，通过为创业者提供投后管理和其他增值服务，缓解不确定性的不利影响，强化其有利影响，从而推动创业者持续创新，不断提升企业价值，最终实现互利双赢。

第二节　创业融资过程中的双边激励与动态契约机制

创新的源泉是企业家精神，但创新的真正出现和扩展有赖于其他诸多条件，

① 奈特意义上的“不确定性”不同于普通意义上的“风险”，后者通常用一个未退化的概率分布来刻画，经典期望效用理论就建基于此，而前者则不能用已知的概率分布来刻画，以反映更符合实际的决策模糊情景（Ju & Miao，2012）。创业者正是凭借其应对这种不确定性的能力而成为企业家的（Knight，1921；Bewley，1989）。

其中之一就是资本的支持（田轩，2018）。创新的本质在于制造或利用市场非均衡带来的超额利润机会，这意味着创新必然是一个艰难的过程，其基本特征是投资回收期长、不确定性程度高、信息不对称较为严重。因此，银行等传统金融机构很难对创业型企业的创新活动提供足够的资金支持（Zider，1998），创业型企业需要利用特殊的契约机制获得融资。

在创业融资过程中，外部投资者愿意介入的前提是对创业企业有足够高的价值期望，因此，对企业家才能高低的评估就是创业融资过程中的关键环节。问题在于，企业家精神和创新才能是非常独特的价值要素，除了面临各种不确定性之外，投资者与企业家之间的信息不对称也会妨碍企业家才能的市场定价。在这种不完全信息博弈下，企业家自身拥有才能高低的私人信息会导致创业融资市场出现无效均衡，甚至融资交易失败（Lerner，2009）。因此，一个有效的融资机制必然是能够激励创业者“讲真话”的机制。观察真实世界的创业融资活动可以发现，现实中有不少巧妙的契约安排在很大程度上解决了这一难题，如可转换证券、动态契约、分阶段注资等（姚铮等，2011；Bengtsson，2011；Kaplan & Strömberg，2001；Gompers & Lerner，2006）。

为了最终达成交易，融资机制不仅需要激励创业者“讲真话”，还需要激励其努力创新。创新过程中面临的高度不确定性既可能导致巨额投资损失，又有可能带来丰厚回报。企业家具有应对不确定性的特殊禀赋，创业投资回报是否足以补偿损失风险，很大程度上取决于其是否受到最优激励（Manso，2011）。但也正因为存在不确定性，企业家活动很难观察和测度，即使可以观察，也很难进行第三方验证，无法写入事前的正式契约（Grossman & Hart，1986）。如果存在利益冲突，外部投资者不能利用正式契约进行激励，可行的只能是可自我实施的隐性契约（Macleod & Malcomson，1989）。隐性契约在本质上是一种动态契约，其价值源自正式契约的不完全性（Grossman & Hart，1986；Hart & Moore，1999）。由于某些关键指标很难观测、无法验证，不能写入初始正式契约，代理人激励只能依靠可自我实施的隐性契约（Macleod & Malcomson，1989；Klein & Leffler，1981；Levin，2003）。相对于传统金融机构，风险投资这类积极投资者利用其在创业创新领域的专业特长和关系网络，并通过与创业者的频繁互动，可以有效地实施动态的隐性契约，这在一定程度上缓解了创业融资难题。

研究表明，创业融资机构在提供资金之外，还通过投后管理帮助创业者提升企业价值（Hellmann & Puri，2002；Lindsey，2008；Chemmanur et al.，2011；董静等，2014）。这意味着融资契约在激励创业者的同时，还需要激励投资者积极介入创业过程。这种双边激励的功能可以通过动态契约机制实现。传统金融机构通常采用一次性静态契约组织融资交易，债权人只关心放款前的信用评估和回款时的风险控制，至于中间阶段发生什么，一般不予过问。在静态契约安排下，金融机构只是消极的资金提供者，他不会在契约有效期内主动收集和解释与企业质量有关的信息，并据此灵活决策和行动，也不会在注入资金后积极介入企业的运作，以降低信贷损失的风险。对于创新程度很高的创业型企业，主动收集信息以降低不确定性的不利影响，并通过积极介入企业运作以充分发挥其增长潜力，是融资交易能否成功达成的关键。不同于传统金融机构，风险投资这类积极投资者擅长应用动态契约组织交易。通过收集信息、分阶段决策、相机控制权、可转换证券、接管、清算权等动态契约特有的条款（Kaplan & Strömberg，2003），以及持久关系博弈、隐含契约和内生信任等互动机制（Baker et al.，2002；Levin，2003），风险投资不但可以大幅度降低不确定性对于交易关系的破坏性影响，还可以充分挖掘和抽取不确定性带来的期权价值。正是通过积极介入创业企业的运作，风险投资在帮助企业成长的同时，自身也可获得非常丰厚的回报（Chemmanur et al.，2011；Hellmann & Puri，2002）。

第三节　风险投资的动态估值、风险控制与公司治理机制

估值和股权配置是创业型企业融资过程中的核心问题，但新创企业是最具挑战的估价对象（达摩达兰，2014），目前还没有足够精确的估值规则对这类企业进行分析，估值工作更接近于艺术而非科学（Beaton，2010）。传统上基于各种“可见”财务指标的绝对估值法和相对估值法更适合成熟型企业，而创业型企业的主要价值来源于“不可见”的未来增长潜力（Berk et al.，2004），这导致这些方法大大失效（Beaton，2010）。

对创业型企业而言，传统估值方法至少在三个方面存在明显不足。首先，

静态估值。传统方法尽管会根据最新信息更新估值，但其估值模型在本质上是静态的，因为它假设未来的现金流会按照某一规律永远持续下去，且贴现率通常会保持恒定（Beaton，2010）。显然，这种静态思维很难应用到创业型企业的估值活动中去。与动态创业过程相适应，估值需要根据信息的增进动态调整。其次，基于非合作关系进行估值和股权配置。传统方法将投资者与企业家看成是竞争者而非合作者，但事实上，创业型企业的价值依赖于投资者与创业者之间的有效匹配和紧密合作关系（Cumming & Johan，2005），合作剩余的存在是启动创业的必要条件，估值过程必须以此为前提展开。最后，不基于企业家的核心地位和投资者的边际贡献进行估值。正如前述，企业家位于创业型企业的中心，企业家精神是企业能够创业成功，最终走向成熟的根本保证。但传统估值方法基本无视“不可见”的企业家精神，大幅低估创业型企业的真实价值。此外，投资者并非消极的股权持有者，其参与给创业型企业创造了额外的价值，估值和股权配置机制必须考虑投资者的这种边际贡献。

创业型企业一般没有可验证的经营记录，也没有足够可供抵押的实物资产（Berger & Schaeck，2011；Neher，1999），其运营具有探索性、试错性和动态性，核心价值则来自很难估价的实物期权，这些特征给投资者的风险控制带来了难题。风险投资发展历史和成功经验表明，有效的创业融资模式应能适应创业型企业的创新性本质，需要兼顾不确定性降低、动态估值、控制权相机配置、动态风险控制等目标。分阶段融资机制引入了市场的信息发现功能，将双边激励、信息呈现、动态估值和风险管理融为一体，能够实现与创业创新过程的匹配。不同于一次性融资，分阶段融资在降低不确定性的影响（Epstein & Schneider，2008）、解决信息不对称和过度投资问题（Admati & Pfleiderer，1994；Bergemann & Hege，1998）、企业家激励（Cornelli & Yosha，2004；Schmidt，2003）等方面具有独特优势。

不同于成熟企业，创业型企业融资过程中投资者通常会积极介入企业的运作（Rin et al.，2011）。这种特殊治理机制一方面有利于创投机构充分发挥自身优势，提高创业成功概率，提升企业价值（Inderst & Müller，2009）；另一方面也有利于创业企业动态适应各种不可预知的不确定性，降低有关各方参与创业活动的风险（Gompers & Lerner，2006；Bottazzi et al.，2008）。任何有效的治理机制其根本目的都在于最大化有关各方分享到的合作剩余。创业型企业的核心价值来源于企业家才能和创新机会，而投资者也可以利用其特殊资源和能力协助创业者取得成功（木志荣和李盈陆，2012；Hellmann & Puri，2002）。由于不确定性和信息不对称的存在导致投资者在融资合约关系中处于不利的地位（Hellmann，1998；Neher，1999），创业企业的动态治理机制需要兼顾多重目标，例如企业家激励、投资者激励、不完全契约治理、对不确定性环境的动态适应等。

第四节　作为一种非正式创业融资机制的民间借贷

以风险投资为代表的动态契约机制的确能在很大程度上解决创业融资难题（Gompers & Lerner，2006），但作为金融市场高度发达的产物，其良性运行依赖于诸多苛刻的条件。事实上，就算在风投行业发达的美国，绝大多数创业型企业也很难得到风险投资的青睐（Berger & Udell，2002），从创业型企业的融资总量来看，风险投资其所占比重依然微不足道。以 2014 年为例，天使投资和风险投资在中小企业外部融资总量中也仅占 10% 左右（TradeUp Capital Fund and Nextrade Group，2015），如果考虑到中小企业 50% 以上的内源融资比例，风险投资在融资总量中占比更小。中国风投行业刚刚起步，其动态契约机制赖以正常运作的诸多条件尚不完善，短期内很难依靠其解决中小企业融资难、融资贵的问题，但其他可行的创业融资渠道（如民间借贷、互联网金融、小贷微贷等）依然可以从风险投资的成功经验中获得有益的借鉴。

作为一种非正式的创业融资渠道，民间借贷内生于中国特殊的市场环境，有着悠久的历史渊源和深厚的社会基础。其发展尽管遭遇着各种坎坷，但如今依然发挥着重要的融资功能。从外在形式和内在逻辑来看，民间借贷是一种不成熟的金融交易制度，但从其发展历史和实际运行状况来看，其演化出诸多巧妙的显性或隐性制度安排，在一定程度上缓解了金融约束下的资金融通难题。通过将其与风险投资在契约治理层面进行比较，可以获得一些重要的启示。

与风险投资不同，民间借贷关系的主要风险是违约可能性。由于针对民间借贷违约风险的管理工具非常有限，传统上民间借贷较为发达的地区发展出不少应对不确定性的契约机制，例如合会、互助会、联保互保等（张元红等，2012）。以合会为例，对于资金提供者而言，合会兼具分阶段投入和风险分散的功能。一方面，合会参与者——会脚不是一次性投入全部参会资金，而是按照事先约定的时间间隔，每期投入一小笔金额。一旦在某一轮出现“倒会”，其损失的只是此前已投入的那部分资金。另一方面，各会脚按照一定的规则先后得会，这意味着后得会者面临的违约风险分散于之前得会的各会脚，较早得会，投资风险自然很小，但如果越晚得会，投资分散化程度则越高，两种情况下损失风险都能得到很好的控制。合会这一独特的契约机制巧妙地解决了民间融资活动面临的违约风险问题（Chiteji，2002；姚耀军，2009）。

与前相关，由于缺乏正式法律的保护和金融中介机构的担保，民间借贷合约的可实施性是违约风险的重要来源。从现实运行来看，这类融资交易的确立主要基于社会关系网络（马光荣和杨恩艳，2011；王尚银，2016），有时存在可见的抵押或担保（如典当行、担保公司等），有时存在不可见的抵押或担保——社会资本或关系资本（如合会、熟人借贷等）。关系网络将民间借贷交易的一次性博弈转变成了重复博弈或关联博弈，在显性契约之上增加了隐性契约机制（Macleod & Malcomson，1989；卓凯，2006），后者的可实施性来自声誉机制、社会资本以及网络成员之间的闲言碎语“说坏话”机制（张翔，2016；邵传林，2014）。

相对于银行信贷和风险投资契约，民间借贷的标准化程度较低。由于缺乏正规金融中介居中撮合、安排和执行交易，每一笔民间借贷交易都是在较为特殊的情境下达成的。为了降低谈判、签约和履约成本，民间借贷参与者会利用多种机制支撑交易。首先，尽量简化契约条款，甚至不签订正式契约，以降低非标准化交易的成本。其次，民间借贷通常发生在一定的社会关系网络之中，且有不少是重复性借贷，完成融资交易必不可少的许多契约要素被非正式的隐性契约机制所替代（李伟民和梁玉成，2002；卓凯，2006），这大幅度降低了对标准化规制结构的依赖。最后，合会、钱庄、典当商行等民间金融活动具有特殊的契约结构和实施规则，部分实现了正规金融机构标准融资契约的功能。

民间借贷活动通常“嵌入”在一定的社会关系网络之中，这意味着，一旦脱离关系网络，这类直接借贷交易很难达成（王婷，2017）。传统上，民间借贷通常基于血缘、亲缘、地缘等关系资本进行（张改清，2008），这种特殊主义的交易安排限制了民间借贷活动的扩展，关系网络的天然壁垒构成了民间金融市场的边界（福山，1998；李伟民和梁玉成，2002；林毅夫和孙希芳，2005）。现实中出现了三种契约机制应对其不利影响。首先，是按照“差序格局”扩展社会关系，从血缘、亲缘、地缘等“外生”给定的关系，扩展至业缘、商缘、上下游等“内生”于个体间积极互动衍生的关系（王曙光和邓一婷，2007），这类基于“自己人”身份获得的泛关系网络可以弱化关系专用性对民间借贷活动范围的限制（李伟民和梁玉成，2002）。其次，合会这种独特的融资机制兼具分散化投资和扩大交易范围的功能，这两者都有助于缓解关系专用性的负面影响。最后，“银背”“钱中”“私人钱庄”“典当商行”“农村合作基金会”等非正规金融中介的出现，可以部分降低民间借贷依赖于特殊社会关系的程度，扩展民间金融市场边界。

第五节　本书分析框架与逻辑结构

创业是实现企业家创新的最佳途径，而创新又是创业型企业赖以生存和发展的必要条件。创新的本质在于制造或利用市场非均衡赚取超额利润，这一过程面临着高度奈特不确定性。依靠其较高的企业家才能，创业者不仅不会退缩，反而会主动迎接不确定性，充分利用其带来的超额利润机会，推动企业持续成长。因此，任何有效的创业融资机制都应有助于协助创业者应对奈特不确定性，在激励创业者充分发挥其企业家精神的同时，也能激励投资者积极介入创业过程，共同提升企业价值，实现互利双赢。

基于此逻辑，本书按照图 1－1 的分析框架开展研究。理论研究部分包括第二章至第七章，本部分基于奈特不确定性和动态契约框架，从融资机制、隐性契约、动态契约、动态估值、分阶段融资机制、动态治理等角度对风险投资这种独特的创业融资机制进行理论分析，有关结论不仅加深了对创业融资动态机制的理解，还有助于创业融资双方改进契约设计，提高融资效率，民间借贷等其他融资方式也能获得一定借鉴。经验研究部分包括第八章至第十一章，基于创新创业活动的本质，从创新能力、不确定性容忍度、创业意愿、创新绩效、风险投资介入、民间借贷与创业融资治理比较等角度进行实证分析：一方面为创新、创业、不确定性及其应对、风险投资角色之间的复杂关系提供经验基础；另一方面为从动态契约角度改进民间借贷关系提供启示。

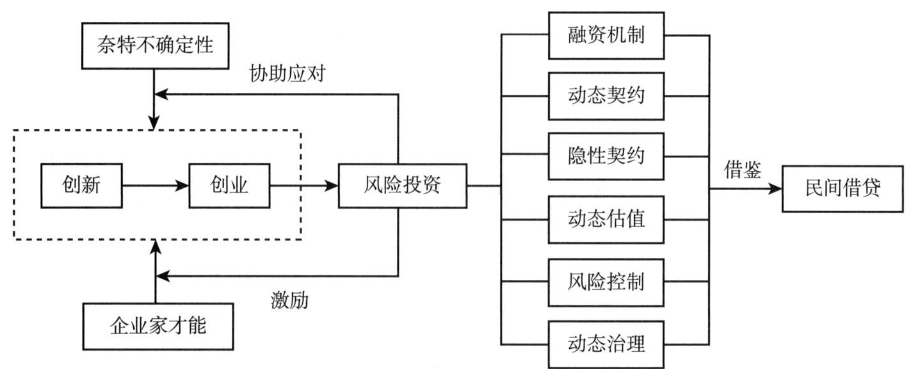

图 1-1 本书分析框架

资料来源：笔者绘制。

第二章

信息不对称下创业型企业的内生动态融资机制

通过将投资者与创业者之间的关系模型化为附带通信的贝叶斯博弈，本章研究了创业型企业的动态融资过程。我们证明，静态框架下存在事前有效的激励可行融资机制，但不存在事后有效的融资机制。并且，事前有效机制下企业家才能较高的创业者将无法融到任何资金，而企业家才能较低的创业者也只能在牺牲自身利益的情况下实现完全融资。分析表明，事后有效要求引入动态机制。在两阶段融资博弈中，第二轮融资失败可能性的存在限制了企业家的期初机会主义行为，在一定条件下，的确存在激励可行的动态融资机制能够实现事后有效的可能性。在该机制中，创业者在第一轮融资中如实报告其类型信息，投资者则在第二轮交易中完全满足其融资需求。因此可以说，现实中观察到的动态融资机制内生于创业者与投资者之间的贝叶斯博弈均衡。

第一节 引 言

企业家位于创业活动的中心，创业企业的价值很大程度上取决于企业家才能的高低（熊彼特，2000；Kirzner，1997；张维迎，1995）。外部投资者愿意提供融资的前提是对创业企业有足够高的价值期望，因此，对企业家才能高低的评估就是创业融资过程中的关键环节。问题在于，企业家精神和创新才能是非常独特的价值要素，除了面临各种不确定性之外（Knight，1921），投资者与企业家之间的信息不对称也会妨碍企业家才能的市场定价。在这种不完全信息博弈下，企业家拥有自身才能高低的私人信息会导致创业融资市场出现无效均衡，甚至融资交易失败（Lerner，2009）。

标准的贝叶斯博弈分析表明，不管采用静态机制还是动态机制，事后有效的均衡结果都不会出现（迈尔森，2015）。基于现实中创业融资活动和实施机制的典型事实，通过引入创业融资市场不完全性导致的后续融资失败可能性，本章证明，在动态框架下，存在事后有效的激励可行机制支撑信息不对称下的创业融资交易。根据显示原理，这类机制的实施结果可在附加通信的贝叶斯博弈的纳什均衡里出现。因此可以说，动态融资机制内生于投资者与创业者之间的不完全信息博弈关系，事后有效的条件要求创业型企业利用动态机制组织交易，否则不可能在事前确保双方合作顺利，实现创业启动。该观点可用于解释创业融资市场上观察到的诸多特殊现象，例如融资不足（Lerner，2009；Zider，1998）、动态契约（Kaplan & Strömberg，2003；Gompers，1995）、分阶段注资（Neher，1999；Tian，2011）、可转换证券（Schmidt，2003；Burchardt et al.，2016）等，并为创业融资参与者提供决策参考。

第二节　创业融资中的贝叶斯博弈及其均衡

创业活动充满着高度不确定性（Knight，1921），这是创业融资过程中外部投资者面临的最大挑战（Gompers & Lerner，2006；Berger & Schaeck，2011）。一方面，创业过程异常艰难，市场条件、技术迭代、创新机会等外部环境瞬息万变，投资者对创业型企业的评估难以基于可预期的收益—风险分布进行，创业融资过程需要具有足够高的动态适应性（Cornelli & Yosha，2003）；另一方面，有关企业家才能、创新技术储备、核心团队执行力等方面的信息在创业者与投资者之间是高度不对称的（Bengtsson，2011；Neher，1999）。就本章主题而言，后者会妨碍双方融资交易，甚至导致合作失败，创业终止。

为了分析信息不对称的影响，可将创业融资过程中企业家与投资者之间的关系模型化为一个不完全信息博弈。考虑这样的情景，拥有一个创新性想法的企业家打算通过自主创业来变现其价值，由于面临资金约束，他不得不求助于外部投资者提供创业阶段所需资金，一旦创业成功，外部投资者可以通过 IPO、被收购等多种渠道变现退出，获取收益；相反，如果创业失败，外部投资者有可能面临巨额损失。这种融资交易的关键在于，在事前投资者不具备与创业型企业未来价值相关的足够信息，而企业家则具有这些信息，例如企业家才能的高低。这意味着，创业融资市场上充斥着拥有不同能力的创业者，如果企业家没有动力透露自己的真实信息，而投资者没有办法识别企业家能力的高低，则创业融资交易将很难达成，这就是一种无效的不完全信息博弈纳什均衡。

离开这一令人失望的理论结果来观察真实世界的创业融资活动，不难发现，现实中有不少运行良好的创业融资市场在很大程度上解决了信息不对称导致的创业融资不足难题。现有文献对此给出了大量经验证据和理论解释（例如，姚铮等，2011；Bengtsson，2011；Kaplan & Strömberg，2001；Gompers & Lerner，2006），主要结论是天使投资、风险投资等新型投资机构利用特殊的契约条款和实施机制，一定程度上缓解了信息不对称带来的不利影响。这些发现虽然有助于我们理解创业融资市场的运作，但还剩下一个重要问题，即可转换证券、动态契约、多轮注资等特殊融资机制是如何出现的？本章试图利用投资者与创业者之间的博弈均衡进行回答，尤其是对创业融资机制的内生动态性质给出新的理论解释，有关结论还具有一定政策含义。

具体地，通过引入企业家与投资者之间的频繁互动，我们可将前述不完全信息博弈转变成附带通信的贝叶斯博弈（迈尔森，2015）。也就是说，现实中企业家与投资者之间并非完全的非合作博弈关系，如果有可能，他们总会尝试相互联系、彼此沟通、讨价还价，[①] 因此，达成有效合作的可能性是存在的。根据显示原理，任何附带通信的贝叶斯博弈均衡结果都可以利用一个“说真话”的调解机制模拟出来。该调解机制不仅能保证企业家真实透露其才能高低的信息，还能确保企业家和投资者双方按计划执行机制规定的行动，进而实现预期的贝叶斯博弈均衡结果。以下分析给出的静态和动态融资机制就是一种调解机制，只要满足激励可行条件，该机制就存在附带通信的贝叶斯博弈均衡结果与之相对应。

后文将给出创业融资机制激励可行的充要条件。分析将表明，存在事前有效的静态融资机制，但不存在事后有效的静态融资机制。为了实现创业融资交易的事后有效性，需要引入动态机制。进一步分析指出，创业融资市场环境会

① 这是 VC 等创投机构的运作区别于银行、保险等传统金融机构的一个重要方面。

影响动态机制的事后有效性，在一定条件下，的确存在事后有效的动态融资机制。由于该机制对应于附带通信的贝叶斯博弈均衡，因此可将其理解为内生动态机制。也就是说，创业融资采用动态契约组织交易本身是一个事后有效的激励可行机制，其实际上决定于企业家和投资者之间的不完全信息博弈均衡。因此，在信息不对称条件下，为了实现创业者与投资者之间的有效合作，创业融资交易需要采用动态机制。

第三节 静态融资机制

静态机制也可称为静态契约或一次性融资机制，其核心特征在于投资者一次性注入创业所需的全部资金，一旦作出投资决策，投资者将不能抽回所投资金的任何部分，也不会继续与创业者进行有关公司估值、运作、控制权配置等方面的互动。作为纯粹的消极投资者，例如银行、保险、基金等传统金融机构，其参与企业融资的唯一动机就是按期收回本金，获取固定或不固定的投资收益。

在静态框架下，考虑一个创业者与一个股权投资者之间的不完全信息博弈关系。在不确定性环境下，假设创业项目的真实价值是一个外生不确定性因素 θ 和一个内生不确定性因素——企业家才能 t 的函数，即：

$$v = v(t, \theta), \forall t \in \{h, l\}, \forall \theta \in \Theta \tag{2-1}$$

为了简化分析，假设企业家才能只有高（h）和低（l）两种类型，创业者知道自身才能高低，但投资者不知道。外生不确定性则由状态空间 Θ 刻画。进一步假设：

$$v(h, \theta^*) > v(l, \theta^*), \forall \theta^* \in \Theta \tag{2-2}$$

即在外部条件等同的情况下，相对于低能力企业家，高能力企业家的创业项目价值更高，这是很容易理解的。显然，创业者和投资者之间的融资交易不能基于 v 进行，因为 v 的真实值在事前是不可观察的，可行的融资安排需要基于创业者和投资者各自对创业项目价值的主观评估进行。为了将注意力集中于本章主题，我们进一步假设投融资双方对企业价值的期望具有一致性评估①，即：

$$V(t)=E_{\theta\in\Theta}[v(t,\theta)],\forall t\{h,l\} \tag{2-3}$$

且：

$$V(h)-V(l)=\delta,\delta>0 \tag{2-4}$$

当然，创业者从创业活动中得到的期望效用不同于创业项目的期望价值。在事前，至少有三个原因导致融资交易中创业者主观期望效用的确定性等价要小于项目期望价值。第一，创业者是不确定性规避者，确定性等价需要从期望值中扣除不确定性溢价；第二，创业项目的价值只有在融资成功的情况下才有可能变为现实，融资失败的可能性在事前会降低创业者对该项目价值的主观评估；第三，由于创新创业活动的特殊本质，企业家才能很难得到恰当的定价，其从事创业活动的机会成本很低②，因此，为了实现创业梦想，潜在企业家会调低对创业项目的主观价值，以尽可能吸引投资者提供创业资金。为了简化分析，我们直接将创业者对创业项目的主观价值确定为：

$$V(t)-w,\forall t\in\{h,l\} \tag{2-5}$$

为了使我们的分析有意义，假设企业家对创业项目价值的低估程度满足条件 $w<\frac{\delta}{2}$。此外，与创业者不同，假设投资者是不确定性中性者是合理的③，且其他投资机会足够多，投资者不会因为担心融资交易失败带来额外损失，因此，将其主观价值直接确定为 $V(t)$。正是投资者与创业者之间对创业项目主观估值的差异创造了双方融资交易的机会，如果双方估值完全相同，很难想象创业融资活动会发生。

进一步假设，为了融到必要的创业资金，创业者打算卖出至多50%的股权，即待售股权比例为50%。为了简化分析，我们假设融资博弈参与者不会不服从机制推荐的行动，因此可将贝叶斯博弈问题转化为贝叶斯集体选择问题。根据显示原理，任何一个附带通信的贝叶斯博弈策略均衡都等价于某个满足激励相

① 该假设并不影响本章核心结论，主要结果可以很容易地扩展到非一致性评估的情形。

② 也就是说，如果不创业，企业家事实上很难将其才能“卖出”一个好价格。

③ 专业的创业投资机构有完善的不确定性管理体系，且自身由大量个人投资者间接或直接持有，单一投资者面临的独特风险可以忽略不计，因此总体上可将投资机构看成不确定性中性者。

容约束的集体选择机制。正如前述，企业家类型集为 $T_e = \{h, l\}$，假设双方在事前均不知道企业家才能的高低①，但在签订契约前的中间阶段，企业家了解了自己的类型，但投资者不了解。因此在事前，博弈双方都对企业家才能具有一个先验主观概率，此处假设双方信念一致，即：

$$p(t=h)=0.1, p(t=l)=0.9 \tag{2-6}$$

可能结果集设定为：

$$C=\{S,K|0\leqslant S\leqslant 0.5, K\in\mathbb{R}\} \tag{2-7}$$

其中，S 表示投资者得到的股权，K 表示投资者投入的资金，在集体选择机制中依赖于创业者报告的类型信息。融资契约签订后，企业家的主观期望收益依赖于其真实类型，具体表示为：

$$U_e(S,K|h)=K(h)-S(h)[V(h)-w] \tag{2-8}$$

$$U_e(S,K|l)=K(l)-S(l)[V(l)-w] \tag{2-9}$$

投资者的主观期望收益为：

$$U_k(S,K)=0.1[S(h)V(h)-K(h)]+0.9[S(l)V(l)-K(l)] \tag{2-10}$$

对于拥有私人信息的企业家，激励可行机制要求满足以下信息激励约束：

$$K(h)-S(h)[V(h)-w]\geqslant K(l)-S(l)[V(h)-w] \tag{2-11}$$

$$K(l)-S(l)[V(l)-w]\geqslant K(h)-S(h)[V(l)-w] \tag{2-12}$$

博弈双方的参与约束为：

$$U_e(S,K|h)\geqslant 0, U_e(S,K|l)\geqslant 0, U_k(S,K)\geqslant 0 \tag{2-13}$$

现在给出几个命题。

命题 1：在静态融资安排下，不存在两种类型的企业家都卖出所有待售股权（即 50% 股份）的激励可行机制。

证明：利用反证法。假设 $S(h)=S(l)=0.5$，根据企业家激励约束有 $K(h)=K(l)=K$，进而投资者期望收益为：

---

① 由于创新创业活动具有独特性，且面临多重不确定性，创业者在创业活动开始前也很难评估自身的企业家才能，只能随着创业的启动和推进，逐步认识到自身能力的高低。

$$\begin{aligned} U_k(S,K) &= 0.1[0.5V(h)-K]+0.9[0.5V(l)-K] \\ &= 0.5[V(h)-0.9\delta]-K \\ &< 0.5[V(h)-w]-K \leq 0 \end{aligned} \tag{2-14}$$

与投资者参与约束矛盾。式（2－14）中，中间的不等式来自假设 $w<\frac{\delta}{2}$，最后一个不等式来自创业者的激励约束 $K-0.5[V(h)-w]\geq 0$。

该命题表明，静态融资机制不可能实现两种类型的创业者都完全卖出待售股权的配置结果，总有某种类型的企业家会面临融资不足。进一步，以下命题给出了激励可行机制下两种类型企业家所交易股权的比较。

命题2：静态融资安排下，高能力企业家卖出的股权低于低能力企业家，即 $S(h)<S(l)$。

证明：由创业者的信息激励约束容易得到

$$[V(h)-w][S(l)-S(h)]\geq K(l)-K(h)\geq [V(l)-w][S(l)-S(h)] \tag{2-15}$$

然后由 $V(t)$ 的单调性可得：

$$S(l)>S(h) \tag{2-16}$$

该命题意味着，静态激励可行机制下高能力的企业家只能卖出比低能力企业家更少的股权，企业家才能更高的创业者反而面临更严重的融资不足问题。为了后续分析讨论融资机制的有效性，以下命题给出了创业融资博弈的期望收益上界。

命题3：激励可行机制下创业融资双方的期望收益受到式（2－17）的限制

$$0.2U_e(h)+0.8U_e(l)+U_k\leq \frac{9}{20}w \tag{2-17}$$

证明：将式（2－18）展开得到

$$\begin{aligned} & 2U_e(h)+8U_e(l)+10U_k \\ & =\{K(h)-S(h)[V(l)-w]-K(l)+S(l)[V(l)-w]\} \\ & \quad +S(h)(w-\delta)+9S(l)w \end{aligned} \tag{2-18}$$

为了满足低能力企业家的激励约束，该式第一部分需小于0。根据假设 $w<$

$\frac{\delta}{2}$，第二部分也小于0。最后，由于$0\leqslant S\leqslant 0.5$，最后一部分小于等于$\frac{9}{2}w$。因此，式（2－18）不可能大于$\frac{9}{2}w$，据此不难得到命题中的结果。

由于$\frac{9}{2}w$给出了创业者和投资者按式（2－18）加总期望收益的上界，我们可以据此评价不同融资机制的事前有效性。此外，创业者对创业项目主观价值的低估程度w在其中扮演着重要角色，其经济含义在于，w越大，有效的融资机制给双方带来的好处越高，融资交易达成的社会利益总量就越大。进一步，由于w主要由三方面因素决定，我们还可以得到这些推论：不确定性程度越高，企业家不确定性规避程度越大，有效融资机制的社会利益越大；融资失败的可能性越大，融资交易达成的社会利益越大；企业家创业活动的机会成本越小，有效机制带来的社会利益越大。这些推论具有重要的现实意义。

从命题3的证明过程中我们还发现，式（2－18）中有一项$S(h)(w-\delta)\leqslant 0$，这表明，只要激励可行机制推荐高能力企业家卖出的股权比例$S(h)>0$，则事前有效性一定不能达到。这是一个令人失望的结论，它意味着，如果某激励可行的融资机制中高能力企业家有机会达成交易，则该机制必定是事前无效的。进一步地，以下命题指出，在企业家了解自身类型之前，有效的激励可行机制具有某种特殊形式。

命题4：企业家了解自身类型之前有效的激励可行机制一定具有下述形式

$$\begin{cases} S(h)=0, K(h)=0 \\ S(l)=\dfrac{9w}{2V(l)+16w}+\dfrac{1}{V(l)+8w}K(l) \end{cases} \tag{2-19}$$

证明：在企业家了解自身类型之前，其参与融资机制的期望收益为

$$0.1U_e(h)+0.9U_e(l) \tag{2-20}$$

满足约束条件：

$$0.2U_e(h)+0.8U_e(l)+U_k\leqslant\frac{9}{20}w \tag{2-17}$$

可以看出，通过把$U_e(h)$降为0，同时提高$U_e(l)$的适当倍数，企业家可以在不违背约束式（2－17）的条件下获得最大的期望收益。因此，任何事前有

效的激励可行机制一定要求 $U_e(h)=0$，加上命题3中的结果 $S(h)=0$，得到：

$$U_e(h)=K(h)-S(h)[V(h)-w]=0$$
$$\Rightarrow K(h)=0 \tag{2-21}$$

将这些结果代入激励可行机制期望收益的上界表达式（2-18）可得：

$$8K(l)-8S(l)[V(l)-w]+9S(l)V(l)-9K(l)=\frac{9}{2}w$$

$$\Rightarrow S(l)=\frac{9w}{2V(l)+16w}+\frac{1}{V(l)+8w}K(l) \tag{2-22}$$

命题得证。

命题4表明，事前有效的激励可行机制不仅要求高能力企业家退出交易，还不能确保低能力企业家实现完全融资（即事后有效），除非取：

$$K(l)=0.5[V(l)-w] \tag{2-23}$$

而这意味着企业家期望收益为：

$$U_e(l)=K(l)-S(l)[V(l)-w]=0 \tag{2-24}$$

这表明，低能力企业家如果想要卖出全部待售股份（即50%），完全满足融资需求，则融资交易的所有好处都需要给予投资者，这似乎是一个不公平的融资机制。与此相对应，我们可以讨论一个公平的激励可行机制，即基于双方估值的一半计算投资额，即：

$$K(h)=D(h)[V(h)-\frac{w}{2}],K(l)=D(l)[V(l)-\frac{w}{2}] \tag{2-25}$$

并在下述意义上尽量满足创业者的融资需求：

$$D(l)=0.5,D(h)=\frac{w}{4\delta+2w}<0.5 \tag{2-26}$$

容易验证，该机制满足式（2-11）~式（2-13）的条件，因而是激励可行的。从式（2-26）还可以看出，企业家才能差异对创业项目价值影响程度越大（即 δ 越大），高能力企业家的融资需求越不易满足，背后的原因在于 δ 越大，低能力企业家“伪装”成高能力类型的诱惑越大，为了防范其报告错误信息，需要降低高能力企业家融资满足程度，进而降低“说假话”的动机。此外，可以计算，该机制下企业家期望收益为：

$$U_e(h)=\frac{w^2}{8\delta+4w},U_e(l)=\frac{w}{4} \tag{2-27}$$

投资者期望收益为：

$$U_k=\frac{5w^2+9w}{40\delta+20w} \tag{2-28}$$

由式（2-28）可以看出，企业家才能差异对创业项目价值影响程度 δ 越大，高能力企业家和投资者的期望收益越小，而低能力企业家不受影响。换句话说，在公平的激励可行机制安排下，企业家才能差异对总体社会利益存在不利影响，且这些不利影响主要由高才能企业家和外部投资者承担。这一推论意味着，过于强调融资机制的公平性并不一定可取。

现在小结一下。由于企业家与投资者对创业项目的主观估值存在差异，双方的融资交易可以创造社会价值。从事后来看，最理想的情况是待售股权（即50%股份）全部卖出，以换取足够多的资金推进创业，实现社会利益最大化。但前述分析表明，静态融资安排下不存在任何激励可行的机制可以实现这一事后有效的结果。特别是在事前有效的激励可行机制安排下，企业家才能较高的创业者将无法融到任何资金（即 $D(h)=0$），而企业家才能较低的创业者也只能在完全牺牲自身利益的情况下才能完全满足融资需求，即 $D(l)=0.5$。这一令人失望的结论意味着，在信息不对称下，即使创业者与投资者之间存在通信机会，两者之间的贝叶斯博弈均衡依然不可能实现事后有效。下一节表明，通过引入动态机制，一定条件下创业融资交易可以同时实现事前和事后有效，分析还将讨论两个特别的激励可行机制。

第四节　动态融资机制

引入动态融资机制达到创业融资有效性的想法来自迈尔森（2015）的启发。前节分析表明，静态融资安排下附带通信的贝叶斯博弈均衡是事后无效的。但是，如果将创业融资交易安排在两个阶段完成，结果会有所不同。具体地，考虑这样的动态融资机制：第一阶段，创业者与投资者进行此前分析过的贝叶斯博弈，存在事前有效的激励可行机制实现分离均衡；第二阶段，投资者从前一阶段的博弈均衡中推断出创业者的类型，博弈进入完全信息状态，投资者根据创业者的类型出价购买所有剩余待售股权，实现事后有效。如此一来，动态机制似乎很容易地就解决了创业融资交易的事后有效性难题。

但根据迈尔森（2015），如果创业者在动态博弈一开始就预期到第二阶段还有交易机会，投资者会根据新信息提供完全融资，那么他很可能在第一阶段继续隐瞒其真实类型，但这会导致投资者无法通过第一阶段的均衡结果推断出创业者的真实类型。可以证明，在这样的动态博弈局势下，两阶段博弈的均衡必定等价于某个静态贝叶斯博弈均衡，相应的激励可行机制依然不可能实现事后有效。

本章解决此难题的思路来自一个创投行业的典型事实。可以观察到，典型的创业融资过程都是分阶段的①，投资者不会一次性投入创业所需的全部资金，初期注入资金后，后续融资通常依赖于前期创业型企业的表现好坏。更重要的是，由于创业过程非常复杂，最终创业成功依赖于太多不确定性因素，即使创业项目本身表现符合预期，投资者的后续资金也不一定能够到位。现实中可能由多种原因所致，例如，创业融资市场资金供求状况发生了变化，先前参与融资的风险投资基金不能按期募集后续资金；或者投资机构的投资风格发生了变化，前期所投项目已经不属于优先考虑的类别；又或者同行业出现了更好的投资标的，“选赛道”的投资策略要求资金配置于多个创业项目以分散特殊不确定性等。以下分析表明，正是这一后续融资失败可能性的存在，一定程度上改变了创业者对第二阶段交易机会的预期，降低其在第一阶段隐瞒其真实类型的动机，进而内生出可以实现事前事后有效的激励可行机制。

在动态融资安排下，假设第二阶段融资成功的概率为 ρ，则创业者信息激励约束变为：

$$K_1(h)-S_1(h)[V(h)-w]+\rho[K_2(h)-S_2(h)(V(h)-w)] \geqslant K_1(l)-S_1(l)[V(h)-w]+\rho[K_2(l)-S_2(l)(V(h)-w)] \tag{2-29}$$

$$K_1(l)-S_1(l)[V(l)-w]+\rho[K_2(l)-S_2(l)(V(l)-w)] \geqslant K_1(h)-S_1(h)[V(l)-w]+\rho[K_2(h)-S_2(h)(V(l)-w)] \tag{2-30}$$

① 事实上，这正是我们要证明的事后有效均衡——内生动态融资机制。

式（2-29）和式（2-30）中下标表示机制在两个阶段均推荐一定的行动。根据此前假设，事后有效需要满足式（2-31）：

$$\begin{cases} S_1(h) + S_2(h) = 0.5 \\ S_1(l) + S_2(l) = 0.5 \end{cases} \tag{2-31}$$

即：两阶段融资安排刚好能够实现创业企业50%股权的交易，实现社会利益最大化。现在提出本章核心问题：存在事后有效的激励可行动态融资机制吗？以下命题表明，回答是肯定的。

命题5：动态融资安排下，如果第二阶段融资成功概率 ρ 足够低，即存在一个 ρ^*，满足 $\rho \in (0,\rho^*]$，则存在事后有效的激励可行机制。

证明：先暂时不考虑第二阶段还存在融资交易机会，则根据前面的分析，容易找到满足式（2-32）和式（2-33）的激励可行机制

$$K_1(h) - S_1(h)[V(h) - w] > K_1(l) - S_1(l)[V(h) - w] \tag{2-32}$$

$$K_1(l) - S_1(l)[V(l) - w] > K_1(h) - S_1(h)[V(l) - w] \tag{2-33}$$

这两个约束与式（2-11）和式（2-12）的主要区别在于将≥变为>，成为严格不等式，其他部分并没有实质性改变，因此存在两个正实数 ε_h、ε_l，使得式（2-34）和式（2-35）成立：

$$K_1(h) - S_1(h)[V(h) - w] = K_1(l) - S_1(l)[V(h) - w] + \varepsilon_h \tag{2-34}$$

$$K_1(l) - S_1(l)[V(l) - w] = K_1(h) - S_1(h)[V(l) - w] + \varepsilon_l \tag{2-35}$$

现在考虑存在第二阶段融资机会的情形。此时的激励可行机制需要满足约束式（2-29）和式（2-30），容易验证，在以下两个不等式均成立的条件下，激励约束的确是满足的，即：

$$\rho[K_2(l) - S_2(l)(V(h) - w)] - \rho[K_2(h) - S_2(h)(V(h) - w)] \leq \varepsilon_h \tag{2-36}$$

$$\rho[K_2(h) - S_2(h)(V(l) - w)] - \rho[K_2(l) - S_2(l)(V(l) - w)] \leq \varepsilon_l \tag{2-37}$$

这要求第二阶段融资成功概率 ρ 足够低，而这正是命题中给出的条件。

因此，在一定条件下的确存在事后有效的激励可行动态融资机制。在该机制下，创业者在第一阶段如实报告其企业家才能高低，并按机制推荐的行动实

施第一轮融资交易；在第二阶段，如果交易还能继续，则双方进入完全信息博弈，根据已知的企业家类型进行第二轮融资，实现事后有效。从命题5还可以得出一个推论，如果企业家预期第二阶段的融资成功概率增加，则其谎报类型的动机会提高，而这反过来会增加第一阶段信息激励约束的紧度，缩小激励可行机制集的范围，足够高的 ρ 甚至会导致激励可行机制不存在。因此，存在一个可检验的推论，即创业型企业获得后续融资越容易，整个创业融资市场有效性越低。①

现在考虑两个此前讨论过的激励可行机制：事前有效机制和公平机制。根据前面的分析，第一阶段事前有效的机制具有以下形式：

$$\begin{cases} S_1(h)=0, K_1(h)=0 \\ S_1(l)=\dfrac{9w}{2V(l)+16w}+\dfrac{1}{V(l)+8w}K_1(l) \end{cases} \tag{2-19}$$

代入动态机制下的激励约束式（2－29）和式（2－30）可得：

$$\rho[K_2(h)-S_2(h)(V(h)-w)]-\rho[K_2(l)-S_2(l)(V(h)-w)] \geqslant \frac{9w-\delta}{V(l)+8w}K_1(l)-\frac{9w[V(l)+\delta-w]}{2V(l)+16w} \tag{2-38}$$

$$\rho[K_2(h)-S_2(h)(V(l)-w)]-\rho[K_2(l)-S_2(l)(V(l)-w)] \leqslant \frac{9w}{V(l)+8w}K_1(l)-\frac{9w[V(l)-w]}{2V(l)+16w} \tag{2-39}$$

比较以上两个不等式的右边项，容易看出：

$$\frac{9w-\delta}{V(l)+8w}K_1(l)-\frac{9w[V(l)+\delta-w]}{2V(l)+16w}<\frac{9w}{V(l)+8w}K_1(l)-\frac{9w[V(l)-w]}{2V(l)+16w}$$

因此，的确存在一个 ρ^*，有 $\rho\in(0, \rho^*]$，约束式（2－38）和式（2－39）能同时成立，存在事后有效的激励可行机制。

现在考察公平机制，该机制在第一阶段以双方主观估值的平均值为交易价格来推荐行动。将有关各式代入激励约束式（2－29）和式（2－30）可得：

① 市场有效性可用创投行业总体投资收益率、获得融资的创业型企业平均业绩、风险投资成功退出的比例等来衡量。此外，本书第三章从隐性契约的角度得出了类似结论，那里利用投资者退出后续融资的威胁来实施隐性契约。创业者到融资市场寻找替代投资者的难度大小直接决定了隐性契约的实施效果，难度越小，隐性契约越难以发挥作用，事前的创业融资交易越难达成，整个创业融资市场的有效性就越低。

$$S_1(h)\left[V(h)-\frac{w}{2}\right]-S_1(h)\left[V(h)-w\right]+\rho\left[K_2(h)-S_2(h)(V(h)-w)\right]$$
$$\geqslant S_1(l)\left[V(l)-\frac{w}{2}\right]-S_1(l)\left[V(h)-w\right]+\rho\left[K_2(l)-S_2(l)(V(h)-w)\right] \tag{2-40}$$

$$S_1(l)\left[V(l)-\frac{w}{2}\right]-S_1(l)\left[V(l)-w\right]+\rho\left[K_2(l)-S_2(l)(V(l)-w)\right]$$
$$\geqslant S_1(h)\left[V(h)-\frac{w}{2}\right]-S_1(h)\left[V(l)-w\right]+\rho\left[K_2(h)-S_2(h)(V(l)-w)\right] \tag{2-41}$$

整理得到:

$$S_1(h)\frac{w}{2}-S_1(l)\left(\frac{w}{2}-\delta\right)\geqslant\rho\left[K_2(l)-S_2(l)(V(h)-w)\right]-\rho\left[K_2(h)-S_2(h)(V(h)-w)\right] \tag{2-42}$$

$$S_1(l)\frac{w}{2}-S_1(h)\left(\frac{w}{2}+\delta\right)\geqslant\rho\left[K_2(h)-S_2(h)(V(l)-w)\right]-\rho\left[K_2(l)-S_2(l)(V(l)-w)\right] \tag{2-43}$$

考虑到假设 $w<\frac{\delta}{2}$，则 $S_1(l)\left(\frac{w}{2}-\delta\right)<0$，不等式（2-42）的左边项必定大于0，因此存在足够小的 ρ 确保约束式（2-42）成立。此外，当式（2-44）成立时，约束式（2-43）在足够小的 ρ 条件下也成立，即:

$$\frac{S_1(l)}{S_1(h)}>1+\frac{2\delta}{w}>5 \tag{2-44}$$

后一不等式来自假设 $w<\frac{\delta}{2}$。式（2-44）具有重要的经济含义，其意味着，为了利用激励可行机制实现公平交易，第一轮融资中低才能企业家与高才能企业家达成交易的股权比例之差要足够高（超过5倍），否则后者会被诱使谎报类型，导致动态融资机制失效。此外还可看出，企业家对创业项目价值主观低估程度越大（即 w 越大），激励可行机制集范围越大；高能力企业家相对低能力企业家而言对创业项目价值影响越大（即 δ 越大），激励可行机制集范围越小。

第五节 小 结

信息不对称下，创业融资过程中投资者与创业者之间的关系可用附加通信的贝叶斯博弈来刻画。分析表明，不存在激励可行的静态融资机制可以实现事后有效。特别是在事前有效的激励可行机制安排下，企业家才能较高的创业者将无法融到任何资金，而企业家才能较低的创业者也只能在完全牺牲自身利益的情况下实现完全融资。因此根据显示原理，即使创业者与投资者之间存在通信机会，两者之间的贝叶斯博弈均衡依然不可能实现事后有效。

引入动态机制使创业融资存在事后有效的可能性。但是，如果企业家在事前预期到该博弈存在第二轮融资机会，则其在第一阶段谎报真实类型的动机又会导致贝叶斯博弈均衡回到静态融资机制的事后无效结果。为了确保两阶段融资博弈实现事后有效，实现社会利益最大化，存在第二阶段交易机会的事实不能改变创业者的期初信念，而这在逻辑上是不可能的。

本章解决此难题的思路来自创投行业的一个典型事实：创业融资一般采用分阶段交易机制，且后几轮资金并不一定按预期到位。在我们构造的两阶段融资博弈中，正是对第二轮融资交易失败可能性的恐惧限制了第一阶段企业家的机会主义行为，降低其谎报真实类型的动机。分析表明，在一定条件下，的确存在激励可行的动态融资机制能够实现事后有效。经过验证，事前有效机制和公平交易机制在一定条件下均可以实现事后有效。因此，可以说现实中观察到的动态融资机制内生于创业者与投资者之间的贝叶斯博弈均衡。相对传统金融机构来说，风险投资、天使投资等新型机构更擅长实施动态融资机制，成为创业融资市场的主要参与者。

第三章

企业家激励、隐性契约与创业型企业融资

创业投资是否有吸引力，关键在于企业家活动。不确定性环境下企业家激励契约是不完全的，在其私人利益与公司利益存在冲突的情况下，创业投资收益不足以补偿可能的巨额损失风险，外部融资难以成功。基于动态契约框架，本章证明，自我实施的隐性契约可以改善双方合作的条件，提高创业融资成功的可能性。银行这类传统金融机构只擅长执行正式显性契约，这是其金融服务供给不足的主要原因。风险投资善于实施隐性契约，很好地解决了创业融资难题。一定条件下，不确定性程度越高，融资成功可能性越大。

第一节 引 言

创业型企业融资不足是一个世界性难题（Lerner，2009）①，在中国尤为明显。考虑到中国银行业雄厚的资产规模②，加之其对大量过剩产能行业的融资支持，对资本总量充裕但创业融资不足这一悖论的存在需要给出合理解释。创业企业一般没有足够期限的可验证经营记录，也没有足够固定资产以提供抵押（Berger & Schaeck，2011），传统的融资方式不能给予其足够的资金支持（Zider，

① 例如，美国政府专门为此成立了中小企业管理局（SBA），通过直接贷款和信用担保等方式为中小企业提供融资支持。加拿大、日本、英国、以色列等国也都采用了多种政策措施缓解中小企业尤其是创业型企业的融资难题。

② 根据中国银行保险监督管理委员会统计数据，截至 2019 年 10 月，中国银行业金融机构的总资产达 277 万亿元。

1998)。第二次世界大战以后，特别是20世纪70年代以来，随着美国大量创业型企业的涌现，风险投资这种专门支持创新型小企业的融资机制应运而生。其独特的制度安排、创造性的契约设计以及巧妙的风险管控措施，很好地解决了不少初创期企业的融资难题（Tian，2011）。

尽管已有不少文献就风险投资出现并扩展成为主要创业融资模式的问题进行了大量理论和实证分析（姚铮等，2011；Bengtsson，2011；Kaplan & Strömberg，2001；Gompers & Lerner，2006），但这些归纳导向的研究将注意力局限于风险投资这类非常特殊的融资方式上，导致其结论适用范围非常有限。事实上，就算在风投行业发达的美国，绝大多数创业型企业也很难得到风险投资的青睐（Berger & Udell，2002）。中国风投行业刚刚起步，短期内更不可能依靠其解决中小企业融资难、融资贵的问题。因此，有必要从创业创新的本质出发，一般性地讨论创业融资过程和机制及其面临的问题和挑战，据此提出可供其他融资形式参考的对策建议，从微观层面改善我国的创业融资环境。

本章分析表明，不确定性的存在是传统融资方式失灵的重要原因①，也正是风险投资这类积极投资者活跃于创投市场的关键所在。不确定性既可能导致巨额投资损失，又有可能带来丰厚回报。企业家具有应对不确定性的特殊禀赋（Knight，1921），因此，创业投资回报是否足以补偿损失风险，很大程度上取决于其是否受到最优激励（Manso，2011）。但也正因为存在不确定性，企业家活动很难观察和测度，即使可以观察，也很难进行第三方验证，无法写入事前的正式契约（Grossman & Hart，1986）。如果存在利益冲突，外部投资者不能利用正式契约进行激励②，可行的只能是可自我实施的隐性契约（Macleod & Malcomson，1989）。问题在于，隐性契约的实施需要满足一定条件，传统金融机构一般只擅长利用静态的正式契约组织交易，企业家行为偏差导致参与融资无利可图，这是其金融服务供给不足的主要原因。相对而言，风险投资这类积极投资者利用其在创业创新领域的专业特长和关系网络，并通过与创业者的频繁互动，可以有效地实施动态的隐性契约，这在一定程度

① 指奈特意义上的不确定性，后文会给出具体界定，可参见奈特（Knight，1921）、吉尔伯和斯梅得勒（Gilboa & Schmeidler，1989）。

② 例如，外部竞争加剧要求企业家投入更多的时间、精力和资源进行研发，但私人收益的存在诱惑企业家将注意力放在市场营销、品牌塑造、人脉构建等方面。这些企业家活动很难被第三方验证，因此不能在事前写入正式契约。

上缓解了创业融资难题。

第二节 文献综述

本章从企业家角度研究可自我实施的隐性契约对企业家活动的激励效应，据此讨论传统融资方式的不足与风险投资在创业融资领域的独特优势。分析将表明，创新不确定性既是创业型企业的关键价值来源，又是投资损失的决定性因素。创业投资是否有利可图，很大程度上取决于企业家活动。因此，能否实现对企业家的最优激励，就是双方合作能否达成的关键。

在本章框架中，企业家激励是通过隐性契约实现的。这里定义的隐性契约在本质上也是一种动态契约，其价值源自正式契约的不完全性（Grossman & Hart，1986；Hart & Moore，1999）。由于某些关键指标很难观测、无法验证，不能写入初始正式契约，代理人激励只能依靠可自我实施的隐性契约（Macleod & Malcomson，1989）。[①] 这类契约的实施机制已被相关文献详细考察。克莱因和勒费乐（Klein & Leffler，1981）在较为一般的意义上假定契约不能被政府或其他任何第三方强制实施，交易双方只能依靠中断商业关系的威胁来保证契约承诺得到执行。麦克莱德和麦克姆森（Macleod & Malcomson，1989）将隐性契约的自我实施过程模型化为重复博弈的完美均衡，合作剩余的存在是一个必要条件。贝克尔等（Baker et al.，2002）也利用重复博弈关系的持续来保证隐性契约的可实施性，但关注的重点在于一体化决策对于违约可能性的影响。莱文（Levin，2003）指出，基于主观绩效指标的隐性契约不满足标准激励契约的实施条件，诚实品性（good faith）的存在可以确保这类契约的有效执行。此外，声誉和品牌（Bull，1987）、战略性模糊（Bernheim & Whinston，1998）、主观指标与客观指标的互补（Baker et al.，1994；Pearce & Stacchetti，1998）等也可在一定程度上保证隐性契约的自我实施。

假设企业家活动可以观测，但无法验证，外部投资者不能利用正式契约来约束企业家行为，可行的只能是隐性契约。我们在有限期（即 3 期）框架下考

① 隐性契约在文献中又被称为关系契约、非正式契约、可自我实施的契约等，其核心特征在于可自我实施性。

察创业企业的动态融资过程，因此隐性契约的执行是由投资者在第三阶段的退出威胁实现的。在此基础上，可进一步讨论创业融资市场环境对创业者违约可能性的效应、不确定性程度对合作达成可能性的影响等。一定意义上，也可以将本章考察的隐性契约实施理解成简单的动态博弈均衡。

本章首先讨论创业创新以及企业家活动的本质，并据此定性分析创业融资的动态过程；其次给出正式模型，研究隐性契约实现企业家最优激励的原理，并进行比较分析；最后将进行几点扩展，并讨论其经济意义。

第三节　企业家活动与隐性激励契约

创新就是制造和/或利用市场非均衡赚取超额利润的过程（熊彼特，2000；Kirzner，1997）。在实现新组合的过程中，企业家将不可避免地面对奈特意义上的不确定性（Knight，1921）。实际上，企业家正是凭借其应对不确定性的特殊禀赋进入处处充满非均衡的创新王国的（Bewley，1989）。但也正因为创新存在高度不确定性，外部投资者很难观测企业家活动，即使可以观测，也难以被第三方验证。因此，本章要研究的关键问题就是：在创业者面临资金约束的情况下，如何实现企业家的最优激励，使创业投资在事前具有足够吸引力，进而实现双方合作，启动创业？

现实中，大多数创业者都面临资金约束，能否从外部获得融资是创业是否可行的关键。为了控制信贷风险，传统融资渠道通常要求企业具有一定期限的可验证经营记录，且大多需要有形资产作为抵押，更重要的是，企业的经营前景必须是可分析、可预测的（Berger & Udell，2002），而这些恰恰是创业型企业不具备的（Lerner，2009）。初创期企业通常没有足够期限的稳定经营记录，也没有形成足够多的有形资产可供抵押，经营前景则面临着多种内生/外生不确定性（Berk et al.，2004）。创新程度越高的公司，面临的不确定性程度越大，其得到传统金融机构融资支持的可能性越小。

如何解决这一金融市场的“失灵”呢？关键在于治理双边关系的金融契约（Aghion & Bolton，1992；Lerner & Malmendier，2010）。传统金融机构一般采用正式契约组织融资交易，这对于成熟企业或有担保/抵押的融资请求而言是可行的。但对创业型企业来说，正式契约赖以成立的多个关键指标难以观测、难以验证，是一种典型的不完全契约，多数情况下很难实施（Baker et al.，1994；Hart & Moore，1999）。创业型企业的融资基础是未来可能的增长潜力，这一潜力是否足以补偿不确定性带来的巨额损失风险，是投资者提供融资支持时需要考虑的首要问题。正如前述，企业家创新活动是创业企业成功的基础，只有其自身受到充分激励，创业企业增长潜力才是可期待的，其投资价值也才是有保障的。所以，能否利用隐性契约实现企业家的最优激励，是解决创业融资市场失灵的关键。后面的分析将表明，风险投资这类积极投资者擅长实施隐性契约，这是其畅行于创投市场的重要原因，相对而言，银行等传统金融机构不具备实施隐性契约的能力，其金融服务必然供给不足。

图 3－1 用一个简单的 3 期模型给出动态框架下创业融资交易的全过程。在该情景中，创业者面临资金约束，他不得不求助于外部投资者。假设该项目需要投入的总资金为 K，在动态契约安排下，投资者可以分三个阶段注入资金，分别为 $K_1=K_2=K_3=K/3$。在创业初期，如果条件满足，投资者与创业者签订初始协议，前者投入首期资金 K_1，创业启动。在创业推进过程中，由自然决定的不确定性 θ 会影响企业的价值，投融双方可以在时刻 $t=1$ 观察到与不确定性相关的信号 s，并据此作出对不确定性的某种推断，进作出阶段性决策。这里假设信号 s 是可观察、可验证的变量，因此可以进入初始契约，并作为下一阶段调整某些条款的依据，例如控制权转移、是否终止清算、是否更换 CEO、是否行使证券的转换权利、次轮融资估值等（Aghion & Bolton，1992；Kaplan & Strömberg，2003）。如果创业得以继续推进，投资者需要再次注入资金 K_2，企业家则在 $t=1\sim2$ 期间选择活动 e。

隐性契约从时刻 $t=2$ 开始发挥作用。此时，投资者基于自身对创业创新的理解，并通过前期与企业家的频繁互动已经了解到活动 e。但这种了解是主观性的，仅限于投资者自身，不能得到第三方的验证（Baker et al.，1994），因而不能写入初始正式契约（Grossman & Hart，1986）。如果投资者认为企业家活动完全符合企业总体利益，他将继续提供第 3 轮融资，直到企业生命周期的创业期结束，通过 IPO、股权转让、回购、清算等方式变现退出。但是，如果投资者认为企业家活动并不是最优的，他可以选择终止合作关系，不参与第 3 轮融资。一旦投资者选择退出，企业家要么尝试从市场获得第 3 轮融资，继续创业过程；要么选择终止清算，结束创业过程。由于从创业融资市场进行后续融资有可能失败，企业家需要权衡其活动给自己带来的利弊得失，以及导致初始投资者终止合作关系的可能性。一定条件下，这一终止合作关系的威胁可以确保隐性契约的自我实施性，在事前保证了创业的启动。

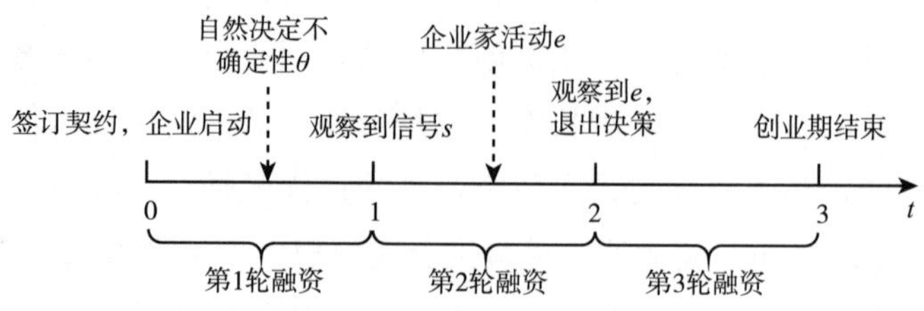

图 3－1　创业融资过程

资料来源：笔者根据模型分析归纳整理而得。

第四节　模　型

（一）基本设定

我们继续在 3 期框架下进行分析。假设契约关系始自时刻 $t=0$，面临资金约束的企业家为了实现其商业创意，不得不求助于外部资金拥有者——投资者，以获得创业所需的资金 K。创业期结束时企业的贴现价值为 R，假设其服从均匀分布，即 $R \sim U[a+\theta, b+\theta]$，$R$ 是扣除了所有费用（包括工资、租金、资本利息等）之后的剩余价值贴现，但没有扣除企业家利润。模型化不确定性的方法是假设 $\theta \in \Theta = \{\delta, -\delta\}$，由于有限责任，进一步假设 $\delta \leqslant a$。此外，为了分析的可行性，假设 θ 的主观概率分布为：

$$\begin{cases} P(\theta=\delta)=\mu \\ P(\theta=-\delta)=1-\mu \end{cases} \tag{3-1}$$

创业启动后，自然在 $t=0 \sim 1$ 时决定不确定性参数 θ 的取值。需要注意的是，θ 是不可观察、不可验证的变量，不能写入事前的融资契约。但是，交易双方可在 $t=1$ 时观察到可验证的信号 $s(\in\{0,1\})$，该信号可被写入初始契约。假设 s 与 θ 具有一定的相关性，即：

$$\begin{cases} \beta_g \equiv P(s=1 \mid \theta=\delta) > 50\% \\ \beta_b \equiv P(s=0 \mid \theta=-\delta) > 50\% \end{cases} \tag{3-2}$$

类似于阿吉翁和博尔顿（Aghion & Bolton，1992），这里可用距离 $d(\tilde{\beta},(1,0))=[|1-\beta_g|+|1-\beta_b|]$ 来度量信号 s 的质量高低。容易看出，当 $d(\cdot)=0$ 时，s 的高低完全揭示了真实的 θ；反之，当 $d(\cdot)=1$ 时，信号 s 没有任何价值。在前述假设下，$0<d(\cdot)<1$。此外，为了简化分析，直接假设 $\beta_g=\beta_b=\beta$。基于这些设定，可以计算出观察到信号 s 之后 θ 的后验概率为：

$$\begin{cases}\mu^1=P(\theta=\delta|s=1)=\dfrac{\beta_g\mu}{\beta_g\mu+(1-\beta_b)(1-\mu)}>\mu\\ \mu^0=P(\theta=\delta|s=0)=\dfrac{(1-\beta_g)\mu}{(1-\beta_g)\mu+\beta_b(1-\mu)}<\mu\end{cases}\tag{3-3}$$

而观察到信号 s 为 1 或 0 的概率分别为：

$$\begin{cases}q_1=P(s=1)=\beta_g\mu+(1-\beta_b)(1-\mu)\\ q_0=P(s=0)=(1-\beta_g)\mu+\beta_b(1-\mu)\end{cases}\tag{3-4}$$

我们继续用巨能久和苗建军（Ju & Miao，2012）构造的模糊规避偏好来代表投资者的效用，并在风险中性假设下得到简化版的不确定性规避效用函数：

$$\begin{cases}U=v^{-1}\left(\int v\left(u^{-1}\left(\int u(c)\mathrm{d}\pi\right)\right)\mathrm{d}\mu(\pi)\right)=v^{-1}(E_\theta v(E_R C(R)))\\ v'(\cdot)>0,v''(\cdot)<0\end{cases}\tag{3-5}$$

$$\lim_{x\to 0}v'(x)=\infty,\lim_{x\to\infty}v'(x)=0\tag{3-6}$$

为了便于比较不同契约的优劣，将需要投入的资本 K 设定为：

$$K=v^{-1}(E_\theta v(E_R(R)))=v^{-1}\left(E_\theta v\left(\frac{a+b}{2}+\theta\right)\right)\tag{3-7}$$

这意味着，创业项目的期末价值在扣除了不确定性溢价之后，刚好可以覆盖所投入的资本总量。因此，从社会角度看来，启动创业项目是最优的。我们将要研究的关键问题是：哪一类契约最有可能实现创业启动，进而达到社会最优？

（二）静态契约

这类契约一般约定，创业期结束后投融双方按照各自所持股份分享剩余收益，且在 $t=0\sim3$ 时，投资者不参与公司的日常经营决策，现金流权也不会发生变化。令企业家所持股份比例为 α，投资者股份为 $1-\alpha$，其来自创业企业的期末收益分别为：

$$R_E=\alpha R, R_K=(1-\alpha)R \tag{3-8}$$

对企业家来说，只要 $R_E\geqslant0$，启动创业就是有利的。① 为了简化分析，假设企业家既是风险中性，又是不确定性中性，即企业家效用是期望收益的线性函数。② 显然，创业能否启动的关键在于投资者是否愿意出资。

模型化企业家决策过程的方式是在 $t=1$ 时引入私人收益函数 $f(e,s)$。③ 为了简化分析，假设活动 $e\in\{e_0,e_1\}$，并将 $f(e,s)$ 按以下方式简写：

$$f(e,s)=\begin{cases}f_{11} & s=1,e=e_1\\ f_{10} & s=1,e=e_0\\ f_{01} & s=0,e=e_1\\ f_{00} & s=0,e=e_0\end{cases} \tag{3-9}$$

企业家活动对企业价值的影响体现在观察到 s 后，不确定性 θ 的后验概率调整上，按以下方式设定：④

$$\begin{cases}\mu_1^1=\mu^1+e_1>\mu & s=1,e=e_1\\ \mu_0^1=\mu^1-e_0<\mu & s=1,e=e_0\\ \mu_0^0=\mu^0-e_1<\mu & s=0,e=e_1\\ \mu_0^0=\mu^0+e_0>\mu & s=0,e=e_0\end{cases} \tag{3-10}$$

这意味着，$\mu_j^i>\mu(\forall i=j)$，$\mu_j^i<\mu(\forall i\neq j)$，即企业家活动 e 匹配于信号 s 可

---

① 对 R 的定义已经扣除了工资支出，其中就包括了企业家发挥管理者职能的市场均衡报酬，因此，R_E 度量的是企业家发挥创新职能的超额利润。此外，企业家创新的机会成本为0，即如果不创业，其创新才能没有价值（吉云和姚洪心，2011）。

② 根据奈特（1921），企业家最善于应对创新不确定性，因此这一假设并非不可接受。当然，该假设并不影响本章核心结论。

③ 可被理解成企业家在职收益或控制权收益，只能被企业家占有，外部投资者不能分享。例如，一个对科学研究很感兴趣的创业者可能会利用公司资源进行一些极富挑战性的科研项目，即使相关信息表明该项目的商业前景并不乐观。研究过程和成果给创业者带来的刺激性、成就感、满足感和学术声誉就是一种私人收益，外部投资者显然不可能分享这一收益。

④ 类似设定是契约文献通用做法。

以提高企业价值，反之，则会降低企业价值。显然，企业家私人收益 $f(e,s)$ 的存在有可能会引致其行为偏差，导致企业价值降低，进而影响外部投资者的期望收益。因此，融资契约的主要目的就是要对企业家进行激励，实现 $t=1\sim2$ 时最优的企业家活动，进而达成事前合作，以启动创业。

在静态契约安排下，投资者处于消极地位，即使能观察到信号 s，他还是不能在创业期结束前对企业施加任何影响。因此，企业家活动能否实现最优完全取决于创业者的总期望收益，即 $E[R_E]=\alpha E[R]+f(e,s)$。在观察到信号 s 之后，企业家可以选择对其最有利的活动 e。下面分四种情形讨论静态契约实现创业启动的条件。

情形 1： $f_{11}>f_{10}$，$f_{00}>f_{01}$

在此情形下，创业者的私人利益与公司利益保持一致，只要投资者参与融资的条件得以满足，创业就可以启动，社会最优能够实现。以下命题表明了这一点。

命题 1： 存在一个 $\bar{\alpha}_1(\in(0,1))$，使得当 $0<\alpha\leqslant\bar{\alpha}_1$ 时，投资者期初效用 $U_K\geqslant K$，创业项目得以在 0 期启动，静态契约实现了社会最优；当 $\bar{\alpha}_1<\alpha<1$ 时，投资者期初效用 $U_K<K$，创业项目无法启动，社会最优无法实现。

证明：采用逆向分析程序。如果 $t=1$ 时观察到信号 $s=1$，以下企业家激励相容约束条件的满足可以保证其行为的最优。

$$\alpha E_1^{e_1}[R]+f_{11}>\alpha E_1^{e_0}[R]+f_{10} \tag{3-11}$$

期望符号下标指的是观察到的信号为 1，上标指的是，计算该期望值时所用的概率 $\mu_j^1=P(\theta=\delta|s=1)$ 由企业家活动为 e_j 决定，由于 $\mu_1^1>\mu_0^1$，$f_{11}>f_{10}$，该条件的满足是很明显的。因此，根据前面的设定，投资者的效用为：

$$U_K^1=v^{-1}\left(\mu_1^1 v\left((1-\alpha)\left(\frac{a+b}{2}+\delta\right)\right)+(1-\mu_1^1)v\left((1-\alpha)\left(\frac{a+b}{2}-\delta\right)\right)\right) \tag{3-12}$$

将 U_K^1 看成 α 的函数 $U_K^1(\alpha)$，则由于 $\mu_1^1>\mu$，我们有：

$$\begin{aligned}\lim_{\alpha\to0}U_K^1(\alpha)&=v^{-1}\left(\mu_1^1 v\left(\frac{a+b}{2}+\delta\right)+(1-\mu_1^1)v\left(\frac{a+b}{2}-\delta\right)\right)\\&>v^{-1}\left(\mu v\left(\frac{a+b}{2}+\delta\right)+(1-\mu)v\left(\frac{a+b}{2}-\delta\right)\right)\\&=K\end{aligned} \tag{3-13}$$

类似地，如果在 $t=1$ 时观察到信号 $s=0$，则投资者效用为：

$$U_K^0 = v^{-1}\left(\mu_0^0 v\left((1-\alpha)\left(\frac{a+b}{2}+\delta\right)\right) + (1-\mu_0^0)v\left((1-\alpha)\left(\frac{a+b}{2}-\delta\right)\right)\right) \tag{3-14}$$

根据假设，同样有 $\mu_0^0>\mu$，所以 $\lim\limits_{\alpha\to 0} U_K^0(\alpha)>K$。现在回到0期，此时投资者效用为：

$$U_K = v^{-1}(q_1 v(U_K^1) + q_0 v(U_K^0)) \tag{3-15}$$

则容易看出 $\lim\limits_{\alpha\to 0} U_K(\alpha)-K>0$。又因为 $\frac{\partial U_K(\alpha)}{\partial\alpha}<0$，所以存在一个 $\overline{\alpha}_1(\in(0,1))$，满足 $U_K(\alpha)-K=0$。并且，当 $0<\alpha\leqslant\overline{\alpha}_1$ 时，$U_K\geqslant K$；当 $\overline{\alpha}_1<\alpha<1$ 时，$U_K<K$。

情形2：$f_{11}<f_{10}$，$f_{00}<f_{01}$

在这一情形下，不管观察到什么信号，企业家私人利益与公司利益都不一致。此时，可行的股权分配 α 需要同时满足企业家激励相容约束和投资者参与约束才能确保创业启动，实现社会最优。为了简化分析，这里假设：

$$f_{10}-f_{11}=f_{01}-f_{00}=\Delta \tag{3-16}$$

同样采用逆向分析程序。在1期观察到信号 $s=1$ 的情况下，企业家选择最有利于公司的行为 e_1 的条件为：

$$\alpha E_1^{e_1}[R]+f_{11}\geqslant\alpha E_1^{e_0}[R]+f_{10} \tag{3-17}$$

即：

$$\alpha\left(\mu_1^1\left(\frac{a+b}{2}+\delta\right)+(1-\mu_1^1)\left(\frac{a+b}{2}-\delta\right)\right)+f_{11}\geqslant\alpha\left(\mu_0^1\left(\frac{a+b}{2}+\delta\right)\right.$$
$$\left.+(1-\mu_0^1)\left(\frac{a+b}{2}-\delta\right)\right)+f_{10}\Rightarrow\alpha\geqslant\frac{\Delta}{2\delta(e_1+e_0)} \tag{3-18}$$

令 $\underline{\alpha}_1=\frac{\Delta}{2\delta(e_1+e_0)}$，则企业家激励相容条件简写为 $\alpha\geqslant\underline{\alpha}_1$。如果观察到信号 $s=0$，相应的条件则为：

$$\alpha E_0^{e_0}[R]+f_{00}\geqslant\alpha E_0^{e_1}[R]+f_{01} \tag{3-19}$$

即：

$$\alpha\left(\mu_0^0\left(\frac{a+b}{2}+\delta\right)+(1-\mu_0^0)\left(\frac{a+b}{2}-\delta\right)\right)+f_{11}\geqslant\alpha\left(\mu_1^0\left(\frac{a+b}{2}+\delta\right)\right.$$

$$\left.+(1-\mu_1^0)\left(\frac{a+b}{2}-\delta\right)\right)+f_{01}\Rightarrow\alpha\geqslant\frac{\Delta}{2\delta(e_1+e_0)}=\underline{\alpha}_1 \quad (3-20)$$

现在回到0期。如果企业家激励相容条件不满足，即 $\alpha<\underline{\alpha}_1$，那么，企业家活动不可能最优，0 期效用 $U_K<K$，投资者参与约束也不满足，创业不可能启动。如果 $\alpha\geqslant\underline{\alpha}_1$，企业家活动是最优的，投资者参与融资的条件有可能满足，创业有可能启动。相关结果在下面给出。

引理1：在企业家活动最优的条件下，存在一个 $\overline{\alpha}_1(\in(0,1))$，使得当 $0<\alpha\leqslant\overline{\alpha}_1$ 时，投资者期初效用 $U_K\geqslant K$；当 $\overline{\alpha}_1<\alpha<1$ 时，投资者期初效用 $U_K<K$。

证明：同命题1，此处从略。

命题2：如果 $\overline{\alpha}_1\geqslant\underline{\alpha}_1$，那么，股权配置满足条件 $\overline{\alpha}_1\geqslant\alpha\geqslant\underline{\alpha}_1$ 时，创业会在0期启动，社会最优可以实现，否则，创业无法启动。

证明：在命题给出的条件下，股权配置 α 既满足了企业家激励相容约束条件，也满足了投资者参与约束条件，启动创业对双方都有利，社会最优能够实现。

该命题意味着，能够支持创业启动的股权配置范围受到双重限制，在企业家私人利益与公司利益不一致的情形下，利用静态契约实现社会最优的可能性较小。后面的分析将表明，动态框架下的隐性契约可以在一定程度上放松这一限制，可行的股权配置范围将会变大，创业启动的可能性会增加。

情形3：$f_{11}>f_{10}$，$f_{00}<f_{01}$

这一情形稍显复杂。在1期观察到 $s=1$ 的条件下，企业家私人利益与公司利益保持一致，企业家行为自动实现最优，投资者效用 $U_K^1\geqslant K$。如果观察到 $s=0$，此时，私人利益与公司利益不一致，按照前一情形的分析，除非 $\alpha\geqslant\underline{\alpha}_1=\frac{\Delta}{2\delta(e_1+e_0)}$，否则企业家将会选择次优的 e_1。这里的复杂之处在于，即使企业家选择次优的活动 e_1，创业项目依然有启动的可能性。该结果由以下引理给出。

引理2：如果有利状况（即 $\theta=\delta$）发生的主观概率 $\mu>50\%$，则存在一个 $\overline{\alpha}_2$（$\in(0,1)$），使得当 $0<\alpha\leqslant\overline{\alpha}_0$ 时，投资者期初效用 $U_K\geqslant K$，创业项目得以在0

期启动；当 $\overline{\alpha}_2<\alpha<1$ 时，投资者期初效用 $U_K<K$，创业项目无法启动。

证明：投资者 0 期效用为：

$$U_K=v^{-1}(q_1v(U_K^1)+q_0v(U_K^0)) \tag{3-21}$$

式（3-21）中，

$$U_K^1=v^{-1}\left(\mu_1^1v\left((1-\alpha)\left(\frac{a+b}{2}+\delta\right)\right)+(1-\mu_1^1)v\left((1-\alpha)\left(\frac{a+b}{2}-\delta\right)\right)\right) \tag{3-22}$$

$$U_K^0=v^{-1}\left(\mu_1^0v\left((1-\alpha)\left(\frac{a+b}{2}+\delta\right)\right)+(1-\mu_1^0)v\left((1-\alpha)\left(\frac{a+b}{2}-\delta\right)\right)\right) \tag{3-23}$$

将有关表达式 q_1、q_0、μ_1^1、μ_1^0 代入，整理得到：

$$U_k=v^{-1}\begin{pmatrix}\mu v\left((1-\alpha)\left(\frac{a+b}{2}+\delta\right)\right)+(1-\mu)v\left((1-\alpha)\left(\frac{a+b}{2}-\delta\right)\right)\\+e_1(2q_1-1)\left(v\left((1-\alpha)\left(\frac{a+b}{2}+\delta\right)\right)-v\left((1-\alpha)\left(\frac{a+b}{2}-\delta\right)\right)\right)\end{pmatrix} \tag{3-24}$$

容易看出，如果 $q_1>50\%$（即 $\mu>50\%$），则式（3-25）成立：

$$\lim_{\alpha\to 0}U_K(\alpha)-K>0 \tag{3-25}$$

至此利用证明命题 1 的方法可以得到相关结果。

该引理结合前面的结果得到以下命题。

命题 3：如果以下条件中的任何一个满足，则 $U_K\geqslant K$，创业会在 0 期启动；如果都不满足，则创业无法启动，社会最优无法实现：

（1）$\overline{\alpha}_1\geqslant\alpha\geqslant\overline{\alpha}_1$；

（2）有利情形（即 $\theta=\delta$）发生的主观概率 $\mu>50\%$，且 $0<\alpha\leqslant\overline{\alpha}_0$。

该命题表明，如果观察到有利信号时企业家私人利益与公司利益保持一致，而在不利信号出现时两者利益不一致①，则有利状况发生的主观概率越高，静态

① 例如，公司发展顺利时，企业家和投资人更能目标一致、和谐相处、共谋发展，而在公司发展不顺时，两者的利益冲突加剧，企业家竭力谋取私人收益，而投资者则有可能随时退出。这是一种典型的“能同甘，不能共苦”现象，在创投行业比较普遍。

契约实现创业启动的可能性越大。这与风险投资及其他机构投资者多集中于创业企业成长期、扩张期的经验事实一致，因为这一阶段的创业企业成功可能性更高。相对而言，种子期企业很难获得这些投资者的青睐，不得不依靠天使投资人、关系借贷或政府补助等渠道（Bottazzi et al.，2002；Ueda，2004；Gompers & Lerner，2006）。事实上，我们可以从这一经验事实推知，情形 3 是创业融资领域的典型状况。

情形 4：$f_{11} < f_{10}$，$f_{00} > f_{01}$

这一情形与情形 3 相反，但逻辑类似。在 1 期观察到 $s=0$ 的条件下，企业家私人利益与公司利益保持一致，企业家行为自动实现最优，投资者效用 $U_K^0 \geqslant K$。如果观察到信号 $s=1$，由于此时私人利益与公司利益不一致，除非 $\alpha \geqslant \underline{\alpha}_1 = \frac{\Delta}{2\delta(e_1+e_0)}$，否则企业家将会选择次优的 e_0。容易得到以下类似命题。

命题 4：如果以下条件中的任何一个满足，则 $U_K \geqslant K$，创业会在 0 期启动，如果都不满足，则创业无法启动，社会最优无法实现：

（1）$\bar{\alpha}_1 \geqslant \alpha \geqslant \bar{\alpha}_1$；

（2）有利情形（即 $\theta=\delta$）发生的主观概率 $\mu < 50\%$，且 $0 < \alpha \leqslant \bar{\alpha}_3$。

在情形 4 下，由于有利信号出现时企业家私人利益与公司利益不一致，不利信号出现时利益一致①，在事前，投资者希望不利状态发生的概率更高。这点似乎与直觉不符。实际上，根据本章设定，事前主观概率的高低不仅影响企业价值，还影响到投入的资本 K，因此，不利状态发生的概率较高时，企业价值与投入资本同时降低，投资收益率未必会下降。与此同时，观察到不利信息时企业家会自动采取最优行动，这反而提高了有利状态发生的概率，因为 $\mu_0^0 = \mu^0 + e_0 > \mu$，投资者期初效用得以提高，创业启动的可能性增加。

（三）动态契约

为了节约篇幅，这里只考虑合作条件最为苛刻的情形 2②，即 $f_{11} < f_{10}$，$f_{00} <$

① 这是一种典型的“能共苦，不能同甘”的现象，一旦公司发展顺利，企业家开始私欲膨胀，投资者利益受损。反之，如果公司发展不顺，则投资者与创业者反而能够团结一致、攻坚克难。这种情形在现实中并不常见。

② 相关分析可以很容易地应用到其他情形。

f_{01}。根据命题 2，该情形下静态契约能够实现创业启动的条件为：$\overline{\alpha}_1 \geqslant \alpha \geqslant \underline{\alpha}_1$。很显然，如果 $\underline{\alpha}_1 > \overline{\alpha}_1$，可行的股权分配 α 不存在[①]，创业将不可能启动，社会最优无法实现。下面的分析将注意力集中在隐性契约改善双方合作的条件上，因此直接假设满足投资者参与约束的 $\alpha < \underline{\alpha}_1$。我们将表明，隐性契约的确能够放松命题 2 中的合作条件，提高创业启动的可能性。

隐性契约的自我实施机制来自投资者退出第 3 轮融资的威胁。[②] 具体地，如果观察到可验证的信号 $s = i(\in \{0,1\})$，之后又观察到企业家活动为 $e_j(j \in \{0, 1\})$，则只要 $i \neq j$，投资者就退出最后一轮融资。一旦投资者退出，企业家最后阶段有两个选择：（1）终止创业，清算退出；（2）到创业融资市场寻找其他投资者。为了简化分析，需对此作出两点假设：（1）如果创业项目在时刻 2 终止，则清算价值为 0，这意味着，只要还有一点成功可能性，企业家终止创业都是不明智的[③]；（2）创业者到市场进行第 3 轮融资成功的概率为 π[④]。可以看出，隐性契约只在动态框架下才是可行的。

同样采用逆向分析程序。在时刻 1 观察到信号 $s = 1$ 之后，如果投资者继续提供融资，项目继续推进，企业家期望收益为：

$$E_1^{e_j}[R_E] = \alpha\left[\mu_j^1\left(\frac{a+b}{2}+\delta\right) + (1-\mu_j^1)\left(\frac{a+b}{2}-\delta\right)\right] + f_{1j} \qquad (3-26)$$

但根据前面的假设 $\alpha < \underline{\alpha}_1$，企业家活动为：

$$e^* = \arg\max_{e_j} E_1^{e_j}[R_E] = e_0 \qquad (3-27)$$

则投资者的效用 $U_K^1 < K$，后者不可能继续提供融资。因此，企业家不得不到市场上寻找其他投资者，其期望收益为：

---

① 现实中，即使 $\underline{\alpha}_1 \leqslant \overline{\alpha}_1$，但对于融资额度较高的创业企业，创业者股份稀释程度较大（即 α 太小），企业家激励相容约束并不容易满足。例如，阿里巴巴上市时马云的持股比例只有 8.9%，脸书上市时扎克伯格的股份为 28%。很少有高科技公司创始人在上市时拥有 50% 以上的股份。

② 这一退出威胁是可置信的，不会面临再谈判问题（Maskin & Moore，1999）。因为根据本章模型，如果企业家在信号 s 出现后不采取最优行动，投资者不继续参与融资并不会导致他已经持有的股份价值消失，前期投资 $2/3K$ 并不是沉没成本。

③ 因此，这也排除了企业家利用终止创业的威胁来迫使投资者继续提供融资的可能性，当然，相关问题也有重要的研究价值，可参考再谈判文献马斯金和摩尔（Maskin & Moore，1999）和西格尔（Segal，1999）。

④ 至少有两个因素会影响融资成功概率：创业融资市场资金供求状况，企业家活动相关信息在创投行业的散播程度。

$$E_1^{e_0}[R_E]=\pi\left\{\alpha\left[\mu_0^1\left(\frac{a+b}{2}+\delta\right)+(1-\mu_0^1)\left(\frac{a+b}{2}-\delta\right)\right]+f_{10}\right\} \quad (3-28)$$

引入隐性契约的价值正在于此，投资者利用退出威胁，在有可能融资失败的情况下，迫使企业家选择最优的活动 e_1。具体条件为：

$$E_1^{e_1}[R_E]\geqslant E_1^{e_0}[R_E] \quad (3-29)$$

即：

$$\alpha\left[(\mu^1+e_1)\left(\frac{a+b}{2}+\delta\right)+(1-\mu^1-e_1)\left(\frac{a+b}{2}-\delta\right)\right]+f_{11}$$

$$\geqslant\pi\left\{\alpha\left[(\mu^1-e_0)\left(\frac{a+b}{2}+\delta\right)+(1-\mu^1+e_0)\left(\frac{a+b}{2}-\delta\right)\right]+f_{10}\right\} \quad (3-30)$$

$$\Rightarrow\alpha\geqslant\frac{\pi\Delta-(1-\pi)f_{11}}{\left(2\delta\mu^1+\frac{a+b}{2}-\delta\right)(1-\pi)+2\delta(e_1+\pi e_0)}$$

令：

$$\underline{\alpha}_2\geqslant\frac{\pi\Delta-(1-\pi)f_{11}}{\left(2\delta\mu^1+\frac{a+b}{2}-\delta\right)(1-\pi)+2\delta(e_1+\pi e_0)} \quad (3-31)$$

容易验证：

$$\frac{\partial\underline{\alpha}_2}{\partial\pi}>0 \quad (3-32)$$

这意味着，第 3 轮融资成功可能性 π 越小，满足企业家激励相容约束的股权临界水平 $\underline{\alpha}_2$ 越小，企业家在 $s=1$ 的情况下选择最优活动 e_1 的可能性越大。这正是隐性契约带来的激励效应。

考虑极端情形，当 $\pi=0$ 时，企业家不可能融资成功，则 $\underline{\alpha}_2<0$，处于定义域中的所有 $\alpha\in(0,1)$ 都满足激励相容条件，隐性契约实现了企业家私人利益与公司利益的一致，创业启动只需要满足投资者参与约束即可。当 $\pi=1$ 时，企业家确定可以找到其他投资人参与第 3 轮融资，临界水平 $\underline{\alpha}_2=\frac{\Delta}{2\delta(e_1+e_0)}=\underline{\alpha}_1$，我们得到了静态契约下的结果，除非 $\alpha>\frac{\Delta}{2\delta(e_1+e_0)}$，否则企业家活动将不是最优的。

现在分析信号 $s=0$ 的情况。类似地，存在隐性契约的情况下，以下条件的满足可以确保企业家选择最优的活动 e_0：

$$E_0^{e_0}[R_E] \geqslant E_0^{e_1}[R_E] \tag{3-33}$$

即：

$$\begin{aligned}
&\alpha\left[(\mu^0+e_0)\left(\frac{a+b}{2}+\delta\right)+(1-\mu^0-e_0)\left(\frac{a+b}{2}-\delta\right)\right]+f_{00} \\
&\geqslant \pi\left\{\alpha\left[(\mu^0-e_1)\left(\frac{a+b}{2}+\delta\right)+(1-\mu^0+e_1)\left(\frac{a+b}{2}-\delta\right)\right]+f_{01}\right\} \qquad (3-34) \\
&\Rightarrow \alpha \geqslant \frac{\pi\Delta-(1-\pi)f_{00}}{\left(2\delta\mu^0+\frac{a+b}{2}-\delta\right)(1-\pi)+2\delta(\pi e_1+\pi e_0)}=\underline{\alpha}_3
\end{aligned}$$

同样地：

$$\begin{cases}
\dfrac{\partial \underline{\alpha}_3}{\partial \pi}>0 \\
\pi=0 \Rightarrow \underline{\alpha}_3<0 \\
\pi=1 \Rightarrow \underline{\alpha}_3=\dfrac{\Delta}{2\delta(e_1+e_0)}\underline{\alpha}_1
\end{cases} \tag{3-35}$$

现在回到 0 期。显然，在第 3 轮融资成功概率 π 足够小的情况下，我们将会得到足够小的股权临界水平 $\underline{\alpha}_2$ 和 $\underline{\alpha}_3$，这放松了静态契约下的合作条件，创业启动有了可能性。相关结果归纳为以下命题。

命题 5：存在一个 π^*，使得当 $\pi \leqslant \pi^*$ 时，有 $\underline{\alpha}_1 \geqslant \alpha \geqslant \max(\underline{\alpha}_2, \underline{\alpha}_3)$，$U_K \geqslant K$，创业项目会在 0 期启动。

证明：前面的分析已经表明，如果足够小的 π 使得 $\alpha \geqslant \max(\underline{\alpha}_2, \underline{\alpha}_3)$，那么企业家将会受到最优激励，其私人利益与公司利益趋向一致，将临界水平记为 π^* 即可。然后根据命题 1，容易得出 $U_K \geqslant K$。

值得指出的是，该命题中的 $\pi \leqslant \pi^*$ 只是创业启动的充分条件，但非必要条件。为了说明这一点，考虑一种可能的特殊情形 $\underline{\alpha}_3 \geqslant \alpha \geqslant \underline{\alpha}_2$。此时，如果观察到信号 $s=1$，企业家活动是最优的，投资者会继续提供资金支持，其效用为：

$$U_K^1 = v^{-1}\left(\mu_1^1 v\left((1-\alpha)\left(\frac{a+b}{2}+\delta\right)\right) + (1-\mu_1^1)v\left((1-\alpha)\left(\frac{a+b}{2}-\delta\right)\right)\right) \tag{3-36}$$

如果观察到信号 $s=0$，企业家活动非最优，投资者将退出融资过程。其持有股份为$\frac{2}{3}(1-\alpha)$，剩余资本$\frac{1}{3}K$不用投出，其效用为：

$$U_K^0 = \pi v^{-1}\left(\mu_1^0 v\left(\frac{2}{3}(1-\alpha)\left(\frac{a+b}{2}+\delta\right)\right) + (1-\mu_1^0)v\left(\frac{2}{3}(1-\alpha)\left(\frac{a+b}{2}-\delta\right)\right)\right) + \frac{1}{3}K \tag{3-37}$$

可以看出，在一定条件下，存在一个合理的 α，使得期初效用 $U_K = v^{-1}(q_1 v(U_K^1) + q_0 v(U_K^0))$ 有可能超过 K。① 但是，为了得到创业启动的必要条件，需要对不确定性效用函数、私人收益函数、后验概率等作出进一步假设，鉴于本章研究目的，此处不予深入考察。

第五节　扩展与讨论

（一）不确定性程度的影响

这里只讨论创业启动条件最为苛刻的情形 2，即 $f_{11} < f_{10}$，$f_{00} < f_{01}$。根据前面的分析，静态契约下满足企业家激励相容约束的临界条件为：

$$\underline{\alpha}_1 = \frac{\Delta}{2\delta(e_1+e_0)} \tag{3-38}$$

容易看出，不确定性程度 δ 越大，$\underline{\alpha}_1$ 越小，约束条件 $\alpha > \underline{\alpha}_1$ 越容易满足。在极限条件下，$\delta \to \infty$，$\underline{\alpha}_1 \to 0$，该条件自动满足。②

在隐性契约下，临界条件为：

$$\underline{\alpha}_2 = \frac{\pi\Delta - (1-\pi)f_{11}}{\left(2\delta\mu^1 + \frac{a+b}{2} - \delta\right)(1-\pi) + 2\delta(e_1 + \pi e_0)} \tag{3-39}$$

---

① 例如，$\mu \to 1$ 时，$q_1 \to 1$，则 $\lim\limits_{\alpha\to 0} U_K \to \lim\limits_{\alpha\to 0} U_K^1 > K$，存在合理的 α 满足创业启动条件。

② 因为根据假设已经有 $\alpha > 0$。

$$\underline{\alpha}_3 = \frac{\pi\Delta - (1-\pi)f_{00}}{\left(2\delta\mu^0 + \frac{a+b}{2} - \delta\right)(1-\pi) + 2\delta(\pi e_1 + e_0)} \tag{3-40}$$

可以验证，如果以下条件满足，则随着不确定性程度 δ 增加，临界水平越小，创业启动的可能性越大，即：

$$\mu^1 > \frac{1}{2} - \frac{e_1 + \pi e_0}{1-\pi} \tag{3-41}$$

$$\mu^0 > \frac{1}{2} - \frac{\pi e_1 + e_0}{1-\pi} \tag{3-42}$$

这些结果意味着，一定条件下，高度不确定性的存在有助于社会最优的实现。这似乎与直觉不符，因为一般情况下我们总是在规避不确定性。事实上，较高不确定性的确会导致遭受巨额损失的可能性增加，但其带来巨额收益的可能性也增加了，并且更重要的是，企业家实施最优活动带来的公司价值增加会远远超过私人收益的减少。即使其持有较少的股份，也足以实现最优激励，社会最优也就更容易实现。现实中，风险投资大多投向高风险、高收益、高度创新性创业企业的原因正在于此（Berger & Udell，2002；Ueda，2004；Gompers & Lerner，2006）。尽管这些企业团队不稳、模式不清、前景不明，但在企业家最优激励得到保证的条件下，投资者预期其产生巨额回报的可能性足以补偿重大损失风险，参与融资有利可图。

（二）不确定性规避程度的影响

前面模型假设所有投资者的不确定性规避程度相同，这里可以考虑其存在差异的情形。奈特（1921）指出，经济中最适合应对不确定性的是企业家，这一观点至少包括两层含义：（1）企业家最擅长在不确定性环境下进行决策；（2）企业家的不确定性规避程度最低。事实上，相对于普通人，愿意将资金投向创业企业的投资者其不确定性规避程度也会更低，而银行等金融机构的不确定规避程度则更高。主要原因在于两者在监管要求、风控体系、经营传统、公司治理、股东结构等方面的差异。①

① 例如，由于创业投资的事后收益分布是高度有偏的，极端值出现的概率较高（Moskowitz & Jørgensen，2002；Korteweg & Sorensen，2010），银行等传统金融机构的风控标准一般会排除掉这类投资机会。

容易证明，投资者的不确定性规避程度越低，其推动创业启动的可能性越大。前面曾经用代表性个体的不确定性效用函数来定义创业资本投入量：

$$K = v^{-1} = \left(E_\theta v\left(\frac{a+b}{2} + \theta\right)\right) \tag{3-43}$$

并基于相同的效用函数，通过证明以下条件的满足得到相应结果：

$$U_K = v^{-1}(q_1 v(U_K^1) + q_0 v(U_K^0)) > K \tag{3-44}$$

可以看出，在其他条件不变的情况下，如果投资者的不确定性规避程度更低，其要求用于补偿的不确定性溢价更低，确定性等价更高，上述条件更容易得到满足。因此，创投机构与传统金融机构之间不确定性规避程度的差异也可在一定程度上解释我国资本总量充足但创业融资不足的悖论。

（三）创投市场融资难度

前面已经证明，隐性契约下企业家再融资成功率 π 会影响其活动选择，即从其他投资者获得第 3 轮融资的可能性越小，企业家选择最优活动的可能性越大。现在进一步讨论融资成功率 π 的决定因素。

第一，创投市场资金供求状况显然会影响到 π。如果大量资金涌入市场，而创业投资机会并未同步增加，则有限数量的创业企业会面临过量资金的追逐，创业者的融资请求很容易得到满足，融资成功率增加。2000 年互联网泡沫破灭之前正呈现这种景象，投资者疯狂进入高科技融资市场，创业者往往只需凭一个与互联网相关的概念就可以轻易融到大量资金。在这样的环境下，指望企业家尽心尽力为投资者创造价值是不现实的。

第二，企业家声誉效应。根据前面的分析，企业家之所以需要再融资，是因为其行动不符合原始投资者的利益，导致后者不继续提供资金支持。现实中，创业者不断从市场获取资金的原因多种多样，如果与企业家声誉相关的信息不易散播到创投市场，其他投资者难以识别其再融资的真实原因，则企业家获得后续融资的成功率会增加。可以预期，创投市场越完备，信息扩散越迅速，追求私人利益的创业者越难获得再融资，隐性契约对企业家的激励效应越强烈，真正有价值的创业项目启动的可能性越大。

（四）企业家边际私人收益和行为后果

容易看出，$\frac{\partial\alpha_1}{\partial\Delta}>0,\frac{\partial\alpha_2}{\partial\Delta}>0,\frac{\partial\alpha_3}{\partial\Delta}>0$，即企业家边际私人收益 Δ 越大，其选择次优行动的诱惑越大，激励相容约束的临界水平越高，创业启动的可能性越小。风险投资通过监督、可转换证券、相机控制权、更换 CEO 威胁、股权回购条款等机制来降低企业家私人收益，一定程度上缓解了激励问题（Cumming & Johan，2007；Bengtsson，2011）。

此外，$\frac{\partial\alpha_1}{\partial e_1}<0,\frac{\partial\alpha_2}{\partial e_1}<0,\frac{\partial\alpha_3}{\partial e_1}<0,\frac{\partial\alpha_1}{\partial e_0}<0,\frac{\partial\alpha_2}{\partial e_0}<0,\frac{\partial\alpha_3}{\partial e_0}<0$，即企业家行为对公司价值的影响越大，临界水平越小，创业启动可能性越大。这一发现可以很好地解释风险投资行业的一个典型事实，即投资者通常赋予企业家超过其所持股权比例的控制权（Kaplan & Strömberg，2003；Schmidt，2003），这一方面反映了企业家才能的专有性，另一方面也是实现企业家最优激励的需要。①

（五）雇用契约的可行性

本章讨论的是股权契约。理论上，雇用契约也是可能的，即投资者自身扮演企业家的角色，创业者作为雇员为投资者工作。但在现实中，企业家精神和创新的本质将导致这类契约不可行。原因至少有三点。首先，可行的雇用契约要求劳资双方能在交易前准确评估被雇用者的能力和合理工资，但正如吉云和姚洪心（2011）所指出的那样，创新不确定性和企业家才能的独特性将导致这一条件无法满足，因为没有人能够在事前准确评估某人的创新能力，也没有相应的企业家市场工资作为雇用契约的参考。②

其次，企业家的创新动力通常来自内部激励，即从事创造性工作的满足感，以及“改变世界”的强烈愿望。雇用契约赖以成立的绩效指标和激励条款既不能实现对创新业绩的准确度量，也无法实现对企业家的最优激励。事实上，“企

① 经过多轮融资后，创始人团队的股权会被严重稀释，但多数情况下，投资人会确保创业者的绝对控制权，如 IPO 之前阿里巴巴的马云、脸书的扎克伯格、谷歌的佩奇和布林等。

② 吉云和姚洪心（2011）表明，能对企业家才能进行准确评估的机制必然是市场的发现过程，而事后的创新利润则是企业家才能的“价格”，但在事前，没有人知道这一价格。

业家”一旦为了工资而工作，其创新职能就消失了，也不再是真正意义上的企业家了（熊彼特，2000）。

最后，为了分散风险，投资者的资产组合通常需要持有多个企业的股份（Paolo & Merih，2009），其不可能有足够时间和精力亲自运营多家公司。此外，企业家才能的专有性及其与创业企业的不可分性决定了创始人是最合适的领导者，投资者不具备实现创业成功才能。

第六节 小 结

创业是创新者实现其创意的主要途径。创新过程中面临的奈特不确定性既有可能导致惨重失败，也有可能带来巨大成功。企业家具有应对不确定性的特殊禀赋，因此，对外部投资者而言，参与融资是否有足够吸引力，主要取决于企业家是否受到足够激励采取最优行动。但也正因为不确定性的存在，相关激励契约是不完全的，很难得到执行，多数情况下可行的只能是可自我实施的隐性契约。本章分析表明，隐性契约的存在放松了企业家激励相容约束，改善了投融双方的合作条件，增加了创业项目启动、实现社会最优的可能性。由于银行等传统金融机构不善于利用隐性契约组织融资过程，而风险投资这类机构在实施隐性契约方面具有一定专长和优势，因此相对而言，后者在创业融资市场上更为活跃。

本章相关结论不仅可以很好地解释中国资本总量充裕但创业融资不足的悖论，还可为传统金融机构进入创业投资领域提供一些启示，一定程度上改善我国创业融资环境，从金融支持角度推动“大众创业、万众创新”。主要的政策建议有以下四条。第一，创业投资机构需要正视奈特不确定性对于创业企业和融资过程的影响，合理应用隐性契约实现企业家最优激励。第二，投资机构需要成立独立的股权投资部门，一方面通过持有股权分享创业企业的增长价值，平衡可能的损失风险；另一方面实现与母公司的风险隔离。第三，是借鉴风险投资行业的成功经验，合理应用监督权、可转换证券、相机控制权、更换 CEO 威胁、股权回购等机制来降低企业家私人收益，尽量实现公司利益与企业家利益的一致。第四，政府层面推动建立和完善创业融资市场，利用市场力量增强隐性契约的自我实施性，实现企业家与投资者的双赢合作。

第四章

创新不确定性、动态契约与创业型企业融资

创业创新面临着高度不确定性，静态契约安排下投资者处于消极地位，不能充分发挥创业企业的增长潜力，融资交易很难成功。本章分析表明，相对而言动态契约能很好地适应不确定性环境，相关条款确保投资者具有足够动力和能力积极介入融资过程，充分挖掘不确定性带来的增长期权价值。传统金融机构不善于利用动态契约组织交易，这是其金融服务供给不足的主要原因。

第一节 引 言

经济增长从要素驱动转变为创新驱动是目前中国经济发展的必然选择。作为经济新常态下的增长引擎，“大众创业、万众创新”的重要性已得到理论界和决策层的确认。2015 年 9 月 1 日国务院常务会议决定设立总规模达 600 亿元的国家中小企业发展基金，以解决中小企业融资难、融资贵的困境。一个与此相关的问题是，为什么金融市场不能给中小企业配置足够多的金融资源？缺乏足够规模的风险投资是一个可能的答案。但进一步的问题在于，除了风险投资、天使投资、政府补助、关系借贷这类融资渠道之外，中小企业为什么很难从传统金融机构获得足够金融支持？

实际上，创业型企业融资不足是一个世界性难题（Lerner，2009），原因在于这类企业通常不满足银行等金融机构的信贷条件。创业企业一般没有足够期限的可验证经营记录，也没有足够固定资产以提供抵押（Berger & Schaeck，

2011），传统的融资方式不能给予其足够的资金支持（Zider，1998）。第二次世界大战以后，特别是20世纪70年代以来，随着美国大量创业型企业的涌现，风险投资这种专门支持创新型小企业的融资机制应运而生。其独特的制度安排、创造性的契约设计以及巧妙的风险管控措施，很好地解决了不少初创期企业的融资难题。当然，风险投资支持的企业大都具有这几个特点，即高成长性、高风险性和高度创新性（Ueda，2004），没有足够增长潜力的公司很难获得风投机构的青睐（Berger & Udell，2002）。[①]

基于经验研究给出的大量有关风险投资的典型事实，例如有限合伙制、可转换证券、分阶段注资、回购条款、反稀释条款、项目筛选和监控程序、退出安排等（Bengtsson，2011；Kaplan & Strömberg，2001），现有文献尝试从多个角度给出理论解释。尽管立论基础、研究目的、建模思路各不相同，但几乎都在信息不对称框架下进行讨论。基本结论是风险投资具有的某些独特机制可以部分解决创业企业融资过程中出现的企业家逆向选择、双边道德风险、套牢、估值偏差、退出风险等难题。这类研究虽然在一定程度上解释了风险投资成功的原因及其运作机理，但其归纳导向的研究逻辑，可导致其注意力局限在风险投资这类非常特殊的融资方式之中。事实上，风险投资只是创业型企业众多融资选择当中的一种，就算相关行业高度发达的美国，也只有极少数幸运儿能够得到支持（Berger & Udell，2002），而在风投行业刚刚起步的中国，依靠风险投资解决创业融资难题并不可行。

此外，很少有研究从创新面临的不确定性角度对创业融资问题展开分析。由于创新水平高低是创业型企业能否成功的关键，忽略其对融资过程影响的分析是现有研究的重大缺憾。本章将表明，不确定性的存在是传统融资方式失灵的重要原因，也正是风险投资这类积极投资者活跃于创投市场的关键所在。不确定性环境下的创业融资需要利用动态契约来完成，而风险投资正好擅长实施这类契约，这很好地解决了创新不确定性带来的难题。

按照演绎导向的研究逻辑，本章从创业型企业的特殊本质出发，尤其关注创业创新面临的不确定性程度对融资过程的影响，进而讨论动态契约适应不确定性环境的优势和机理。相关结论可对风险投资的某些特殊机制给出理论说明，

① 我们将在理论上证明，创新程度不够高的创业型企业的确很难得到风险投资的支持，其可行选择只能是关系融资、小额贷款、担保贷款或政府补助等非正式融资渠道。

也可以很好地解释我国资本总量充裕但创业融资不足的悖论。当然，据此还可以提出可供其他融资形式参考的对策建议，一定程度上改善我国创业融资环境。

第二节 文献综述

有关创业型企业的融资过程和模式，相关文献涉及的主要问题有新创企业成长与外部资源获取（毕海德，2004）；创业型企业融资难的原因和对策（郭娜，2013；Inderst & Mueller，2009；Ueda，2004）；创业融资契约、控制权配置和创新激励（姚铮等，2011；Hellmann，1998；Kaplan & Strömberg，2003）；分阶段投资的原因和结果（Cornelli & Yosha，2003；Neher，1999；金永红等，2004；Tian，2011）等。这类研究的最大缺憾在于，未从创新和企业家精神的本质出发探讨创业融资问题，这导致其提出的对策要么过于简单，例如政府资助、担保贷款等；要么过于理想化，例如鼓励银行成立小企业金融部门，专门支持创业型企业。现实中，创新活动固有的不确定性会导致政府资助这类解决方案失效，因为资助前的筛选程序无法识别哪些企业值得支持，而传统银行的静态贷款合约则与创业企业最优融资契约相去甚远。

有关风险投资出现、扩展并成为创业型企业典型融资形式的原因，已经有大量文献从多个角度给出了证据和解释（Gompers & Lerner，2006），诸如风险投资介入对创业企业绩效的影响（木志荣和李盈陆，2012；Chemmanur et al.，2011；Hellmann & Puri，2002）；风险投资的收益与风险（Korteweg & Sorensen，2010；Cochrane，2005；Moskowitz & Jørgensen，2002）；风险投资的制度设计和治理结构（姚铮等，2011；Sahlman，1990）；风险投资公司识别、筛选、监控投资项目的过程与效应（Krishnan et al.，2011；Kollmann & Kuckertz，2010；Kaplan & Strömberg，2001）；风险投资契约条款与性质（Kaplan & Strömberg，2003；Bengtsson，2011）等。就与本章主题相关的多数研究而言，其分析思路一般为：先识别出风险投资区别于其他融资模式的某些独特机制和特征；然后利用理论模型或经验证据解释或验证这些典型事实；最后讨论风险投资在解决创业融资难题方面的特殊价值。这种归纳导向的研究思路虽然有助于我们深入理解风险投资的本质特征和运作机理，但却将注意力局限在风险投资这一种融资模式之中。本章按照演绎逻辑，从创业型企业的本质出发展开分析，其结论更具一般性，对中国创业企业和金融机构而言也更具现实意义。

本章模型和核心结论依赖于创新的不确定性假设，所以我们的分析是在奈特的基础上展开的。奈特意义上的“不确定性”不同于普通意义上的“风险”，后者通常用一个未退化的概率分布来刻画，经典期望效用理论就建基于此，而前者则不能用已知的概率分布来刻画，以反映更符合实际的决策模糊情景（Ju & Miao，2012）。创新者正是凭借其应对这种不确定性的能力而成为企业家的（Knight，1921；Bewley，1989）。

经济学正式讨论不确定性始自奈特（1921）和凯恩斯（Keynes，1936），但直到吉尔伯和斯梅得勒（Gilboa & Schmeidler，1989）提出多重信念模型，文献中才逐步出现多种刻画不确定性偏好的公理化框架（Klibanoff et al.，2005；Chateauneuf & Faro，2009）。具体地，我们采用巨能久和苗建军（Ju & Miao，2012）构造的不确定性规避效用函数，并在风险中性假设下突出不确定性对于创业融资过程的影响。之后的分析将表明，创业企业的创新程度越高，其所面临的不确定性程度越大，能够适应这类企业进行外部融资的机制应采取动态契约的形式。不同于风险投资，银行等传统金融机构并不善于利用动态契约来组织交易，因此其不可避免地被排除在创业融资市场之外。

相对于静态契约，动态契约引入了重复博弈、信息揭示、再谈判以及相机控制权配置等要素（Bolton & Dewatripont，2005；Hart & Tirole，1988；Townsend，1982）。该框架非常适合创业型企业融资和风险控制的研究，其跨时均衡、信息发现、动态调整等性质与风险投资这类已被实践证明为有效的创业融资模式相容（Chan et al.，1990）。基于大量典型事实，在动态契约框架下解释风险投资独特机制的理论研究主要关注分阶段注资（Cornelli & Yosha，2003；Neher，1999）、可转换证券（Schmidt，2003）、现金流权与控制权分离（Kirilenko，2001）、一般合伙人与企业家合谋（Dessí，2005）、动态估值（Berk et al.，2004）、投后监督和创始人替换（Bergemann & Hege，1998）、长期报酬计划与创新激励（Manso，2011）、序贯双边道德风险（Schmidt，2003）、退出安排（Schwienbacher，2008）等问题。虽然根据这些研究，也可以很自然地得出传统金融机构无法利用动态契约组织融资过程的结论，但多数分析还是在经典的信息不对称假设下进行，并且这里的信息问题只涉及传统意义上的风险，未考虑更为复杂，且更符合创新本质的不确定性（董静等，2014）。此外，这些模型多是在一般意义上讨论信息不对称下最优契约和机制设计问题，并未专门针对企业家活动、创新和创业行为展开分析，但是很显然，后者蕴含着很多特殊问题有待探讨。最近已有文献开始关注这一点，如陈逢文等（2013）、曼索（Manso，2011）、本特森（Bengtsson，2011）、布鲁曼和弗雷德（Broughman & Fried，2010）、孔蒂等（Conti et al.，2013），但这些研究依然未跳出经典动态契约的框架，只是契约理论在创业融资领域的简单应用，其基本结论并未取得突破，根本原因在于未从创新和企业家精神的本质出发来展开分析。

后面内容是这样安排的，在第三节中，我们首先讨论创业与创新的不确定性本质，并据此定性描述创业融资的动态过程；第四节给出正式模型，分析创业融资过程中动态契约的优势和机理，并给出比较静态结果；在第五节中将进行几点扩展，并讨论其经济意义；最后是结论和建议。

第三节　基于动态契约的创业融资过程

（一）创业与创新的本质

创业是创新者实现其创造性想法的主要途径。由于直接交易创意和技术知识会面临高额的交易成本（Lerner & Malmendier，2010），而雇用契约又会导致创新激励不足，甚至企业家才能的消失，创业这种间接定价企业家才能的机制便是创新者的最佳选择（吉云和姚洪心，2011）。因此，尽管创业动机多种多样，但真正实现创业梦想的企业家或多或少都需要具备一定的创新能力，其创业历程就是不断创新的过程。

创新的本质及其对于经济增长的含义在1912年首先被熊彼特正式讨论（熊彼特，2000），他将创新定义为实现新的组合。熊彼特指出，通过创造性破坏过程，创新不断推动着资本主义经济向前发展。作为经济增长的引擎，企业家不断地利用创新打破循环流转经济的均衡状况，并在经济重新恢复均衡的过程中赚取超额利润。熊彼特之后，有关企业家及创新的研究层出不穷，比较有代表性的观点来自卡森（Casson，1982）和柯泽纳（Kirzner，1997）。前者将企业家定义为就稀缺资源作出判断性决策的人。后者延续奥地利市场过程和主观主义传统，将创新理解为发现机会、捕捉机会并创造利润的行为，而企业家就是对市场机会具有高度警觉性的人。尽管还有争论，但学者们对创新的基本性质是没有疑问的，即创新就是制造和/或利用市场非均衡赚取超额利润的过程，在实现新组合的过程中，企业家将不可避免地面对奈特意义上的不确定性。实际上，企业家正是凭借其应对不确定性的特殊禀赋进入处处充满非均衡的创新王国的（Knight，1921；Bewley，1989），在一个确定性的均衡市场，企业家将没有施展创新才能的空间（吉云和姚洪心，2011）。①

总之，不确定性的存在是非均衡市场的常态，正因为有了不确定性，企业家才有了存在的价值。可以预期，创新程度越高，其所面临的不确定性程度越大。因此，可用创业企业面对的不确定性程度来度量其创新性的高低。

（二）创业型企业的融资过程

除创新能力之外，创业的启动还需要具备其他条件，其中最重要的就是资本。现实中大多数创业者都面临资金约束，因此创业是否可行的关键在于能否从外部获得融资。

为了控制信贷风险，传统融资渠道通常要求企业具有一定期限的可验证经营记录②，且大多需要有形资产作为抵押，更重要的是，企业的经营前景必须是可分析、可预测的（Berger & Udell，2002），而这些恰恰是创业型企业不具备的（Lerner，2009）。初创期企业通常没有足够期限的稳定经营记录，也没有形成足够多的有形资产可供抵押，经营前景则面临着多种内生/外生不确定性（Berk et al.，2004）。并且正如前述，创新程度越高的公司，面临的不确定性程度越大，其得到传统金融机构融资支持的可能性越小。③

如何解决这一金融市场的“失灵”呢？问题的关键在于治理双边关系的金融契约（Aghion & Bolton，1992）。传统金融机构通常采用一次性静态契约组织融资交易，债权人只关心放款前的信用评估和回款时的风险控制，至于中间阶

① 不确定性其实是创新的应有之义。如果创新面对的是确定的决策，那么我们需要的是数学家，而不是企业家，因为前者更擅长最优化计算。如果创新面对的是有风险的决策，那么我们需要的是足够有效的金融市场，而不是企业家，因为前者可以很好地分散非系统风险，并对系统风险进行定价。

② 如银行贷款、股权融资、发行债券、担保贷款等。

③ 这里需要解释一下风险和不确定性对于传统融资渠道是否可行的影响。简单来说，非系统风险可被有效的金融市场完全分散，系统风险则能被准确定价，并形成融资成本中的风险溢价部分。相反，不确定性既不能被市场完全分散，也不能被准确定价，它的价格常常体现为事后的特质收益，金融机构很难在事前将其纳入融资契约。

段发生什么，一般不予过问。在静态契约安排下，金融机构只是消极的资金提供者，他不会在契约有效期主动收集和解释与企业质量有关的信息，并据此灵活决策和行动，也不会在注入资金后积极介入企业的运作，以降低信贷损失的风险。对于创新程度很高的创业型企业，主动收集信息以降低不确定性的不利影响，并通过积极介入企业运作充分发挥其增长潜力，是融资交易能否成功达成的关键。

不同于传统金融机构，风险投资这类积极投资者擅长应用动态契约组织交易。通过收集信息、分阶段决策、相机控制权、可转换证券、接管、清算权等动态契约特有的条款（Kaplan & Strömberg，2003），以及持久关系博弈、隐含契约和内生信任等互动机制（Baker et al.，2002；Levin，2003），风险投资不但可以大幅度降低不确定性对于交易关系的破坏性影响，还可以充分挖掘和抽取不确定性带来的期权价值。[①] 正是通过积极介入创业企业的运作，风险投资在帮助企业成长的同时，自身也获得非常丰厚的回报（Chemmanur et al.，2011；Hellmann & Puri，2002）。

图4-1用一个简单的两期模型给出动态契约组织创业型企业的融资过程。我们假设该创业项目需要投入的总资金为K。由于创业者面临资金约束，他不得不求助于外部投资者。在动态契约安排下，投资者可以分两个阶段注入资金，分别为$K_1=K_2=K/2$。[②] 在创业初期，投资者与创业者签订初始协议，前者投入首期资金K_1，创业启动。在创业推进过程中，由自然决定的不确定性会影响企业的价值，投融双方可以在时刻$t=1$观察到与不确定性相关的信号s，据此作出对不确定性的某种推断，进而作出阶段性决策。我们假设信号s是可观察、可验证的变量，因此可以进入初始契约，并作为下一阶段调整某些条款的依据，如控制权转移、是否终止清算、是否更换CEO、是否行使证券的转换权利、次轮融资估值等（Aghion & Bolton，1992；Kaplan & Strömberg，2003）。如果创业得以继续推进，投资者需要再次注入资金K_2。在时刻$t=2$，企业生命周期中的创业期结束，投资者通过IPO、股权转让、回购、清算等方式变现退出。

---

① 我们将证明，如果创业企业的创新不确定性程度较低，则期权价值较低，对风险投资机构将不再具有吸引力。因此，与直觉相反，不确定性的存在正是风险投资涌向创投行业的根本原因。

② 为了简化分析，本章假设各阶段需投入的资金是固定的常数。事实上，动态契约可以方便地将其设定为随着观察到的信息而调整的变量，以此反映投资者的动态决策。当然，该设定不会改变本章的核心结论。

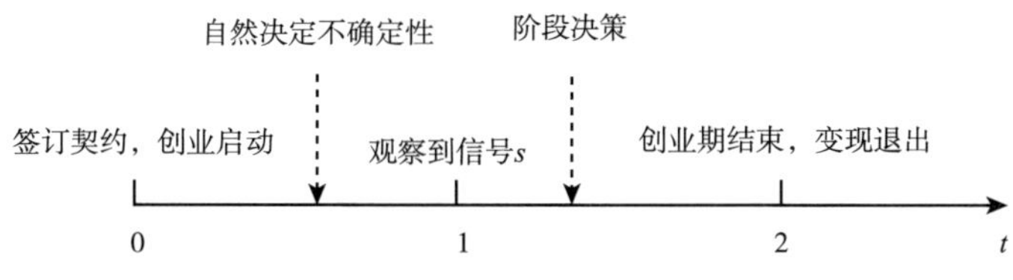

图 4－1 创业融资过程

资料来源：笔者根据模型分析归纳整理而得。

第四节 模 型

（一）基本设定

我们在简单的两期框架下进行分析。契约关系始自时刻 $t=0$，面临资金约束的企业家为了实现其商业创意，不得不求助于外部资金拥有者——投资者①，以获得创业所需的资金 K。我们假设企业家有两种可行的融资方式：贷款和出售股权，前者通过债务契约实现，后者通过股权契约实现。不管采取什么方式，投资者退出时企业的贴现价值为 R，假设其服从均匀分布，即 $R\sim U[a+\theta, b+\theta]$。需要指出的是，$R$ 是扣除了所有费用（包括工资、租金、资本利息等）之后的剩余价值贴现，但没有扣除企业家利润。② 模型化不确定性的方法是假设 $\theta\in\Theta=\{\delta, -\delta\}$。③ 进一步，为了分析的可行性，我们假设 θ 的主观概率分布为：④

---

① 既包括通常意义上的股权投资者，也包括债权所有人，如银行、保险、基金以及个人等，之后在没有歧义的情况下统称投资者。

② 企业家基于其拥有的剩余索取权参与收益分配。但是，由于不确定性的存在，没有人知道其期望利润的精确值。根据前面的分析，如果不确定性消失了，企业家职能也就不存在了，他将退化成一个普通的管理者（Knight，1921），其报酬就是管理者工资。

③ 相关文献一般用多重信念的存在来刻画奈特不确定性，即决策所需的概率分布不止一个（Gilboa & Schmeidler，1989）。这意味着，决策者不但面临随机变量本身带来的风险，还面临着多个概率分布带来的模糊性。就本章而言，为了尽量简化分析，我们用取值为 δ 或 $-\delta$ 的随机变量 θ 来捕捉创业者面临的不确定性情景。当然，本章核心结论不会受到这种简化的影响。

④ 事实上，为了得到本章的主要命题，并不需要假设该概率分布为已知。但是，如果不给定一个概率分布，我们只能得到定性结论，无法得到可分析的定量结果，这也是相关文献的一般做法，可参考巨能久和苗建军（2012）。

$$\begin{cases}\mu_g = P(\theta = \delta) \\ \mu_b = P(\theta = -\delta) = 1 - \mu_g\end{cases} \tag{4-1}$$

创业启动后，自然在 $t=0\sim1$ 期间决定不确定性参数 θ 的取值。需要注意的是，θ 是不可观察、不可验证的变量，因此不能写入事前的融资契约（Grossman & Hart，1986）。但是，交易双方可在 $t=1$ 时观察到可验证的信号 $s(\in\{0,1\})$，该信号可被写入契约。假设 s 与 θ 具有一定的相关性，即：

$$\begin{cases}\beta_g \equiv P(s=1 \mid \theta = \delta) > 50\% \\ \beta_b \equiv P(s=0 \mid \theta = -\delta) > 50\%\end{cases} \tag{4-2}$$

类似于阿吉翁和博尔顿（Aghion & Bolton，1992），这里可用距离 $d(\tilde{\beta},(1,0)) = [|1-\beta_g| + |1-\beta_b|]$ 来度量信号 s 的质量高低。容易看出，当 $d(\cdot)=0$ 时，s 的高低完全揭示了真实的 θ；反之，当 $d(\cdot)=1$ 时，信号 s 没有任何价值。在前述假设下，$0<d(\cdot)<1$。[①] 此外，为了简化分析，直接假设 $\beta_g=\beta_b=\beta$。

我们用巨能久和苗建军（2012）构造的模糊规避偏好来代表所有个体的效用，并在风险中性假设下得到简化版的不确定性规避效用函数：[②]

$$\begin{cases}U = v^{-1}\left(\int v\left(u^{-1}\left(\int u(c)\mathrm{d}\pi\right)\right)\mathrm{d}\mu(\pi)\right) = v^{-1}(E_\theta v(E_R C(R))) \\ v'(\cdot) > 0, v''(\cdot) < 0 \\ \lim\limits_{x\to0} v'(x) = \infty, \lim\limits_{x\to\infty} v'(x) = 0\end{cases} \tag{4-3}$$

巨能久和苗建军的模型用 π 的非唯一性来刻画不确定性程度，利用函数 $v(\cdot)$ 的凹性来度量个体的不确定性规避程度，并利用两次确定性等价来实现风险规避、不确定性规避和时间偏好的分离。就本章而言，我们关心的是不确定性的影响，因此直接用期末收益函数的均值来代替期望效用。此外，用确定性等价来定义个体效用还有一个好处，即可将其与货币单位变量进行比较，直接获得某些有意义的结果。

为了便于比较不同契约的优劣，我们将需要投入的资本 K 设定为：

---

① 本章第五节将在动态契约框架下把投资者在时刻1收集信息的努力与信息质量联系起来，具体体现为 β 的增大。

② 对本章核心结论而言，风险中性假设是不必要的，但为了简化分析，并将注意力集中在不确定性的影响上，我们作出了此假设。

$$K = v^{-1}(E_\theta v(E_R(R))) = v^{-1}\left(E_\theta v\left(\frac{a+b}{2}+\theta\right)\right) \tag{4-4}$$

这意味着，创业项目的期末价值在扣除了不确定性溢价之后，刚好可以覆盖所投入的资本总量。因此，从社会角度看来，启动创业项目是最优的。我们将要研究的关键问题是哪一类契约最有可能实现创业启动，进而达到社会最优。

（二）静态契约

我们用三个变量刻画融资契约。首先，现金流权约定双方分享企业剩余收益的比例，企业家的份额为 α_t，投资者的份额为 $1-\alpha_t$；其次，控制权约定双方参与经营决策的权力配置，企业家的份额为 λ_t，投资者的份额为 $1-\lambda_t$；最后，清算权赋予其中一方终止项目、清算退出的决定权，为了保护资金提供者的权益，清算权通常赋予投资者。值得注意的是，不同于公众公司，创业企业的控制权配置 λ_t 不一定等于现金流权 α_t（Kaplan & Strömberg，2003；Schmidt，2003），这是投资者降低内生不确定性影响的一种特殊安排。① 例如，双方可以商定，在时刻 1 观察到信号 $s=1$ 的情况下，$\lambda_t > \alpha_t$；在观察到信号 $s=0$ 的情况下，$\lambda_t < \alpha_t$，甚至等于 0，即控制权完全转移给投资者。此外，下标 t 意味着现金流权和控制权会随着时间而变动，这是为了刻画动态契约而设定的，因此，对于静态契约而言，$\alpha_t = \alpha$，$\lambda_t = \lambda$。

1. 债务契约

静态债务契约安排下，投资者与企业家在事前约定：投资者投入 K 以帮助企业家启动创业，创业期结束时一次性归还 K，投资者赚取市场利息和不确定性溢价。② 在创业持续期，投资者不享有任何控制权，即：$1-\lambda=0$。如果企业家在期末无法履行还贷义务，则投资者获得清算权。假设企业家在事前没有任何资产以供抵押，且受到有限责任的保护，因此，一旦创业失败，投资者将会受到损失。企业家和投资者的期末收益分别为：

$$R_E = \max(R-K, 0), R_K = \min(K, R) \tag{4-5}$$

① 内生不确定性包括技术可行性、创业团队的意愿和能力、公司战略等方面的不确定性，投资者在控制权的保障下积极介入企业的运作有助于降低其不利影响，提高资金的安全性。

② 当然，正如前述，市场不能定价不确定性，因此，投资者将不得不依靠主观判断以确定该溢价。

对企业家来说，只要 $R_E \geqslant 0$，启动创业就是有利的。[①] 因此，创业能否启动的关键在于投资者是否愿意出资，其效用为：

$$\begin{aligned} U_K &= v^{-1}(E_\theta v(E(R_K))) \\ &= v^{-1}\left(\begin{array}{l}\mu_g v\left(P(R \geqslant K|\theta=\delta)K + P(R<K|\theta=\delta)\dfrac{\alpha+\delta+K}{2}\right) \\ +(1-\mu_g)v\left(P(R\geqslant K|\theta=-\delta)K+P(R<K|\theta=-\delta)\dfrac{\alpha-\delta+K}{2}\right)\end{array}\right) \\ &< v^{-1}\left(\mu_g v\left(\frac{a+b}{2}+\delta\right)+(1-\mu_g)v\left(\frac{a+b}{2}-\delta\right)\right) \\ &= K \end{aligned} \tag{4-6}$$

显然，债务契约安排下投资者不会投入资金以启动创业，社会最优无法实现。利用债务契约进行创业融资的问题在于，在高度不确定性环境下，如果没有抵押或担保，投资者有可能遭受重大损失。更重要的是，这种损失不能被可能的高收益进行补偿。因此，在创新不确定性环境下，债务契约并不可行。

2. 股权契约

这类契约一般约定，创业期结束后投融双方按照各自所持股份分享剩余收益，且在 $t=0\sim2$ 期间，投资者不参与公司的日常经营决策，即 $1-\lambda=0$。企业家和投资者的期末收益分别为 $R_E=\alpha R, R_K=(1-\alpha)R$。投资者效用为：

$$\begin{aligned} U_K &= v^{-1}\left(\mu_g v\left((1-\alpha)\left(\frac{a+b}{2}+\delta\right)\right)+(1-\mu_g)v\left((1-\alpha)\left(\frac{a+b}{2}-\delta\right)\right)\right) \\ &< v^{-1}\left(\mu_g v\left(\frac{a+b}{2}+\delta\right)+(1-\mu_g)v\left(\frac{a+b}{2}-\delta\right)\right) \\ &= K \end{aligned} \tag{4-7}$$

显然，在股权契约下创业项目也无法启动。静态股权契约的问题在于，投资者只是一个消极的股权投资者，他不会主动去了解企业的状况，也不会积极

① 注意，我们对 R 的定义已经扣除了工资支出，其中就包括了企业家发挥管理者职能的市场均衡报酬，因此，R_E 度量的是企业家发挥创新职能的超额利润。此外，企业家创新的机会成本为 0，即如果不创业，其创新才能没有价值（吉云和姚洪心，2011）。

介入企业的运作。在本章设定下，只要其股权比例小于100%，投资创业就是不明智的。

总之，在静态契约安排下，除非存在关系借贷、小额贷款、担保贷款或政府补助等非正式融资渠道，否则，社会最优将无法实现。①

（三）动态契约

在动态契约安排下，资金通常采取分期注入的方式（Tian，2011）。在本章设定下，投资者在第一阶段和第二阶段分别投入 $K_1 = K_2 = K/2$。一旦时刻1观察到的信号显示创业前景不乐观，如果愿意，投资者可以行使清算权，获得第一阶段的清算价值 $L(<K/2)$，并终止第二阶段的投资，期末收益锁定为 $L+K/2$。

在时刻1，如果交易双方观察到信号 $s=1$，则根据贝叶斯法则，$\theta=\delta$ 的概率向上修正为：

$$\mu_g^1 = P(\theta=\delta \mid s=1) = \frac{\beta_g\mu_g}{\beta_g\mu_g + (1-\beta_b)\mu_b} > \mu_g \tag{4-8}$$

同理，如果观察到的信号是 $s=0$，则 $\theta=-\delta$ 的概率向上修正为：

$$\mu_b^1 = P(\theta=-\delta \mid s=0) = \frac{\beta_b\mu_b}{\beta_b\mu_b + (1-\beta_g)\mu_b} > \mu_b \tag{4-9}$$

我们还可以计算出观察到信号 $s=1$ 和 $s=0$ 的概率分别为：

$$\begin{cases} q_1 = P(s=1) = \beta_g\mu_g + (1-\beta_b)\mu_b \\ q_0 = P(s=0) = \beta_b\mu_b + (1-\beta_g)\mu_g \end{cases} \tag{4-10}$$

1. 债务契约

首先考察动态框架下的债务契约。采用逆向分析程序，如果时刻1观察到信号 $s=1$，即创业前景较为乐观，则此时的投资者效用为：

---

① 由于创业创新具有正外部性，政府部门有动力通过担保、贴息、信用升级、引导基金、风险补助等方式支持创业，一定程度上弥补了创业融资市场的失灵（Lerner，2009）。国务院最近设立600亿元国家中小企业发展基金的目的正在于此。

$$U_K^1 = v^{-1}\left(\begin{array}{l}\mu_g^1 v\left(P(R \geqslant K | \theta = \delta)K + P(R < K | \theta = \delta)\dfrac{\alpha + \delta + K}{2}\right) \\ + (1 - \mu_g^1)v\left(P(R \geqslant K | \theta = -\delta)K + P(R < K | \theta = -\delta)\dfrac{\alpha - \delta + K}{2}\right)\end{array}\right) \tag{4-11}$$

容易看出，即使理想情况 $\theta = \delta$ 发生的概率在 $s = 1$ 的条件下增加了，即 $\mu_g^1 > \mu_g$，但由于括号里的两项 $v(\cdot)$ 均小于 $v(K)$，仍然有：

$$U_K^1 < K \tag{4-12}$$

创业项目在时刻 1 面临清算。同样的推理，当 $s = 0$ 时，$U_K^0 < K$，创业也会终止。现在回到 0 期，容易得到投资者的效用为：

$$U_K = v^{-1}(q_1 v(U_K^1) + q_0 v(U_K^0)) < v^{-1}(q_1 v(K) + q_0 v(K)) = K \tag{4-13}$$

因此，在 0 期，创业项目将不会启动。即使 1 期信号可被纳入契约，动态框架下的债务契约依然不能实现社会最优。要理解这一点的关键在于，债务契约安排下，投资者通常是消极地接收信息。由于其控制权为 $1 - \lambda = 0$，他不会主动分析 1 期观察到的信息，也不会基于这些信息积极参与和影响企业在第二阶段的经营决策。因此，不确定性环境下，重大损失的风险不能被可能的高收益进行补偿，其期初效用不会因为信息的增进得到改善，启动创业无利可图。

与此相反，动态股权契约不但赋予投资者一定程度的控制权，该控制权还可以根据观察到的信号 s 动态调整。投资者不仅有动力收集信息（因为其现金流权 $1 - \alpha_t > 0$），主动参与创业企业的运作，而且有能力实现这一点（因为其控制权 $1 - \lambda_t > 0$）。以下具体讨论。

2. 股权契约

正如前述，股权契约赋予投资者一定的可动态调整控制权，并利用正式条款保证了投资者积极参与企业运作的意愿和能力。具体地，该契约通过两种机制实现创业启动：（1）投资者会在 θ 实现后主动收集信息，这提高了信号 s 的质量，降低了不确定性的影响；（2）一旦观察到信号 $s = 0$，投资者会动用控制权增强或转移的条款，积极介入第二阶段的企业运作，以降低不确定性的不利影响，提高其增长期权价值。这两种提高创业企业价值的机制已被大量经验研究所证实，如卡明和约翰（Cumming & Johan, 2007）、切曼鲁等（Chemmanur et al.，2011）、卡普兰和斯特罗姆伯格（Kaplan & Strömberg，2003）。

为了简化分析，我们对几个契约变量进行以下设定。首先，现金流权不会随着时间 t 的变化进行动态调整，即 $\alpha_t = \alpha$；其次，为了确保企业家充分发挥其创新才能，在创业进行的第一阶段，赋予其全部控制权，即 $\lambda_1 = 1$，投资者不会干涉企业的运作；再次，在时刻 1 观察到 $s = 1$ 的情况下，控制权在第二阶段继续全部保留在企业家手中，即 $\lambda_2^1 = 1$，如果观察到 $s = 0$，则控制权全部转移给投资者，即 $\lambda_2^0 = 0$；① 最后，投资者在任何时刻都拥有清算权，并获得全部清算价值 L。进一步假设时刻 1 的清算价值 $L < K/2$，时刻 2 的清算价值 $L = 0$，因此，除非投资者在 1 期决定清算，否则他将得不到任何的残余价值。

继续采用逆向分析程序。在时刻 $t = 1$，如果企业家和投资者共同观察到可验证的信号 $s = 1$，则投资者的效用为：

$$U_K^1 = v^{-1}\left(\mu_g^1 v\left((1-\alpha)\left(\frac{a+b}{2}+\delta\right)\right) + (1-\mu_g^1) v\left((1-\alpha)\left(\frac{a+b}{2}-\delta\right)\right)\right) \tag{4-14}$$

现在提出以下引理。

引理 1：存在一个 $\alpha_1 (\in R_+)$，使得当 $0 < \alpha \leqslant \alpha_1$ 时，$U_K^1 \geqslant K$，创业项目得以在第二阶段继续推进；当 $\alpha > \alpha_1$ 时，$U_K^1 < K$，创业项目在 $t = 1$ 时终止清算。

证明：将 U_K^1 看成 α 的函数 $U_K^1(\alpha)$，由于：

$$\mu_g^1 = P(\theta = \delta \mid s = 1) = \frac{\beta^g \mu_g}{\beta_g \mu_g + (1+\beta_b)\mu_b} > \mu_g \tag{4-15}$$

所以有：

$$\begin{aligned}\lim_{\alpha \to 0} U_K^1(\alpha) &= v^{-1}\left(\mu_g^1 v\left(\frac{a+b}{2}+\delta\right) + (1-\mu_g^1) v\left(\frac{a+b}{2}-\delta\right)\right) \\ &> v^{-1}\left(\mu_g v\left(\frac{a+b}{2}+\delta\right) + (1-\mu_g) v\left(\frac{a+b}{2}-\delta\right)\right) \\ &= K\end{aligned} \tag{4-16}$$

---

① 现实中，由于企业家才能与创业企业的不可分性，多数情况下控制权不会全部转移，而是由投资者积极参与投后管理，通过监督、咨询、协助调整战略等方式扭转不利局面，尽可能实现成功退出（Cumming & Johan，2007）。

即$\lim\limits_{\alpha\to 0} U_K^1(\alpha)-K>0$，又因为$\frac{\partial U_K^1(\alpha)}{\partial\alpha}<0$，所以存在一个 $\alpha_1(\in R_+)$ 满足 $U_K^1(\alpha)-K=0$。并且，当$0<\alpha\leqslant\alpha_1$时，$U_K^1\geqslant K$；当$\alpha>\alpha_1$时，$U_K^1<K$。

该引理表明，如果时刻 1 观察到的信号较为乐观，那么，只要投资者持有的股份足够多，则创业项目有可能继续推进，因为不确定性带来的期权价值对其具有足够吸引力。这一结论可以解释一个风险投资领域的典型事实：在 IPO 之前，风险投资支持的企业创始人大多只持有较低的公司股份。[①] 根据该引理，为了创业的持续推进，企业家不得不放弃足够多的股份，用公司巨大的增长潜力维系投资者的持续支持。

如果时刻 1 观察到的信号是 $s=0$，则根据我们的假设，企业控制权有可能发生转移。此时投资者有两个选择：（1）放弃控制权，任其自然发展；（2）接管公司并实施努力 c 以提升企业价值。如果选择前者，其效用为：

$$U_K^0=v^{-1}\left(\mu_g^0 v\left((1-\alpha)\left(\frac{a+b}{2}+\delta\right)\right)+(1-\mu_g^0)v\left((1-\alpha)\left(\frac{a+b}{2}-\delta\right)\right)\right)<K \tag{4-17}$$

很显然，项目将会被终止。[②] 如果投资者选择后者，则完全接管公司，并通过自身的努力 c 以提高企业价值。动态契约的主要优势在这里体现出来了，投资者充分利用时刻 1 揭示的信息 s，并将其写入初始契约，以确保不利情况发生时（即 s =0）接管公司，并实施努力以降低不确定性的不利影响，提升不确定性的有利影响——期权价值。

具体地，我们用以下线性函数模型化投资者努力 c 对企业价值的影响：[③]

$$\tilde{\mu}_g^0\equiv\tilde{\mu}_g^0(c)=\mu_g^0+c \tag{4-18}$$

即观察到信号 $s=0$ 后，$\theta=\delta$ 的概率会随着 c 的增加而提高，当然，需满足条件 $\tilde{\mu}_g^0\in(0,1)$。此外，假设努力 c 给投资者带来的负效用为 $-\frac{1}{2}c^2$，现在可

① 例如，阿里巴巴上市时马云的持股比例只有 8.9%，脸书上市时扎克伯格的股份为 28%。很少有高科技公司创始人在上市时拥有 50% 以上的股份。

② 为了将注意力集中在不确定性对融资契约的影响上，这里不考虑“套牢”对投资者的影响，即一旦投资者参与了第一阶段的投资 K_1，其将不得不参与第二阶段的投资 K_2，尽管相关信息已经表明总效用低于 K。在后面讨论命题 2 的时候会涉及这一问题。

③ 这是契约文献的一般做法。

以计算最优的努力水平为：

$$c^*=\arg\max_c\left[v^{-1}\left(\tilde{\mu}_g^0(c)v\left((1-\alpha)\left(\frac{a+b}{2}+\delta\right)\right)+(1-\tilde{\mu}_g^0(c))v\left((1-\alpha)\left(\frac{a+b}{2}-\delta\right)\right)-\frac{1}{2}c^2\right)\right]$$

$$=v\left((1-\alpha)\left(\frac{a+b}{2}+\delta\right)\right)-v\left((1-\alpha)\left(\frac{a+b}{2}-\delta\right)\right) \tag{4-19}$$

式（4-19）意味着，不确定性程度 δ 越大，投资者愿意投入的努力程度越高，因为不确定性带来的期权价值越大，努力的回报越丰厚。这是风险投资这类积极投资者愿意深度介入高科技创业企业的重要原因之一（Gompers & Lerner，2006）。现在有以下引理。

引理 2：如果最优努力 c^* 使得 $\tilde{\mu}_g^0(c^*)>\mu_g$，则存在一个 $\alpha_2(\in R_+)$，使得当 $0<\alpha\leqslant\alpha_2$ 时，$U_K^0\geqslant K$，创业项目得以继续推进；当 $\alpha>\alpha_2$ 时，$U_K^0<K$，创业项目终止清算。

该引理的证明与引理 1 类似，此处从略。这意味着，投资者在观察到不利信号的基础上介入创业企业，有助于降低不确定性的不利影响，进而提高创业能够继续推进的可能性。这正是动态契约中控制权转移条款的意义所在（Kaplan & Strömberg，2004）。

现在回到 0 期。我们已经知道在时刻 $t=1$，观察到信号 s 的概率为 q_1 和 q_0，因此，投资者的 0 期效用为：

$$U_K=v^{-1}(q_1v(U_K^1)+q_0v(U_K^0)) \tag{4-20}$$

结合引理 1、引理 2 的结果，可以直接得到以下命题。

命题 1：在 1 期观察到信号 $s=0$ 的情况下，如果投资者第二阶段的最优努力 c^* 使得 $\tilde{\mu}_g^0(c^*)>\mu_g$，则存在一个 $\alpha_3(\in R_+)$，使得当 $0<\alpha\leqslant\alpha_3$ 时，$U_K\geqslant K$，创业项目得以在 0 期启动。

证明：令 $\alpha_3=\min(\alpha_1,\alpha_2)$，则 α_3 满足引理 1、引理 2 中创业继续推进的条件是显而易见的，因此 $U_K\geqslant K$。

需要指出的是，$0<\alpha\leqslant\alpha_3$ 并非创业项目启动的必要条件。为了得到充分必要条件，我们不要求在观察到信号 $s=0$ 时，满足条件 $U_K^0\geqslant K$，相关结果由以下命题给出。

命题2：在1期观察到信号 $s=0$ 的情况下，如果投资者第二阶段投入的努力水平 $0<c<2q_0\left[v\left((1-\alpha)\left(\frac{a+b}{2}+\delta\right)\right)-v\left((1-\alpha)\left(\frac{a+b}{2}-\delta\right)\right)\right]$，则存在一个 $\alpha_4(\in R_+)$，使得当 $0<\alpha\leqslant\alpha_4$ 时，$U_K\geqslant K$，创业项目得以在0期启动；当 $\alpha>\alpha_4$ 时，$U_K<K$，创业项目无法启动。

证明：已知投资者的0期效用为：$U_K=v^{-1}(q_1v(U_K^1)+q_0v(U_K^0))$，将式（4-10）、式（4-14）、式（4-16）代入，并利用假设 $\beta_g=\beta_b$，整理得到：

$$U_K=v^{-1}\begin{pmatrix}\mu_g v\left((1-\alpha)\left(\frac{a+b}{2}+\delta\right)\right)+\mu_b v\left((1-\alpha)\left(\frac{a+b}{2}-\delta\right)\right)\\ +q_0c\left(v\left((1-\alpha)\left(\frac{a+b}{2}+\delta\right)\right)-v\left((1-\alpha)\left(\frac{a+b}{2}-\delta\right)\right)\right)-\frac{1}{2}c^2\end{pmatrix} \tag{4-21}$$

令：

$$M=q_0\left(v\left((1-\alpha)\left(\frac{a+b}{2}+\delta\right)\right)-v\left((1-\alpha)\left(\frac{a+b}{2}-\delta\right)\right)\right) \tag{4-22}$$

则容易看出，当 $cM-\frac{1}{2}c^2>0$ 时（即 $0<c<2M$），有：

$$\lim_{\alpha\to 0}U_K(\alpha)>K \tag{4-23}$$

利用此前的方法可以得到命题中的结果。

有关命题2，有两点需要指出。首先，由于 M 是 δ 的单调递增函数，因此，随着不确定性的增加，条件 $0<c<2M$ 越容易满足，能够支持创业启动的企业家股份 α 的可行范围变大了，这一结果似乎与直觉不符。事实上，虽然不确定性增大的确会导致投资者损失增加，但动态契约的安排却给投资者带来改善不利情况的机会，不确定性增加反而带来更高的期权价值。因此，创新程度越高的行业，风险投资参与融资的积极性越高（Berger & Udell，2002；Ueda，2004）。

其次，命题2要求 $c>0$，但这一条件是动态不一致的。在期初，投资者承诺在1期观察到信号 $s=0$ 时，不管条件 $U_K^0(c)\geqslant K$ 是否满足，都会付出接管努力 $c>0$，并继续推进创业。这一承诺保证了期初创业项目的启动。但到了时刻1，一旦真的观察到了信号 $s=0$，且 $U_K^0(c)<K$，投资者有可能终止投资，提前清算退出。解决这一问题的思路有两个。

（1）尽管 $U_K^0(c)$ 会小于 K，但我们可以假设 $\frac{K}{2}+L\leqslant U_K^0(c)<K$，即清算价值足够低，以至于第一阶段的投资 $K_1=\frac{K}{2}$ 变成沉没成本之后，投资者终止项目并不是最优的。[①] 此时，从整体上看来，继续创业企业的价值依然大于清算退出的价值（即 $K_2+L=\frac{K}{2}+L$），$c>0$ 的条件满足了动态一致性。

（2）假设投资者的努力水平 c 是一个可观察、可验证的变量，在事前可被写入契约，即在 1 期，不管条件 $U_K^0(c)\geqslant K$ 是否满足，只要观察到信号 $s=0$，投资者就需要付出努力 $c>0$。事实上，即使 c 没被写入正式契约，投资者之间的竞争、隐含契约、关系契约以及声誉机制等也能在很大程度上保证投资者积极介入，不会轻易放弃看上去不太乐观的创业项目（Krishnan et al.，2011；Levin，2003）。

（四）创新不确定性与动态契约

前面已经提到，不确定性的存在是创业型企业难以从传统金融机构获得融资的重要原因，也是风险投资这类积极投资者能够在此发挥所长的关键所在。以下分析将表明，在一定范围内，不确定性程度越大，企业的创新水平越高，其增长潜力越大，利用动态契约组织交易越有利。

为了简化符号，令：

$$v(\delta)=v\left((1-\alpha)\left(\frac{a+b}{2}+\delta\right)\right),v(-\delta)=v\left((1-\alpha)\left(\frac{a+b}{2}-\delta\right)\right)\quad(4-24)$$

对动态契约下的 U_K 就 δ 求导，得到以下表达式：

$$\frac{\partial U_K}{\partial\delta}=v^{-1\prime}(\cdot)(1-\alpha)(\mu_g v'(\delta)-\mu_b v'(-\delta)+q_0c(v'(\delta)-v'(-\delta)))\quad(4-25)$$

我们将相关结果整理为以下命题。

① 这正是前面脚注提到过的“套牢”问题。有意思的是，不同于经典契约文献的一般看法，即“套牢”不利于投资者，这里的分析表明，“套牢”的存在保证了不利信息出现时投资者的事后努力水平 c，这在事前提高了投资者的效用，一定程度上增加了创业启动的可能性。

命题3：（1）如果 $\mu_g > \mu_b$，则存在一个 $\delta^*(\in R_+)$，使得当 $\delta < \delta^*$ 时，$\frac{\partial U_K}{\partial \delta} > 0$，当 $\delta \geqslant \delta^*$ 时，$\frac{\partial U_K}{\partial \delta} \leqslant 0$；（2）如果 $\mu_g \leqslant \mu_b$，则对于所有的 δ，$\frac{\partial U_K}{\partial \delta} \leqslant 0$。

证明：（1）在 $\mu_g > \mu_b$ 的条件下，如果 $\delta \to 0$，则 $c \to 0$（因为没有不确定性，付出努力没有任何意义），所以有：

$$\frac{\partial U_K}{\partial \delta} \to v^{-1'}(\cdot)(1-\alpha)v'\left((1-\alpha)\frac{a+b}{2}\right)(\mu_g - \mu_b) > 0 \tag{4-26}$$

如果 $\delta \to \infty$，则 $v'(\delta) \to 0$，且由于有限责任，投资者的收益下限为0，$v'(-\delta) \to \infty$，$\frac{\partial U_K}{\partial \delta} \to -\infty < 0$。

因此，$\frac{\partial U_K}{\partial \delta}$的连续性和单调性确保存在一个 $\delta^*(\in R_+)$，使得$\frac{\partial U_K}{\partial \delta} = 0$，并且当 $\delta < \delta^*$ 时，$\frac{\partial U_K}{\partial \delta} > 0$；当 $\delta \geqslant \delta^*$ 时，$\frac{\partial U_K}{\partial \delta} \leqslant 0$。

（2）在 $\mu_g \leqslant \mu_b$ 的情况下，如果 $\delta \to 0$，则$\frac{\partial U_K}{\partial \delta} \to 0$；如果 $\delta \to \infty$，则$\frac{\partial U_K}{\partial \delta} \to -\infty < 0$。因此，任何情况下$\frac{\partial U_K}{\partial \delta}$都不可能大于0。

该命题意味着，在理想情形（即 $\theta = \delta$）发生概率较高的情况下（即 $\mu_g > \mu_b$），存在一个满足$\frac{\partial U_K}{\partial \delta} > 0$ 的区域 $\Delta = (0, \delta^*)$。在该区域中，尽管不确定性的增加导致可能损失的幅度加大，但同时也提高了企业未来增长的期权价值，净效应为正。这类创业企业正是风险投资机构追逐的对象，一旦他们估计其成功的概率高于失败的概率，则企业创新投入越多，创新程度越高，越值得投资（Ueda，2004；Gompers & Lerner，2006）。反之，如果失败概率较高，投资者的效用会随着不确定性的增加而减小，投资者并不希望这类企业投入过多资源用于创新，而是希望其稳健经营，坚持到创业期结束。这可以很好地解释一个典型事实，即风险投资大多投向成长期、扩张期企业，种子阶段的企业失败概率更高，风险投资一般不予考虑（Bottazzi et al.，2002）。

我们还需要讨论不确定性的存在对于契约选择的影响。容易看出，如果不确定性消失了，则动态契约蕴涵的信息揭示过程以及据此作出的努力决策也消失了，可行的只能是静态契约。根据先前的结论，除非有关系融资、小额贷款、担保贷款或政府补助等非正式融资渠道的支持，否则，这种情况下创业不可能启动，社会最优也就无法实现。因此，创业企业的创新性，以及由此决定的不确定性的存在，是动态契约优势的根本来源，也是风险投资这类善于应用动态契约组织交易的独特机制之所以风靡于创业融资市场的关键所在。

第五节　扩展与讨论

（一）投资者的信息收集努力

模型的第一个扩展有关信息的收集、分析和推理。前面的分析直接假设信号 s 与不确定性 θ 具有一定相关性，即：

$$\begin{cases}\beta_g \equiv P(s=1 \mid \theta=\delta) > 50\% \\ \beta_b \equiv P(s=0 \mid \theta=-\delta) > 50\%\end{cases} \tag{4-27}$$

事实上，信号很少会自发产生，并帮助投资者形成推断，有价值的信息需要人们主动收集，并进行分析和判断。作为利益相关者，投资者有强烈的动机去了解创业企业的运行状况和未来发展趋势。因此可以很自然地假设，投资者在时刻 1 付出越多的努力去收集信息，观察到的信号质量越高，即：

$$\tilde{\beta}_g = \tilde{\beta}_b = \beta + e \quad (\in (0.5, 1)) \tag{4-28}$$

式中，e 表示投资者收集信息的努力程度，相应的负效用为 $-\frac{1}{2}e^2$。将其代入投资者的 0 期效用，并利用一阶条件得到最优努力为：

$$\begin{aligned} e^* &= \arg\max_e U_K \\ &= \arg\max_e \left[\mu_g v(\delta) + \mu_b v(-\delta) + q_0(e)(v(\delta) - v(-\delta))c - \frac{1}{2}c^2 - \frac{1}{2}e^2\right] \\ &= (\mu_b - \mu_g)(v(\delta) - v(-\delta))c \end{aligned} \tag{4-29}$$

据此可直接得到以下命题。

命题 4：如果 $\mu_b > \mu_g$，投资者会在 1 期付出最优努力水平 $e^*(\in (0, 1-\beta))$

收集和分析信息，并且，创新不确定性程度 δ 越大，信息收集努力 e^* 越高；如果 $\mu_b \leqslant \mu_g$，投资者不会付出任何努力收集信息。

这是一个很有趣的结果，其意味着，不利情况（即 $\theta = -\delta$）发生的概率越高，投资者收集信息的动力越足，且随着创新不确定性的增加而增加。该命题的经济意义在于，对于不太乐观的创业项目，投资者为了及时、准确地作出最优的第二阶段决策（即清算退出还是付出接管努力 c），他会花费更多的时间、精力和资源用于收集与创业企业相关的信息。在不确定性程度较高的环境下，付出接管努力 c 所获得的回报会更高。由于信息质量越高，观察到 $s=0$ 的概率越高（因为 $\theta = -\delta$ 发生的概率更高），付出接管努力 c 的概率也越高，这在事前提高了投资者的效用水平。

相反，如果不利情况发生的概率很低，则投资者没有动力收集信息。原因在于，其他条件不变的情况下，信息质量越高，在 1 期观察到 $s=0$ 的概率越低，投资者在信号 $s=0$ 的条件下利用努力 c 提高公司价值的概率也越低，这在期望意义上降低了投资者的 0 期效用水平。①

（二）雇用契约的可行性

我们已经讨论了两种有助于投资者与创业者合作的可能契约：债务契约和股权契约。理论上，雇用契约也是可能的，即投资者自身扮演企业家的角色，创业者作为雇员为投资者工作。但在现实中，企业家精神和创新的本质将导致这类契约不可行。原因至少有三点。首先，可行的雇用契约要求劳资双方能在交易前准确评估被雇用者的能力和合理工资，但正如吉云和姚洪心（2011）所指出的那样，创新不确定性和企业家才能的独特性将导致这一条件无法满足，因为没有人能够在事前准确评估某人的创新能力，也没有相应的企业家市场工资作为雇用契约的参考。②

其次，企业家的创新动力通常来自内部激励，即从事创造性工作的满足感，以及“改变世界”的强烈愿望。雇用契约赖以成立的绩效指标和激励条款既不

① 这点在逻辑上与动态逆向选择模型为了防止再谈判而提出的信息披露限制相似，参见克雷梅（Cremer，1995）以及德瓦特庞德和马斯金（Dewatripont & Maskin，1990）。

② 吉云和姚洪心（2011）表明，能对企业家才能进行准确评估的机制必然是市场的发现过程，而事后的创新利润则是企业家才能的“价格”，但在事前，没有人知道这一价格。

能实现对创新业绩的准确度量，也无法实现对企业家的最优激励。事实上，“企业家”一旦为了工资而工作，其创新职能就消失了，也不再是真正意义上的企业家了（熊彼特，2000）。

最后，为了分散风险，投资者的资产组合通常持有多个企业的股份（Paolo & Merih，2009），其不可能有足够时间和精力亲自运营多家公司。此外，企业家才能的专用性及其与创业企业的不可分性决定了创始人是最合适的领导者，投资者不具备相应才能以实现创业成功。

（三）投资者的不确定性规避程度

前面的模型假设所有个体的不确定性规避程度相同，这里我们可以考虑其存在差异的情形。奈特（1921）指出，经济中最适合应对不确定性的是企业家，这一观点至少包括两层含义：（1）企业家最擅长在不确定性环境下进行决策；（2）企业家的不确定性规避程度最低。事实上，相对于普通人，愿意将资金投向创业企业的投资者其不确定性规避程度也会更低，而银行等金融机构的不确定规避程度则更高。主要原因在于两者在监管要求、风控体系、经营传统、公司治理、股东结构等方面的差异。[①]

容易证明，投资者的不确定性规避程度越低，其推动创业启动的可能性越大。现结合前面的命题简要说明。我们曾经用代表性个体的不确定性效用函数来定义创业资本投入量：

$$K = v^{-1}\left(E_{\theta}v\left(\frac{a+b}{2}+\theta\right)\right) \tag{4-30}$$

并基于相同的效用函数，通过证明以下条件的满足得到相应结果：

$$U_K = v^{-1}(q_1 v(U_K^1) + q_0 v(U_K^0)) > K \tag{4-31}$$

可以看出，在其他条件不变的情况下，如果投资者的不确定性规避程度更低，其要求用于补偿的不确定性溢价更低，确定性等价更高，上述条件更容易得到满足。因此，创投机构与传统金融机构之间不确定性规避程度的差异也可

① 例如，由于创业投资的事后收益分布是高度有偏的，极端值出现的概率较高（Moskowitz & Jørgensen，2002；Korteweg & Sorensen，2010），银行等传统金融机构的风控标准一般会排除掉这类投资机会。

在一定程度上解释我国资本总量充足但创业融资不足的悖论。

第六节 小结与建议

“大众创业、万众创新”这一经济增长引擎的真正启动需要足够的金融支持，解决创业型企业融资难问题是其中的关键。本章研究表明，创业融资不足是世界性难题，尽管风险投资在相关行业较为发达的国家做出一定努力，但总体来看，大多数中小企业还是只能依靠关系借贷、担保贷款、政府补助等非正式渠道获得外部融资。银行、保险等传统金融机构不能为创业企业提供足够的金融支持，在中国表现为资本总量充裕但创业融资不足的悖论。

本章从创业创新的本质出发，利用创新过程面临的不确定性来解释市场向创业企业配置金融资源时发生的“失灵”。结果表明，不确定性程度的高低可以反映创业企业的创新程度。在不确定性环境下，最优创业融资契约是动态契约。传统金融机构不善于利用动态契约组织交易，依靠它们自身的力量无法实现社会最优——启动创业。相对而言，风险投资这类积极投资者擅长实施动态契约，其独特的投资理念和治理机制，以及积极的投后参与很好地解决了不确定性带来的不利影响，并充分发掘了不确定性带来的增长期权价值。

我们的分析表明，静态债务契约和股权契约都不能实现社会最优，那些对社会总体有利的创业无法启动。动态债务契约也不能实现最优，原因在于债务契约的安排让投资者处于消极的地位，他没有能力和意愿主动介入信息收集和企业运作过程，不确定性带来的不利影响超过有利影响。动态股权契约通过引入资金的分阶段注入、信息动态揭示、相机控制权配置、清算权赋予等要素，在制度上保证了积极投资者收集信息、介入创业企业运作的动力和能力，一方面大大降低了创新不确定性的负面影响；另一方面还提高了创业企业增长期权的价值。因此，存在一个股权分配的范围，使得创业企业能够在动态股权契约下启动，实现社会最优。

本章研究还进一步表明，在创业成功概率较高的情况下，一定范围内创新不确定性程度越高，创业企业的价值越大，风险投资等积极投资机构投资意愿越强烈。而在创业成功概率较低的情况下，不确定性越高，投资者的投资意愿越低。这一发现可以很好地解释创投行业的一个典型事实，即风险投资大多投向成长期、扩张期企业，种子期企业一般只能依靠其他渠道获得融资。

本章目的不只是要解释风险投资机制风靡于创业投资领域的现象，以及中国资本总量充裕但创业融资不足的悖论，更重要的是，我们希望相关结论能给其他融资形式提供启示，一定程度上缓解创业型企业融资难题。主要的建议有四条。第一，创业融资交易需要采用动态契约的形式，这种契约安排可以从制度上保证投资者积极介入创业企业运作的动力和能力。第二，参与创业融资的金融机构需要成立独立的股权投资部门，一方面通过持有股权分享创业企业的增长价值，平衡可能的损失风险；另一方面实现与母公司的风险隔离。第三，投资机构需组建对创业创新有深刻理解的专业团队，及时掌握创业企业的动态，必要时介入企业运作。第四，借鉴风险投资行业的成功经验，合理应用可转换证券、控制权配置、分阶段注资等契约条款，以及有限责任合伙制、投资人激励、隐性契约等治理机制，最大限度地降低创业投资风险，提高投资收益。

第五章

创业型企业的动态估值与内生股权配置

创业型企业估值面临特殊困难，根本原因在于其核心价值决定于创新与企业家精神，目前还不存在可靠方法对这些价值要素进行准确评估。依靠财务数据的传统方法不仅难以实现创业型企业的准确估值，其逻辑还会导致有关各方股权比例与价值贡献不相匹配，激化投资者与创业者之间的利益冲突，降低企业价值。与传统方法先估值后配股的逻辑顺序相反，本章从创新和企业家精神的实质出发，在投资者与创业者之间合作创造剩余的基础上，利用合作博弈的均衡配置内生出合理的股权配置比例，之后再基于项目的资金需求得到创业型企业的估值。该方法将企业家置于创业活动的中心，并考虑到其他利益相关者的边际贡献。通过纳入分阶段融资具有的信息发现功能，该模型还可以实现不确定性下的动态估值和股权配置。

第一节 引 言

估值和股权配置是创业型企业融资过程中的核心问题，但正如估值权威达摩达兰（2014）所指出的，新创企业是最具挑战的估价对象。目前还没有任何精确的估值规则对这类企业进行分析，估值工作更接近于艺术而非科学（Beaton，2010）。传统上基于各种“可见”财务指标的绝对估值法和相对估值法更适合成熟型企业，而创业型企业的主要价值来源于“不可见”的未来增长潜力（Berk et al.，2004），这导致这些方法会大大失效（Beaton，2010）。由于估值问题关系到创业项目各相关者的切身利益，并直接决定各方股权配置比例，因此有必要对此展开深入研究。

与适用于成熟型企业的传统估值方法不同，本章基于对创业型企业本质的理解，利用合作博弈的思想提出一种新的创业型企业估值和股权配置方法。分析将表明，新方法的逻辑与传统方法截然不同，充分考虑到企业家精神在创业型企业价值来源中的核心地位，强调了投资者与创业者一起创造价值的合作关系。基于有关各方的合作剩余，我们利用合作博弈的均衡——夏普利值内生出合理的股权配置，并据此得到创业型企业的合理估值。按照同样的思路，通过引入分阶段融资机制的信息发现功能（金永红等，2004；Tian，2011），该方法还可以实现创业型企业的动态估值和股权配置，一方面降低不确定性对估值精确性的影响（Epstein & Schneider，2008）；另一方面通过股权的动态调整，实现企业家激励和投资者风险控制（Cornelli & Yosha，2004；Schmidt，2003；Neher，1999）。

第二节 合作博弈与估值

创业型企业的核心价值来源于未来增长潜力，但是作为创业融资过程中的关键一步，对这一潜力的评价和估计面临着严重挑战。尽管如此，高度不确定性下取得巨额成功的可能性依然对外部投资者具有足够高的吸引力（Korteweg & Sorensen，2010；Rin et al.，2011）。为了启动创业，并顺利推进创业进程，投资者和创业者不得不基于主观估计确定企业的价值，并在此基础上协商投资额度以及股权安排。很显然，创业型企业的估值逻辑和方法与适用于成熟型企业的传统方法截然不同。

对创业企业而言，传统估值方法至少在三个方面存在明显不足。首先，静态估值。传统方法尽管会根据最新信息更新估值，但其估值模型在本质上是静态的，因为它假设未来的现金流会按照某一规律永远持续下去，且贴现率通常会保持恒定（Beaton，2010）。显然，这种静态思维很难应用到创业型企业的估值活动中去，因为创业型企业为了动态适应市场、技术、团队等方面的剧烈变化，不得不经常改变之前的发展路径，静态估值与创业型企业的真实价值相去甚远。与动态创业过程相适应，估值需要根据信息的增进动态调整。

其次，基于非合作关系进行估值和股权配置。传统方法将投资者与企业家看成是竞争者而非合作者，首先利用各种绝对指标或相对指标估算出企业价值，然后根据投资者所投资金多少决定其投后股权比例。很显然，股权配置由很多外生因素决定，因为投入资金大小受到很多因素的影响，这种外生决定的股权比例将投资者与企业家的关系变得对立起来，影响双方之后的合作和价值创造激励。事实上，创业型企业的价值依赖于投资者与创业者之间的有效匹配和紧密合作关系（Cumming & Johan，2005），合作剩余的存在是启动创业的必要条件，估值过程必须以此为前提展开。

最后，不基于企业家的核心地位和投资者的边际贡献进行估值。大量文献表明，企业家位于创业型企业的中心，企业家精神是企业能够创业成功、最终走向成熟的根本保证（熊彼特，2000；吉云和姚洪心，2011；Gartner，2001）。[①]但传统估值方法基本无视“不可见”的企业家精神，只是依靠冷冰冰的数据，套用财务模型机械地进行价值评估，这往往会大幅低估创业型企业的价值。此外，处于初创期的企业不仅需要资金，还需要大量其他资源的投入，创业投资者不仅需要扮演投资者的角色为企业注入资金，还需要充分调动各种资源帮助创业者，并在某些时候积极介入企业运作，协助企业家取得成功（Lerner，1995；Casamatta，2010；Chemmanur et al.，2011）。因此，创业融资过程中投资者并非消极的股权持有者，其参与给创业型企业创造了额外的价值，估值和股权配置机制必须考虑投资者的这种边际贡献。[②]

基于此，本章试图利用合作博弈的思想给出一种新的创业型企业估值方法。首先，我们从创业型企业的本质出发，把企业家置于创业活动的中心，将企业家精神作为价值创造的主要来源，同时考虑到创业投资者的积极角色。在利用合作剩余来构造合作博弈各联盟特征函数的基础上，利用标准方法得到各利益相关者的夏普利值，据此计算出各参与者的股权比例，然后根据必要的创业投资总量推算出企业的价值。进一步，通过纳入不确定性的影响，并给出不同创业阶段新信息出现降低不确定性的机制，据此模型化创业型企业价值来源的动态变化和股权配置的适应性动态调整。可以看出，创业型企业的估值和股权分配在逻辑上的先后顺序恰与传统方法相反，股权分配内生于合作博弈的均衡配

① 例如，在亚马逊、苹果、阿里巴巴等科技巨头的发展过程中，很难想象没有极具企业家精神的贝索斯、乔布斯和马云会怎么样。

② 相对于传统金融机构，风险投资更擅长帮助创业者取得成功，因此，股权配置应予以充分激励，使其有足够的动力和能力积极参与创业型企业的运作（Rin et al.，2011）。

置，对企业价值的评估不能将投资者与创业者割裂开来进行，需要兼顾企业家的中心地位和其他利益相关者的边际贡献。

第三节 静态估值与内生股权配置

考虑这样的情景，企业家 e 有了一个创意，打算通过创业行为实现该创意。为了增加创业成功的概率，他找到合作者 t，组建了一个核心创业团队。[①] 为了启动创业，真正实现创业梦想，资金投入必不可少。融资来源只有两种选择：一是自身筹集或关系融资；二是创业融资市场。就后者而言，对处于初创期的企业，投资者不仅仅扮演出资人的角色，在整个创业推进阶段，还积极介入企业运作，可能扮演着创业导师、咨询顾问、管理帮手、资源中介等角色（Gompers & Lerner，2006；木志荣和李盈陆，2012；Bottazzi et al.，2008）。这些资金外的投入会提高创业项目成活率，给创业企业带来额外的价值（Chemmanur et al.，2011）。当然，不同的创业投资机构在资源获取、管理能力、创业经验、关系协调等方面存在差异，因而会带来不同的价值（例如 Chemmanur et al.，2014）。为了简化分析，这里假设融资市场上存在三个不同的投资者，表示为 k_1，k_2，k_3。

我们首先在静态的确定性环境下进行分析，之后再扩展至动态不确定性情景。利用合作博弈的框架，可以把前述有关各方看作合作者而非竞争者的关系。定义博弈参与人集为 $\{e,t,k_1,k_2,k_3\}$，并用彼此之间合作剩余的大小来构造各联盟的特征函数，假设 $\delta<\alpha\leqslant x_1<x_2<x_3$，令：

$$\begin{cases} v(\{e\})=a, v(\{e,t\})=a+\delta, v(\{e,k_1\})=x_1, v(\{e,k_2\})=x_2, v(\{e,k_3\})=x_3 \\ v(\{e,k_i,k_j\})=\max[x_i,x_j] \quad (\forall_i \neq j) \\ v(\{e,k_1,k_2,k_3\})=\max[x_1,x_2,x_3]=x_3 \\ v(\{e,t,k_1\})=x_1+\delta, v(\{e,t,k_2\})=x_2+\delta, v(\{e,t,k_3\})=x_3+\delta \\ v(\{e,t,k_i,k_j\})=\max[x_i,x_j]+\delta \quad (\forall_i \neq j) \\ v(\{e,t,k_1,k_2,k_3\})=\max[x_1,x_2,x_3]+\delta=x_3+\delta \\ v(\cdot)=0 \quad (for\ others) \end{cases} \quad (5-1)$$

---

① 这里的 t 可代表除创业者自身之外的其他团队成员总体，每个成员在其中发挥同等作用，如此定义不会改变之后的分析结论。

此处有几点需要稍作解释。首先，为了突出企业家在创业活动中的核心地位，我们假设不包括企业家在内的联盟均不创造剩余，且团队成员的边际贡献 δ 远小于企业家单独创业的剩余 a。

其次，本章所指合作剩余并不涵盖投资者出资有助于创业实现的好处，因此并不包括基于风险定价的期望收益。原因在于，如果投资者的贡献仅限于提供资金，则企业家选择的合作对象就是无差异的，极端条件下甚至可以用债权融资取代股权融资，以支付利息为代价获取创业所需资金。对创业型企业而言，传统估值方法的一个重大缺陷正在于忽略了投资者在出资之外的价值贡献，先利用均衡贴现率对企业进行估值，然后再根据投资者所投金额计算其股权。本章分析表明，这种估值思路本末倒置，会导致创业融资活动出现重大偏差。

最后，我们假设三个投资者可同时与企业家进行合作，但其总边际贡献只与能力最高者有关，即能力稍低的投资者不会在该联盟中创造任何剩余。考虑到投资者在创业活动中的辅助角色，且多位投资者同时存在，其辅助功能可能出现重叠，因此该假设是合理的。①

利用特征函数，根据下式计算出各参与人的合作博弈均衡配置——夏普利值，即：

$$\phi_i(v)=\sum_{S\subseteq N-i}\frac{|S|!\,(|N|-|S|-1)!}{|N|!}(v(S\cup\{i\})-v(S)) \tag{5-2}$$

可以计算，作为中心签约人的企业家所应分享的剩余为：

$$\phi_e(v)=\frac{1}{4}a+\frac{1}{2}\delta+\frac{1}{12}x_1+\frac{1}{6}x_2+\frac{1}{2}x_3 \tag{5-3}$$

创业团队成员应分享剩余为：

$$\phi_t(v)=\frac{1}{2}\delta \tag{5-4}$$

三位投资者分享的剩余分别为：

$$\phi_{k_1}(v)=\frac{1}{12}x_1-\frac{1}{12}a \tag{5-5}$$

① 当然，模型很容易在此基础上进行扩展，主要结论不会发生变化。

$$\phi_{k_2}(v)=\frac{1}{6}x_2-\frac{1}{12}x_1-\frac{1}{12}a \tag{5-6}$$

$$\phi_{k_3}(v)=\frac{1}{2}x_3-\frac{1}{3}x_2-\frac{1}{12}x_1-\frac{1}{12}a \tag{5-7}$$

由式（5-5）~式（5-7）可以看出，参与者联盟的合作剩余会影响到联盟外其他个体分享到的剩余。比如，投资者 k_1 与企业家单独合作剩余 x_1 越大，投资者 k_2 和 k_3 分享剩余越小，因为他们惧怕 k_1 与企业家选择单独合作。作为参与融资合作的代价，k_2 和 k_3 只能接受更低的份额。与此相反，任何个体与企业家合作剩余的增大都会增加企业家分享到的价值，这正体现了企业家在创业型企业中的核心地位，没有了企业家精神，创业型企业将失去价值源泉，也就没有了存在的必要。此外，可以验证，各利益相关者分享到的剩余加总为：

$$\sum_i \phi_i(v) = x_3+\delta = v(\{e,t,k_1,k_2,k_3\}) \tag{5-8}$$

与预期一致，刚好分配完大联盟的总剩余。据此可以得到各方均衡股权配置为：

$$S_e = \frac{\phi_e(v)}{\sum_i \phi_i(v)} = \frac{3a+6\delta+x_1+2x_2+6x_3}{12x_3+12\delta} \tag{5-9}$$

$$S_t = \frac{\phi_t(v)}{\sum_i \phi_i(v)} = \frac{\delta}{2x_3+2\delta} \tag{5-10}$$

$$S_{k_1} = \frac{\phi_{k_1}(v)}{\sum_i \phi_i(v)} = \frac{x_1-a}{12x_3+12\delta} \tag{5-11}$$

$$S_{k_2} = \frac{\phi_{k_2}(v)}{\sum_i \phi_i(v)} = \frac{2x_2-x_1-a}{12x_3+12\delta} \tag{5-12}$$

$$S_{k_3} = \frac{\phi_{k_3}(v)}{\sum_i \phi_i(v)} = \frac{6x_3-4x_2-x_1-a}{12x_3+12\delta} \tag{5-13}$$

假设完成创业阶段所需资金总额为 K，全部需要投资者注入①，且各投资者所投数额由其所持股权决定，即：

$$K_i = \frac{S_{k_i}}{\sum_{i \in \{k_1,k_2,k_3\}} S_{k_i}} K \tag{5-14}$$

据此可以很容易地得到创业型企业的估值为：

$$V = \frac{K_i}{S_{k_i}} = \frac{K}{\sum_{i \in \{k_1,k_2,k_3\}} S_{k_i}} \tag{5-15}$$

按照本章的估值逻辑，可在某种意义上将所投资金理解成投资者"购买"与企业家合作机会的价格。如果不与企业家合作，该投资者只能获得市场平均收益率，如果与企业家合作，则可以获得来自合作剩余的超额收益率，这正是创投机构愿意参与创业型企业融资的吸引力所在（Rin et al.，2011）。

现在利用一个算例总结一下创业型企业的估值逻辑和过程。假设经过客观测算和主观估计，某创业型企业完成创业阶段需要投入资金 10 亿元，定义合作剩余特征函数的参数分别为：

$$\delta = 1, a - 10, x_1 = 12, x_2 = 13, x_3 = 14 \tag{5-16}$$

经过简单计算可得均衡股权配置为：

$$S_e = 87.78\%, S_t = 3.33\%, S_{k_1} = 1.11\%, S_{k_2} = 2.22\%, S_{k_3} = 5.56\% \tag{5-17}$$

容易算出所有投资者持股比例为：

$$\sum_{i \in \{k_1,k_2,k_3\}} S_{k_i} = 8.89\% \tag{5-18}$$

将资金投入量和式（5-18）代入式（5-15）得到该创业型企业的估值为：

$$V = \frac{K}{\sum_{i \in \{k_1,k_2,k_3\}} S_{k_i}} = 112.49\,(\text{亿元}) \tag{5-19}$$

① 相对于市场、技术、创新等因素而言，创业阶段所需资金量的估计所面临的不确定性更小，因此假设其为一个常数，并据此得到创业型企业的估值并非不可接受。当然，与成熟型企业相比，创业型企业所需资金量的确更难确定，但比起对未来现金流、贴现率等指标的测算，对资金投入的估计要更为容易。这是该新估值方法具有的另一个重要优势。

从该例可以看出，企业家是创业型企业价值的主要创造者，股权的均衡配置需要承认其中心地位。此外，投资人中边际贡献最大者获得最高的股权，使其有足够的动力和能力参与创业型企业运作，创造尽可能高的额外价值。最后，核心创业团队成员的贡献也要通过股权给予必要的肯定，激励其尽心尽力为企业创造价值。事实上，这几点均与现实中创业型企业的运作和融资活动保持一致，这里提出的估值新思路的确非常适合创业型企业。

第四节 动态估值与股权配置过程

上节在静态框架下利用合作博弈方法内生出了创业型企业的均衡股权配置，并据此给出了创业项目的估值原理。由于创业行为会经历多个阶段，且每一阶段都会面临不可预知的不确定性，因此，创业融资机制需要适应这类创业的动态复杂性。以下分析表明，随着创业的推进，新信息的增进会改变有关各方对合作剩余的预期，进而改变合作博弈的特征函数，最终改变均衡股权配置和估值。

为了分析创业活动的动态复杂性及其经济含义，我们假设创业融资过程持续4期，且合作剩余包含了不确定性的因素μ，该不确定性会随着创业的推进逐步降低，即：①

$$a = a_0 + \mu, x_1 = x_{10} + \mu, x_2 = x_{20} + \mu, x_3 = x_{30} + \mu \tag{5-20}$$

在第一期，由于创业刚刚启动，有关各方对合作剩余充满着最高程度的不确定性，假设他们对此拥有一致的先验概率分布，即$\mu \sim N(\bar{\mu}, \sigma_{\mu}^2)$，在风险中性假设下，直接将其代入式（5－3）～式（5－7），并取期望得到各利益相关者应分享的剩余为：

$$\phi_e(v) = \frac{1}{4}a_0 + \frac{1}{2}\delta + \frac{1}{12}x_{10} + \frac{1}{6}x_{20} + \frac{1}{2}x_{30} + \bar{\mu} \tag{5-21}$$

① 正如前述，企业家精神是创业型企业的核心价值来源，因此，为了简化分析，我们在此只将包括企业家的联盟剩余纳入了不确定性的影响，并只在边际意义上考虑其变动。很显然，本章主要结论并不受此简化假设的影响。

创业团队成员应分享剩余为：

$$\phi_t(v)=\frac{1}{2}\delta \tag{5-22}$$

三位投资者分享的剩余分别为：

$$\phi_{k_1}(v)=\frac{1}{12}x_{10}-\frac{1}{12}a_0 \tag{5-23}$$

$$\phi_{k_2}(v)=\frac{1}{6}x_{20}-\frac{1}{12}x_{10}-\frac{1}{12}a_0 \tag{5-24}$$

$$\phi_{k_3}(v)=\frac{1}{2}x_{30}-\frac{1}{3}x_{20}-\frac{1}{12}x_{10}-\frac{1}{12}a_0 \tag{5-25}$$

可以看出，在此处模型的设定下，不确定性因素的边际变化只会改变企业家分享的剩余，不会改变其他参与者的剩余，但所有各方的股权比例都会发生变化。

现在考察第二期，假设在此时，有关各方能观察到以下可验证的信号：

$$s_0=\mu+m+\varepsilon \tag{5-26}$$

其中，$m\sim N(\bar{m},\sigma_m^2),\varepsilon\sim N(0,\sigma_\varepsilon^2)$，这意味着，在第二期观察到的信号受到两个随机因素的干扰，导致其无法完全揭示真实的 μ 值。具体地，可将 m 理解为行业市场机会，这不是企业家独有的价值要素，而是行业内所有创业型企业均能够获得的某种租金，且会随着时间推移逐渐消散。[①] 因此，如果能够被识别，该租金不应成为企业家合作剩余的一部分。但在此时，有关各方只能观察到“纠缠”在一起的信号，无法完全排除该行业市场机会的影响。此外，ε 被定义为均值为 0 的随机变量，也对信号 s_0 的精确性造成干扰。此处设定充分考虑到了创业初始阶段信息的不完备性，以及创业融资过程不得不面临的高度不确定性。

为了探讨观察到的信号对创业型企业估值及股权配置有何影响，需要基于该信号得到更新后的期望值，即：

① 例如，某创业型企业基于人工智能（AI）技术开发出某种具有商用价值的应用，该应用的未来价值既取决于该公司独特的创新，也取决于 AI 基础技术的进步。但后者是所有公司都能够分享的资源，不是该公司独有的技术，随着时间推移，其他公司也会逐步掌握，因此从长远来看，由此带来的租金会在市场竞争的压力下趋于消散。

$$
\begin{aligned}
E(\mu|s_0) &= E(\mu) + \frac{\mathrm{Cov}(\mu, s_0)}{\mathrm{Var}(s_0)}[s_0 - E(s_0)] \\
&= \bar{\mu} + \frac{\sigma_\mu^2}{\sigma_\mu^2 + \sigma_m^2 + \sigma_\varepsilon^2}[s_0 - \bar{\mu} - \bar{m}]
\end{aligned} \tag{5-27}
$$

将式（5-21）中的 $\bar{\mu}$ 替换为 $E(\mu|s_0)$ 得到新的企业家剩余为：

$$
\phi_e(v) = \frac{1}{4}a_0 + \frac{1}{2}\delta + \frac{1}{12}x_{10} + \frac{1}{6}x_{20} + \frac{1}{2}x_{30} + E(\mu|s_0) \tag{5-28}
$$

其他个体应分享的剩余保持不变。可以看出，如果观察到的信号较为乐观，即 $s_0 > \bar{\mu} + \bar{m}$，则 $E(\mu|s_0)$ 会向上调整，即 $E(\mu|s_0) > \mu$，相对来说，企业家的股权比例会上升，其他个体的股权份额会下降，企业估值上升。也就是说，如果创业型企业的表现超出预期，则合作博弈的均衡应给予企业家以奖励，因为人们认为，好表现的主要来源在于企业家精神，而非其他个体。这正体现了创业融资机制对于不确定性的动态适应性。当然，由于 s_0 包含了其他扰动因素，给予企业家更高的股权并不一定合理，但这就是创业型企业融资过程需要付出的代价。

现在考察第三期，假设在此时，有关各方可以观测到更精确的信号：

$$
s_1 = \mu + m \tag{5-29}
$$

也就是说，随着创业继续推进，随机扰动 ε 被消除了，但行业市场机会 m 的随机影响还是无法消除①，创业融资合作继续面临一定的不确定性。基于信号 s_1 更新后的期望值可计算为：

$$
\begin{aligned}
E(\mu|s_1) &= E(\mu|s_0) + \frac{\mathrm{Cov}(\mu, s_1)}{\mathrm{Var}(s_1)}[s_1 - E(s_1|s_0)] \\
&= \bar{\mu} + \frac{\sigma_\mu^2}{\sigma_\mu^2 + \sigma_m^2 + \sigma_\varepsilon^2}[s_0 - \bar{\mu} - \bar{m}] + \frac{\sigma_\mu^2}{\sigma_\mu^2 + \sigma_m^2} \\
&\quad \left[s_1 - \bar{\mu} - \bar{m} - \frac{\sigma_\mu^2 + \sigma_m^2}{\sigma_\mu^2 + \sigma_m^2 + \sigma_\varepsilon^2}(s_0 - \bar{\mu} - \bar{m})\right]
\end{aligned}
$$

---

① 例如，某公司在这一阶段已经开发出功能齐备的产品原型，在技术上已经没有不确定性了，但是该产品是否容易被其他公司模仿还无法确定。如果该产品的核心技术是基于其他公司也能够迅速掌握的通用性平台，则未来的市场竞争依然会大幅压缩该公司的合作剩余。

$$= \bar{\mu} + \frac{\sigma_{\mu}^{2}}{\sigma_{\mu}^{2} + \sigma_{m}^{2}}[s_1 - \bar{\mu} - \bar{m}] \tag{5-30}$$

同样，企业家应分享的剩余调整为：

$$\phi_e(v) = \frac{1}{4}a_0 + \frac{1}{2}\delta + \frac{1}{12}x_{10} + \frac{1}{6}x_{20} + \frac{1}{2}x_{30} + E(\mu | s_1) \tag{5-31}$$

可以看出，如果在第三期观察到较为悲观的信号 s_1，则 $E(\mu | s_1)$ 会在前一期的期望值基础上向下调整，即 $E(\mu | s_1) < E(\mu | s_0)$，企业家的股权比例相应下降，其他个体的股权份额上升，企业估值下降。该分析表明，创业型企业的估值和股权配置需要动态匹配于最新观察到的信息，以反映不确定性降低后有关各方合作剩余变动的后果。

在第四期，假设与 μ 相关的不确定性完全消除，有关各方可以观察到其精确值，即 $\mu = \mu^*$。由此得到创业阶段结束时最终的股权配置为：

$$S_e = \frac{\phi_e(v)}{\sum_i \phi_i(v)} = \frac{3a_0 + 6\delta + x_{10} + 2x_{20} + 6x_{30} + 12\mu^*}{12x_{30} + 12\delta + 12\mu^*} \tag{5-32}$$

$$S_t = \frac{\phi_t(v)}{\sum_i \phi_i(v)} = \frac{\delta}{2x_{30} + 2\delta + 2\mu^*} \tag{5-33}$$

$$S_{k_1} = \frac{\phi_{k_1}(v)}{\sum_i \phi_i(v)} = \frac{x_{10} - a_0}{12x_{30} + 12\delta + 12\mu^*} \tag{5-34}$$

$$S_{k_2} = \frac{\phi_{k_2}(v)}{\sum_i \phi_i(v)} = \frac{2x_{20} - x_{10} - a_0}{12x_{30} + 12\delta + 12\mu^*} \tag{5-35}$$

$$S_{k_3} = \frac{\phi_{k_3}(v)}{\sum_i \phi_i(v)} = \frac{6x_{30} - 4x_{20} - x_{10} - a_0}{12x_{30} + 12\delta + 12\mu^*} \tag{5-36}$$

现在根据观察到的信息讨论两种特殊情形下的动态估值与股权配置过程。在第一种情形下，不同阶段观察到的信息使得：

$$\bar{\mu} > E(\mu | s_0) > E(\mu | s_1) > \mu^* \tag{5-37}$$

由此容易得到：

$$S_{e0} > S_{e1} > S_{e2} > S_{e3} \tag{5-38}$$

在此情形下，企业家股权份额将随着创业的推进不断减少，企业估值不断降低。极端情况下，当 $\mu^{*} = -\frac{3a_0 + 6\delta + x_{10} + 2x_{20} + 6x_{30}}{12}$时，企业家将失去所有股权以及相应的控制权，企业家最终被认为处于可有可无的地位，不需给予股权实现激励。

另一种情形与前相反，即：

$$\bar{\mu} < E(\mu | s_0) < E(\mu | s_1) < \mu^{*} \qquad (5-39)$$

在此情形下，随着创业的推进，相关信息逐渐表明，企业家在创业型企业中的地位越来越重要，越来越不可或缺，其拥有的股权份额也应该越来越多，企业估值也越来越大。这一创业融资的动态机制通过把更多的份额赋予企业价值的核心创造者——企业家，实现了企业家精神的最佳激励，总体上也实现了社会最优。

现在我们利用前一节给出的算例具体说明一下动态估值和股权配置的过程。继续假设创业阶段总共需要投入资金 10 亿元，其他有关参数设定如下：

$$\delta = 1, a_0 = 8, x_{10} = 10, x_{20} = 11, x_{30} = 12, \bar{\mu} = 2, \sigma_{\mu}^2 = 2, \bar{m} = 1, \sigma_m^2 = 1, \sigma_{\varepsilon}^2 = 1 \qquad (5-40)$$

基于式（5-21）~式（5-25）可计算出各利益相关者在创业启动之初的股权配置为：

$$S_e = 87.78\%, S_t = 3.33\%, S_{k_1} = 1.11\%, S_{k_2} = 2.22\%, S_{k_2} = 5.56\% \qquad (5-41)$$

于是，投资者持股比例之和为：

$$\sum_{i \in \{k_1, k_2, k_3\}} S_{k_i} = 8.89\% \qquad (5-42)$$

据此可得到该创业型企业期初估值为：

$$V_1 = \frac{K}{\sum_{i \in \{k_1, k_2, k_3\}} S_{k_i}} = 112.49\text{（亿元）} \qquad (5-43)$$

假设创业项目推进到了第二期，此时观察到了信号：

$$s_0 = 7 \tag{5-44}$$

则根据式（5-27）有：

$$E(\mu | s_0) = 4 \tag{5-45}$$

因此，第二期各参与者的股权应更新为：

$$S_e = 89.22\%, S_t = 2.94\%, S_{k_1} = 0.98\%, S_{k_2} = 1.96\%, S_{k_3} = 4.90\% \tag{5-46}$$

据此可得到该创业型企业在第二期的最新估值应为：

$$V_2 = \frac{K}{\sum_{i \in \{k_1, k_2, k_3\}} S_{k_i}} = 127.55\text{（亿元）} \tag{5-47}$$

继续考察第三期，如果此时观察到信号：

$$s_1 = 9 \tag{5-48}$$

则根据式（5-27）有：

$$E(\mu | s_1) = 6 \tag{5-49}$$

因此，第三期各参与者的股权应更新为：

$$S_e = 90.35\%, S_t = 2.63\%, S_{k_1} = 0.88\%, S_{k_2} = 1.75\%, S_{k_3} = 4.39\% \tag{5-50}$$

据此可得到该创业型企业在第三期的最新估值应为：

$$V_3 = \frac{K}{\sum_{i \in \{k_1, k_2, k_3\}} S_{k_i}} = 142.45\text{（亿元）} \tag{5-51}$$

现在进入创业的最后阶段，此时有关合作剩余的不确定性已完全消除，有关各方观察到 μ 的实现值，即：

$$\mu = \mu^* = 8 \tag{5-52}$$

因此，创业阶段结束时各利益相关者的均衡股权配置应为：

$$S_e = 91.27\%, S_t = 2.38\%, S_{k_1} = 0.79\%, S_{k_2} = 1.59\%, S_{k_3} = 3.97\% \tag{5-53}$$

据此可得最终估值为：

$$V_4 = \frac{K}{\sum_{i \in \{k_1, k_2, k_3\}} S_{k_i}} = 157.48 \text{（亿元）} \tag{5-54}$$

可以设想，如果在创业阶段结束时观察到合作剩余参数 μ 的实现值 $\mu^* = -10$，则该创业型企业的最终估值将大幅下调为 22.5 亿元，而企业家所持股份也应调低为 38.89%。

从该例可以看出，由于创新创业过程面临着高度不确定性，且创业型企业价值的核心来源是企业家精神，为了启动并顺利推进创业，与之相匹配的融资机制需要具备动态适应性。一方面，该机制应充分认可企业家在创业过程中的中心地位，并基于创业型企业价值的源泉——合作剩余来给有关各方合理配置股权；另一方面，该机制应能充分利用创业推进过程中出现的新信息不断调整股权配置和企业估值，优化创业融资过程。合理的创业融资机制不仅需要很好地保护外部投资者的利益，还需要最大限度地对企业家进行激励。如果企业家精神不能在创业活动中尽情发挥，所有利益相关者的利益都会受损。

第五节 小 结

估值是创业型企业融资过程中的核心难题，根本原因在于创业型企业的价值来源于创新与企业家精神，基于财务预测的传统估值方法不能准确评估这类重要的价值要素。这导致银行、保险等稳健经营型金融机构缺乏足够的投资意愿。此外，传统估值方法隐含投资者与创业者之间存在利益冲突的假设，无视两者之间匹配合作、共创价值的可能性，只从创业项目本身出发进行估值，这一方面会大大低估创业型企业的真实价值；另一方面，股权配置与各方贡献无关，降低了价值创造的激励。

本章利用合作博弈的分析工具，基于创新和企业家精神的实质，从投资者与创业者合作创造剩余的角度提出一种新的估值思路。该方法将企业家置于价值创造的中心位置，并纳入投资者在提供资金之外的边际贡献，通过引入分阶段融资机制具有的信息发现功能，可以实现创业型企业的动态估值和股权配置。

分析表明，与传统方法先估值、后配股的逻辑顺序相反，此处有关各方的股权比例先内生于合作博弈的均衡配置，之后再根据创业项目的资金需求得出企业的价值。有关结论不仅具有一定的理论价值，还对创业型企业融资实践具有参考意义。

第六章

奈特不确定性下创业型企业的分阶段融资机制

创新是创业型企业赖以生存的必要条件，但其面临的奈特不确定性却妨碍了创业者对外部金融资源的整合。在银行等传统金融机构主导的一次性融资安排下，投资者在创业初期前景不明的情况下面临过高风险暴露，创业融资很难成功。本章分析表明，分阶段融资充分利用市场“发现”信息的功能，在不确定性逐渐降低的过程中实现动态估值，而其内嵌的退出实物期权则为投资者提供了风险控制工具，在事前直接提高了企业的价值。风险投资成为一种较为成功的创业融资模式，根本原因正在于其善于利用自身优势实施分阶段融资。本章发现可为改善其他融资方式提供启示，在契约安排、资金注入、信息收集、风险控制等方面优化创业融资过程，从金融支持的角度推动“大众创业、万众创新”。

第一节　引　言

基于创新的创业型企业大量涌现已成为推动经济增长的重要引擎，也是经济持续保持活力的重要保障。创新和创业是一个非常复杂的过程（Shane & Venkataraman，2000），其成功需要多种要素的支撑。除了创业者自身拥有的技术、团队、管理等内部要素外，融资渠道、制度环境等外部要素也是创业成功的必要条件。然而，由于其核心价值来源的特殊性，创业型企业常常面临外部融资不足的难题（Lerner，2009）。就全球范围来看，银行等传统金融机构依然是企业的主要融资渠道，但其对创业型企业的支持却远远不够（Zider，1998）。根本原因在于这类企业的创新性特征导致的高收益性、高失败率和高不确定性（Berger & Udell，2002；Ueda，2004）。创业型企业一般没有可验证的经营记录，也没有足够可供抵押的实物资产（Berger & Schaeck，2011；Neher，1999），其运营具有探索性、试错性和动态性，核心价值则来自很难估价的实物期权，这些特征都与传统金融机构静态的融资契约和僵硬的风控体系不相匹配。

国外风险投资、天使投资等新型融资方式的发展历史和成功经验表明，有效的创业型企业融资模式具备某些独特性质和运作机理（Kaplan & Strömberg，2003；Tian，2011），尤其是要适应创业型企业的创新性本质。基于大量来自创投行业的典型事实和经验证据，现有研究已经发现了很多创业融资模式独有的特征，如可转换证券、分阶段融资、回购协议、反稀释条款、不对称控制权配置、动态估值等（Bengtsson，2011；Kaplan & Strömberg，2001），并尝试用信息不对称、不完全契约、动态博弈、实物期权等较为成熟的经济理论进行解释（Cornelli & Yosha，2003；Neher，1999；Schmidt，2003；Manso，2011）。相关文献虽在一定程度上揭示了创业融资的运行机制，但归纳导向的研究逻辑导致其注意力局限于风险投资等少数几种被公认为有效的创业融资方式上，其结论很难推广到其他相关的融资渠道。以风险投资为代表的新型融资模式的确吸引了大量注意力（Gompers & Lerner，2006），但从创业型企业的融资总量上来看，其所占比重依然微不足道。内源融资、关系融资、民间借贷、信用贷款及其他非正规融资依然占据主要地位。① 因此，有必要从创业型企业的创新性本质出发，在一般意义上考察其融资过程的基本原理。相关结论一方面可对创投行业的一些典型事实给出理论解释，一般化风险投资研究的主要结果；另一方面，可为完善其他可行的创业融资渠道提供参考。

奈特不确定性是创新活动的本质特征，这给创业型企业的运作和估值带来了特殊复杂性，其融资过程需要兼顾企业家激励、投资者激励、不确定性降低、动态估值、控制权相机配置、动态风险控制等目标。本章分析表明，分阶段融资机制引入了市场的信息发现功能，将双边激励、信息呈现、动态估值和风险

① 这些融资渠道自有其潜在风险和额外成本。例如，内源融资不符合创业者资产配置的最优化，而民间借贷则带来高额利息负担。

管理融为一体，能够实现与创业创新过程的匹配。传统金融机构不擅长实施分阶段融资契约，这是其对创业型企业支持不足的主要原因。风险投资等新型金融中介具有某些独特优势①，能够利用分阶段融资契约组织交易，很大程度上解决了奈特不确定性给创业融资过程带来的复杂问题。

第二节　文献综述

（一）创新、创业与奈特不确定性

创业是创新者实现其创造性想法的主要途径。由于直接交易创意和技术知识会面临高额交易成本（Lerner & Malmendier，2010），而雇用契约又会导致企业家创新激励不足，甚至企业家精神的消失，创业这种间接定价企业家才能的机制便是创新者的最佳选择（吉云和姚洪心，2011）。创新的本质及其对于经济增长的含义在1912年首先被熊彼特正式讨论（熊彼特，2000），他将创新定义为实现新的组合。熊彼特指出，通过创造性破坏过程，创新不断推动资本主义经济向前发展。作为经济增长的引擎，企业家不断地利用创新打破循环流转经济的均衡状况，并在经济重新恢复均衡的过程中赚取超额利润。熊彼特之后，有关企业家及创新的研究层出不穷，比较有代表性的观点来自卡森（Casson，1982）和柯泽纳（Kirzner，1997）。前者将企业家定义为就稀缺资源作出判断性决策的人。后者延续奥地利市场过程和主观主义传统，将创新理解为发现机会、捕捉机会并创造利润的行为，而企业家就是对市场机会具有高度警觉性的人。

尽管还有争论，但学者们对创新的基本性质是没有疑问的，即创新就是制造和/或利用市场非均衡赚取超额利润的过程。在实现新组合的过程中，企业家将不可避免地面对奈特意义上的不确定性。凭借其拥有的特殊禀赋，企业家最擅长应对创新过程中的不确定性（Knight，1921；Bewley，1989）。实际上，在一个确定性的均衡市场，企业家没有施展其创新才能的空间（吉云和姚

① 风险投资的一般合伙人（GP）大多具有创业创新经验，且对创业创新活动具有独立见解。这些人在创投圈频繁互动，经常相互交换信息，并合作投资。这些优势有助于分阶段融资契约的签立和实施。

洪心，2011）。[1] 不确定性是非均衡市场的常态，也正因为有了不确定性，企业家才有了存在的价值。可以预期，创业型企业创新程度越高，其所面临的不确定性程度越大。

需要注意的是，奈特意义上的“不确定性”不同于普通意义上的“风险”，后者通常可用一个未退化的概率分布来刻画，而前者则不能用已知的概率分布来刻画。在不确定性情境中，决策者不仅无法估计各种可能状态发生的概率，很多情况下甚至连状态空间都无从得知。经济学正式讨论不确定性始自奈特（Knight，1921）和凯恩斯（Keynes，1936），但直到吉尔伯和斯梅得勒（Gilboa & Schmeidler，1989）提出多重先验概率模型，文献中才逐步出现多种刻画不确定性偏好的公理化框架（例如 Klibanoff et al.，2005；Chateauneuf & Faro，2009）。本章采用巨能久和苗建军（Ju & Miao，2012）构造的不确定性规避效用函数来刻画创业投资者偏好，据此比较不同融资模式的优劣。我们的分析将表明，创新过程存在的不确定性正是风险投资这类新型融资模式在创业投资市场大行其道的根本原因，其善于利用分阶段融资机制应对不确定性带来的创业型企业估值和风险控制难题。相对而言，银行、保险等传统金融机构只擅长解决普通金融风险的度量、定价和控制问题，没有能力解决创业型企业的融资困境。

（二）创业型企业融资

现有文献在一般意义上就创业型企业融资过程和模式进行了诸多研究，例如新创企业成长与外部资源获取（毕海德，2004）；创业型企业融资难的原因和对策（郭娜，2013；Inderst & Mueller，2009；Ueda，2004）；创业融资契约、控制权配置和创新激励（姚铮等，2011；Hellmann，1998；Kaplan & Strömberg，2003）；分阶段投资的原因和结果（Cornelli & Yosha，2003；Neher，1999；金永红等，2004；Tian，2011）等。

作为一种成功的创业融资机制，风险投资出现、扩展并成为创业型企业典型融资形式的原因，已有大量文献从多个角度给出了经验证据和理论解释

① 不确定性其实是创新的应有之义。如果创新面对的是确定情景，那么我们需要的是数学家，而不是企业家，因为前者更擅长最优化计算。如果面对的是有风险的决策，那么我们需要的是足够有效的金融市场，而不是企业家，因为前者可以很好地分散非系统风险，并对系统风险进行定价。

(Gompers & Lerner, 2006), 诸如风险投资介入对创业企业绩效的影响 (木志荣、李盈陆, 2012; Chemmanur et al., 2011; Hellmann & Puri, 2002); 风险投资的收益与风险 (Korteweg & Sorensen, 2010; Cochrane, 2005; Moskowitz & Jørgensen, 2002); 风险投资的制度设计和治理结构 (姚铮等, 2011; Sahlman, 1990); 风险投资公司识别、筛选、监控投资项目的过程与效应 (Krishnan et al., 2011; Kollmann & Kuckertz, 2010; Kaplan & Strömberg, 2001); 风险投资契约条款与性质 (Kaplan & Strömberg, 2003; Bengtsson, 2011) 等。这些归纳导向的研究虽然有助于理解风险投资的本质特征和运作机理, 但却将注意力局限在风险投资这种非常特殊的融资模式之中, 相关结论很难推广到其他融资方式之中。本章按照演绎逻辑, 从创业型企业的创新性本质出发展开分析, 其结论更具一般性, 对中国创业企业和金融机构而言也更具现实意义。

(三) 分阶段融资机制

不同于一次性融资, 分阶段融资在降低不确定性的影响 (Epstein & Schneider, 2008)、解决信息不对称和过度投资问题 (Admati & Pfleiderer, 1994; Bergemann & Hege, 1998)、企业家激励 (Cornelli & Yosha, 2004; Schmidt, 2003) 等方面具有独特优势。内赫尔 (Neher, 1999) 注意到, 新创企业通常没有足够有形资产可供抵押, 在一次性融资安排下, 资金一旦全部注入, 创业者会利用再谈判优势侵占投资者利益, 这导致外部融资在事前就变得不可行。资金的分阶段注入可以改善这一状况。前期资金少量注入不但可以降低企业家事后再谈判的地位, 更重要的是, 还会在创业早期阶段与企业家一道形成部分可抵押、可分割资产, 缓解了再谈判的机会主义行为。冈珀斯 (Gompers, 1995) 的证据显示, 创业型企业的融资轮次与其无形资产所占比重正相关, 这一发现与内赫尔 (1999) 的观点一致。冈珀斯 (1995) 还表明, 资金分阶段注入有利于投资者在创业推进过程中收集相关信息, 并据此对创业活动实施事中监督。一旦信号显示创业前景不佳, 投资者还可以容易地停止后期资金的注入。分阶段融资不但有助于控制创业投资相关风险, 可置信的退出威胁还提高了企业家的事前激励。

此外, 内嵌实物期权也是分阶段融资机制的一种独特优势。相关文献虽然对此有所涉及, 如内赫尔 (1999)、赫尔曼 (Hellman, 1993)、萨尔曼 (Sallman, 1988, 1990) 等, 但没有深入研究, 也没有建立模型进行正式分析。原因在于，普通风险假设下的实物期权模型可以直接应用于创业型企业融资过程，这里没有特殊的新问题值得研究。但在奈特不确定性假设下，分阶段融资模式内嵌的实物期权具有了新的性质。一方面，奈特不确定性提高了实物期权的价值，且新信息的出现会导致其动态变化；另一方面，市场上不存在正在交易的金融工具可将其复制出来，它只能内嵌于分阶段融资过程。我们的分析将表明，风险投资之所以在创业领域优于传统融资渠道，正在于前者善于利用分阶段方式组织融资交易。分阶段融资不但有助于降低不确定性的影响，充分利用新信息对创业型企业进行动态估值和风险控制，还通过内嵌实物期权在事前直接提高了企业价值，让那些原本无利可图的创业型企业具有了投资价值。

第三节　创业型企业的分阶段融资机制

奈特不确定性下，投资者很难在事前对创业型企业进行准确估值，也不能在事后用金融衍生品和分散化策略进行风险管理。[①] 融资策略的选择本身会影响投资标的的价值。一次性融资安排面临的估值和风险控制难题会导致创业型企业的价值降低，创业投资无利可图。相对而言，分阶段融资通过引入市场的信息发现功能，在降低不确定性的同时将估值融入创业、创新与融资过程之中，增强了创业投资活动的动态适应性。此外，分阶段融资赋予双方在中途退出的选择权，这不但大大降低了创业投资的总体风险，还通过嵌入实物期权的方式在事前提高了企业的价值。

具体地，一次性融资需要在期初一次性投入创业所需的全部资金 K[②]，不确定性规避的投资者基于现有信息对未来收益率进行评估，并作出投资决策。一旦决定投入资金，就只能消极地等待着创业阶段的结束，随后变现退出，计算实际损益。显然，采用一次性融资策略的投资者不能在创业推进过程中终止合

① 如果只面临风险的影响，则分阶段融资并不比一次性融资更有优势，因为在一次性融资安排下，投资者总可以利用合适的金融工具动态复制出分阶段融资的效果。例如，分阶段融资内嵌的退出期权为投资者提供的收益下跌保护也可以通过进入与该收益负相关的衍生品头寸实现，资金分阶段注入的安排并没有特殊优势。

② 为了简化分析，本章假设创业阶段所需资金 K 在事前是已知的，没有不确定性。当然，相关结论可以很容易地推广到 K 未知的情形。

作关系，即使期间出现的信息已经表明该项投资不应继续下去也是如此。进一步地，由于信息出现不会改变投资决策已经作出的事实，投资者在创业持续期间甚至没有激励主动收集信息。

相比较而言，分阶段融资允许分多次注入资金，投资者在创业持续期间拥有退出后续投资的权利。在创业推进过程中，不确定性规避的投资者有动力收集相关信息，为后续投资提供决策依据。信息的不断补充可以逐渐消除不确定性的影响，相关个体有机会不断修正此前对创业企业的估值，进而作出更为准确的决策。一旦相关信息表明前期所投企业状况不好、前景不佳，投资者可以选择不继续后轮投资，及时止损。分阶段融资内嵌的这种实物期权可为投资者提供下跌保护的风险控制工具，在事前降低了参与创业投资的顾虑。

图 6－1 在 3 期框架下给出了创业型企业的分阶段融资过程。创业所需资金由投资者分 3 期注入公司，分别为 $K_0=K_1=K_2=K/3$。① 在时刻 $t=0$，面临资金约束的创业者试图寻求外部融资。如果他能说服投资者在一定的估值水平提供启动资金 K_0，创业开始。第一轮融资可以帮助创业者支撑到时刻 $t=1$，此时，基于市场的信息发现功能，投资者可以观测到信号 m_1，然后据此修正先前的估值，并进行下一轮投资决策。如果信号 m_1 显示创业前景不容乐观，投资者可在此时放弃后续投资，但之前投资所获得的股权价值继续存在。一旦初始投资者终止合作，创业者可以转向其他投资者寻求资金支持以继续创业，也可以终止创业，并在最新估值水平上清算退出。如果初始投资者继续注入资金 K_1，创业者能够坚持到时刻 $t=2$。此时信号 m_2 出现，投资者继续修正先前的估值，并作出第三轮融资决策。在时刻 $t=3$，创业阶段结束，不确定性消除，投资者可以确定地知道最终的创业投资回报。

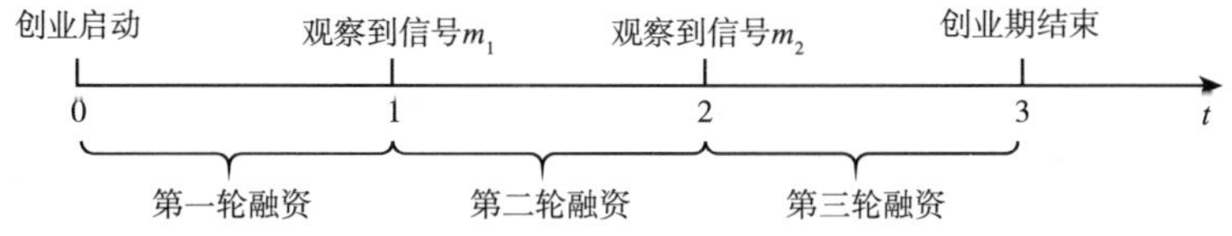

图 6－1 创业型企业的分阶段融资过程

资料来源：笔者根据模型分析归纳整理而得。

① 此处假设各期投资水平相同，现实中可以很容易地根据各种可观察的变量动态调整，例如估值水平、市场环境、产品研发进度等。

第四节 模 型

（一）基本设定

我们继续在3期框架下进行分析。在时刻 $t=0$，创业者决定实施创业活动，由于面临资金约束，他不得不求助于外部投资者。在奈特不确定性下，创业前景无法预测，企业价值很难评估，创业者和投资者都不得不依靠主观判断进行投融资决策。假设创业阶段所需总资金为 K，投资者可以选择一次性注入，也可以分阶段注入。[①] 进一步假设创业投资的超额收益率服从以下正态分布：[②]

$$R \sim N(\tilde{\mu}, \sigma_R^2) \tag{6-1}$$

为了模型化创业创新过程面临的奈特不确定性，假设上述分布中的均值 $\tilde{\mu}$ 是未知的，即尽管投资者知道未来的收益率服从正态分布，但他不能确定该分布中的均值参数。为了分析的可行性[③]，需要进一步假设：[④]

$$\tilde{\mu} \sim N(\mu, \sigma_\mu^2) \tag{6-2}$$

投资者偏好参考巨能久和苗建军（2012）构造的不确定性规避效用函数设定，即：

$$\begin{cases} U = \int v\left(u^{-1}\left(\int u(R) g_{\tilde{\mu}}(R)\mathrm{d}R\right)\right) f(\tilde{\mu})\mathrm{d}\tilde{\mu} \\ v'(\cdot) > 0, v''(\cdot) < 0 \end{cases} \tag{6-3}$$

---

① 为了排除资金机会成本对融资策略选择的影响，我们假设该成本为0，即投资者不会简单地因为机会成本而选择分阶段融资。

② 为了将注意力集中到融资过程，我们假设企业家创新的机会成本为0，即如果不创业，其创新才能没有价值（吉云和姚洪心，2011）。因此，只要融资成功，企业家一定会创业，而创业能否真正启动，完全由投资者决定。

③ 绝对意义上的奈特不确定性意味着无法用一个定义良好的概率分布来刻画投资者面临的情景。为了分析能够继续下去，此处假设不确定性程度稍低，个体可以形成另一个主观概率分布来描述均值参数。相关文献也进行类似处理（Gilboa & Marinacci，2011）。

④ 在不确定性规避假设下，这种叠加概率分布并不会退化成单一的分布，进而利用主观期望效用理论进行分析，请参考不确定性（或模糊性）的公理化模型文献（Ju & Miao，2012）。

式（6-3）中，$g_{\tilde{\mu}}(R)$ 表示给定分布均值 $\tilde{\mu}$ 下超额收益率 R 的密度函数，$f(\tilde{\mu})$ 则表示 $\tilde{\mu}$ 的密度函数。为了将注意力集中到奈特不确定性的影响上，直接假设投资者是风险中性者，且时间贴现因子为1，不确定性规避效用函数简化为：

$$U = \int v(E_{\tilde{\mu}}(R))f(\tilde{\mu})\mathrm{d}\tilde{\mu} \tag{6-4}$$

在时刻 $t=1$，创业项目已持续了1期，与收益率 R 相关的部分信息会被市场“发现”，一定程度上降低了奈特不确定性程度。假设投资者观测到的是带有噪声的信息 m_1，它虽有助于降低，但不能完全消除 $\tilde{\mu}$ 的不确定性，即：

$$\begin{cases} m_1 = \tilde{\mu} + \varepsilon_1 \\ \varepsilon_1 \sim N(0, \sigma_\varepsilon^2) \end{cases} \tag{6-5}$$

可以计算，在观察到 m_1 之后，投资者对收益率分布均值的期望将会从 μ 调整为：

$$E[\tilde{\mu} \mid m_1] = E(\tilde{\mu}) + \frac{\mathrm{Cov}(\tilde{\mu}, m_1)}{\mathrm{Var}(m_1)}[m_1 - E(m_1)] = \mu + \frac{\sigma_\mu^2}{\sigma_\mu^2 + \sigma_\varepsilon^2}[m_1 - \mu] \tag{6-6}$$

条件方差为：

$$\mathrm{Var}[\tilde{\mu} \mid m_1] = \frac{\sigma_\mu^2 \sigma_\varepsilon^2}{\sigma_\mu^2 + \sigma_\varepsilon^2} \tag{6-7}$$

这意味着，信号 m_1 的确有助于降低 $\tilde{\mu}$ 的不确定性。如果项目能够持续到时刻 $t=2$，则市场会进一步“发现”相关信息，投资者则观测到信号 m_2，即：

$$\begin{cases} m_2 = \tilde{\mu} + \varepsilon_2 \\ \varepsilon_2 \sim N(0, \sigma_\varepsilon^2) \end{cases} \tag{6-8}$$

假设 ε_1 与 ε_2 相互独立。在观察到 m_2 之后，投资者对收益率分布均值的期望进一步调整为：

$$E[\tilde{\mu} \mid m_2] = E(\tilde{\mu} \mid m_1) + \frac{\text{Cov}(\tilde{\mu}, m_2)}{\text{Var}(m_2)}[m_2 - E(m_2 \mid m_1)]$$
$$= (1-D)^2\mu + (D-D^2)m_1 + Dm_2 \tag{6-9}$$

式（6-9）中，$D = \frac{\sigma_\mu^2}{\sigma_\mu^2 + \sigma_\varepsilon^2}$。另外，可以证明，观测到 m_2 后 $\tilde{\mu}$ 的条件方差为：

$$\text{Var}[\tilde{\mu} \mid m_2] = \frac{\sigma_\mu^2 \sigma_\varepsilon^2}{\sigma_\mu^2 + \sigma_\varepsilon^2} = \text{Var}[\tilde{\mu} \mid m_1] \tag{6-10}$$

这表明，即使之前已经有了部分关于 $\tilde{\mu}$ 的信息 m_1，但信息 m_2 并不能进一步降低不确定性程度，因为根据设定，这两个信号的扰动项不相关，它们只能单独对 $\tilde{\mu}$ 的推断发挥作用。

在时刻 $t=3$，如果项目能够推进到这一阶段，则有关 $\tilde{\mu}$ 的不确定性将被完全消除，投资者能够确定地知道收益率均值为：

$$\tilde{\mu} = \mu^* \tag{6-11}$$

投资者的问题退化为普通的风险决策。下面对两种融资机制进行比较分析。

（二）一次性融资

为了简化分析，以均值—方差偏好刻画投资者的不确定性规避特征，即：

$$E[v(x)] = E(x) - \frac{1}{2}\rho\sigma^2 \tag{6-12}$$

其中，ρ 衡量不确定性规避程度，σ 衡量不确定性程度，就本章而言，指的是分布均值 $\tilde{\mu}$ 的不确定程度，即 σ_μ。在一次性融资安排下，投资者在起始阶段一次性投入创业所需全部资金 K。基于有关 $\tilde{\mu}$ 的先验信息，该创业项目的投资价值为：

$$\begin{cases} V_u^0 = \max[E[v(E_{\tilde{\mu}}(R))], 0] \\ E[v(E_{\tilde{\mu}}(R))] = \mu - \frac{1}{2}\rho\sigma_\mu^2 \end{cases} \tag{6-13}$$

显然，只有在 $V_u^0 > 0$ 的情况下投资者才会为创业者提供资金支持，创业项目也才有启动的可能。

（三）分阶段融资

在分阶段融资安排下，创业项目所需资金由投资者分 3 期注入企业，分别为 $K_0 = K_1 = K_2 = K/3$。投资者根据期初先验信息作出第一轮投资决策。在参与首轮融资之后，随着创业项目的推进，市场会发现与收益率相关的信息，投资者可以根据这些信息作出后两轮投资决策。如果相关信息显示创业项目前景不利，投资者可以不参与后面的融资，以降低损失风险。由此可见，分阶段融资引入了市场的信息发现功能，一方面，降低了奈特不确定性的影响；另一方面，通过嵌入“退出”实物期权，优化了创业融资过程，使那些在一次性融资安排下不可能启动的项目有可能获得机会。下面按融资阶段时序进行逆向分析。

根据假设，在时刻 $t=3$，有关分布均值的不确定性被消除，创业项目的价值即为：

$$V_s^3 = v(E_{\mu^*}(R)) = v(\mu^*) = \mu^* \tag{6-14}$$

回到时刻 $t=2$，此时投资者观测到信号 m_2。鉴于此前已经参与过两轮融资，其所投入的资金 $2K/3$ 不能撤回，但最后一轮的资金 $K/3$ 还没投出，还有退出的机会。因此，对投资者而言，该创业项目的价值由两部分组成，即：

$$V_s^2 = \frac{2}{3}E[v(E_{\tilde{\mu}}(R)) \mid m_2] + \frac{1}{3}\max[E[v(E_{\tilde{\mu}}(R)) \mid m_2],0] \tag{6-15}$$

其中，

$$\begin{aligned} E[v(E_{\tilde{\mu}}(R)) \mid m_2] &= A - \frac{1}{2}\rho D\sigma_\varepsilon^2 \\ A &= (1-D)^2\mu + (D-D^2)m_1 + Dm_2 \end{aligned} \tag{6-16}$$

第一部分是已投出资金所获得的股权在此时的最新估值，该价值的高低与观察到的信号 m_2 有关，有可能小于 0。第二部分是当期决策的价值，不可能小于 0。由此可以看出，分阶段融资具有动态风险控制功能，如果信号 m_2 表明创业项目前景不妙，投资者至少可以减少 1/3 的损失。当然，如果创业前景符合预期，则继续投入最后的 $K/3$ 可以获得最大收益。这种信息发现、动态估值与风险控制机制能很好地适应充满高度不确定性的创业创新过程，其实施既可以大幅度降低投资者参与创业项目的顾虑，又以潜在的巨额回报提高了参与融资的吸引力，从而在事前提高其投资意愿。

现在考察时刻 $t=1$。此时，投资者观测到信号 m_1，对他而言，创业项目的价值由三部分组成，即：

$$\begin{aligned}V_s^1 &= \frac{1}{3}E[v(E_{\tilde{\mu}}(R))\mid m_1] + \frac{1}{3}\max[E[v(E_{\tilde{\mu}}(R))\mid m_1],0] \\ &\quad + \frac{1}{3}E\{\max[E[v(E_{\tilde{\mu}}(R))\mid m_2],0]\mid m_1\}\gamma_1\end{aligned} \tag{6-17}$$

第一部分是时刻 $t=0$ 投出的资金 $K/3$ 所获得的股权最新估值。第二部分是当期决策的价值，如果信号 m_1 表明前景不利，该部分价值就为 0。式中，

$$E[v(E_{\tilde{\mu}}(R))\mid m_1] = \mu + D(m_1-\mu) - \frac{1}{2}\rho D\sigma_\varepsilon^2 \tag{6-18}$$

第三部分是基于当期信号 m_1，投资者对于时刻 $t=2$ 将要作出的投资决策的期望价值。为了确定这部分价值，投资者不仅要基于 m_1 对 $\tilde{\mu}$ 进行推断，还需要对 m_2 进行推断。可以看出，$m_2\mid m_1$ 继续服从正态分布，其均值和方差分别为：

$$\begin{cases} E(m_2\mid m_1) = (1-D)\mu + Dm_1 \\ \mathrm{Var}(m_2\mid m_1) = \dfrac{\sigma_\varepsilon^4 + 2\sigma_\mu^2\sigma_\varepsilon^2}{\sigma_\varepsilon^2+\sigma_\mu^2} \end{cases} \tag{6-19}$$

需要注意的是，第三部分价值还依赖于时刻 1 的决策。如果当期投资者已经决定退出之后两轮融资，则第三期就没有机会重新参与了，其价值必然为 0。我们可用示性函数 γ_1 来刻画这一点，即：

$$\gamma_1 = \begin{cases} 1 & E[v(E_{\tilde{\mu}}(R))\mid m_1] > 0 \\ 0 & E[v(E_{\tilde{\mu}}(R))\mid m_1] \leqslant 0 \end{cases} \tag{6-20}$$

如果 $\gamma_1=1$，第三部分价值可根据下式计算：

$$E\{\max[E[v(E_{\tilde{\mu}}(R))\mid m_2],0]\mid m_1\} = \int_a^{\infty}\left(A - \frac{1}{2}\rho D\sigma_\varepsilon^2\right)\times f(m_2\mid m_1)\,\mathrm{d}m_2 \tag{6-21}$$

其中，$f(m_2\mid m_1)$ 是观察到 m_1 后 m_2 的条件概率，而：

$$a=\frac{\frac{1}{2}\rho D\sigma_{\varepsilon}^{2}-(1-D)^{2}\mu-(D-D^{2})m_{1}}{D} \tag{6-22}$$

来自以下关于 m_2 的方程的解：

$$A-\frac{1}{2}\rho D\sigma_{\varepsilon}^{2}=0 \tag{6-23}$$

经过展开计算，这部分价值可进一步写为：

$$[1-\Phi(\alpha)]\left[\mu+D(m_{1}-\mu)-\frac{1}{2}\rho D\sigma_{\varepsilon}^{2}+D\sqrt{\operatorname{Var}(m_{2}|m_{1})\lambda(\alpha)}\right] \tag{6-24}$$

式中，

$$\alpha=\frac{\alpha-\mu}{\sqrt{\operatorname{Var}(m_{2}|m_{1})}} \tag{6-25}$$

$$\lambda(\alpha)=\frac{\phi(\alpha)}{1-\Phi(\alpha)} \tag{6-26}$$

$\phi(\cdot)$ 和 $\Phi(\cdot)$ 是标准正态密度函数和累计分布函数。按照同样的思路，在时刻 $t=0$，基于有关 $\tilde{\mu}$ 的先验信息，创业项目的价值也包括三部分，即：

$$\begin{aligned}V_{s}^{0}=&\frac{1}{3}\max[E[v(E_{\tilde{\mu}}(R))],0]+\frac{1}{3}E\{\max[E[v(E_{\tilde{\mu}}(R))|m_{1}],0]\}\gamma_{0}\\&+\frac{1}{3}E\{E\{\max[E[v(E_{\tilde{\mu}}(R))|m_{2}],0]|m_{1}\}\}E(\gamma_{1})\gamma_{0}\end{aligned} \tag{6-27}$$

第一部分是当期决策的价值。第二部分是第二期决策的期望价值，投资者需要基于有关未来将会观测到的信号 m_1 的先验信息计算这一期望。第三部分是第三期决策的期望价值，投资者需要基于有关 m_1 的先验信息及其对更遥远的信号 m_2 的推断进行计算。在分阶段融资安排下，投资者可以在下一期利用新信息修正估值，而这有可能导致后续投资的终止。因此，在创业项目启动初期，投资者需要提前考虑好后面发生的各种可能性，包括有可能观测到的信号 m_1 和 m_2 对后续估值和投资决策的各种影响。此外，示性函数 γ_0 按如下定义：

$$\gamma_0=\begin{cases}1 & E[v(E_{\tilde{\mu}}(R))]>0\\0 & E[v(E_{\tilde{\mu}}(R))]\leqslant 0\end{cases} \tag{6-28}$$

在 $\gamma_0=1$ 的情况下，第二部分价值可以根据下式计算：

$$E\{\max[E[v(E_{\tilde{\mu}}(R))|m_1],0]\}=\int_b^{\infty}\left(\mu+D(m_1-\mu)-\frac{1}{2}\rho D\sigma_{\varepsilon}^2\right)\times f(m_1)\mathrm{d}m_1 \tag{6-29}$$

其中，

$$b=\frac{\frac{1}{2}\rho D\sigma_{\varepsilon}^2-(1-D)\mu}{D} \tag{6-30}$$

来自以下有关 m_1 方程的解：

$$\mu+D(m_1-\mu)-\frac{1}{2}\rho D\sigma_{\varepsilon}^2=0 \tag{6-31}$$

展开计算，第二部分价值等于下式：

$$[1-\Phi(\beta)]\left[\mu-\frac{1}{2}\rho D\sigma_{\varepsilon}^2+D\sqrt{\sigma_{\mu}^2+\sigma_{\varepsilon}^2}\lambda(\beta)\right] \tag{6-32}$$

式中，$\lambda(\cdot)$ 的含义同上，且

$$\beta=\frac{b-\mu}{\sqrt{\sigma_{\mu}^2+\sigma_{\varepsilon}^2}} \tag{6-33}$$

类似地：

$$\begin{aligned}&E\{E\{\max[E[v(E_{\tilde{\mu}}(R))|m_2],0]|m_1\}\}\\&=\int_{-\infty}^{\infty}\int_a^{\infty}\left(A-\frac{1}{2}\rho D\sigma_{\varepsilon}^2\right)\times f(m_2|m_1)f(m_1)\mathrm{d}m_2\mathrm{d}m_1\\&=[1-\Phi(\alpha)]\left[\mu-\frac{1}{2}\rho D\sigma_{\varepsilon}^2+D\sqrt{\mathrm{Var}(m_2|m_1)}\lambda(\alpha)\right]\end{aligned} \tag{6-34}$$

注意到 $E(\gamma_1)=1-\Phi(\beta)$，第三部分价值为：

$$[1-\Phi(\beta)][1-\Phi(\alpha)]\left[\mu-\frac{1}{2}\rho D\sigma_{\varepsilon}^2+D\sqrt{\mathrm{Var}(m_2|m_1)}\lambda(\alpha)\right] \tag{6-35}$$

（四）比较分析

现在可以对两种融资机制的优劣进行比较，这种比较有助于揭示出分阶段方式在创业融资领域的独特优势。以下继续按融资阶段进行逆向分析。

根据假设，创业阶段在时刻 $t=3$ 结束，有关收益分布均值 $\tilde{\mu}$ 的不确定性完全消除。如果分阶段融资安排下的投资活动能持续到最后一轮，则创业项目的价值与一次性融资相同，即：

$$V_s^3 = v(\mu^*) = \mu^* = V_u^3 \tag{6-36}$$

回到时刻 $t=2$，此时观测到信号 m_2。对处于这一阶段的投资者而言，分阶段融资将优于一次性融资，因为前者赋予投资者在最后一轮退出投入最后 $K/3$ 资金的机会，投资者的风险头寸降低了 1/3。为了明确地表明这一点，可将一次性融资的最新价值分为三部分，即：

$$V_u^2 = \frac{1}{3}[V_u^2(1) + V_u^2(2) + V_u^2(3)] \tag{6-37}$$

$$V_u^2(1) = V_u^2(2) = V_u^2(3) = E[v(E_{\tilde{\mu}}(R)) \mid m_2] \tag{6-38}$$

同样地，分阶段融资的价值也分为三部分，即：

$$V_s^2 = \frac{1}{3}[V_s^2(1) + V_s^2(2) + V_s^2(3)] \tag{6-39}$$

$$V_s^2(1) = V_s^2(2) = E[v(E_{\tilde{\mu}}(R)) \mid m_2] = V_u^2(1) = V_u^2(2) \tag{6-40}$$

$$V_s^2(3) = \max\{E[v(E_{\tilde{\mu}}(R)) \mid m_2], 0\} \geqslant V_u^2(3) \tag{6-41}$$

因此显然有：

$$V_s^2 \geqslant V_u^2 \tag{6-42}$$

回到时刻 $t=1$，此时观测到信号 m_1，一次性融资的最新估值为：

$$\begin{cases} V_u^1 = \frac{1}{3}[V_u^1(1) + V_u^1(2) + V_u^1(3)] \\ V_u^1(1) = V_u^1(2) = V_u^1(3) = E[v(E_{\tilde{\mu}}(R)) \mid m_1] = \left[\mu + D(m_1 - \mu) - \frac{1}{2}\rho D\sigma_\varepsilon^2\right] \end{cases} \tag{6-43}$$

分阶段融资的价值为：

$$V_s^1 = \frac{1}{3}[V_s^1(1) + V_s^1(2) + V_s^1(3)] \tag{6-44}$$

$$V_s^1(1) = E[v(E_{\tilde{\mu}}(R)) \mid m_1] = V_u^1(1) \tag{6-45}$$

$$V_s^1(2) = \max[E[v(E_{\tilde{\mu}}(R)) \mid m_1], 0] \tag{6-46}$$

$$\begin{aligned} V_s^1(3) &= E\{\max[E[v(E_{\tilde{\mu}}(R)) \mid m_2], 0] \mid m_1\}\gamma_1 \\ &= [1 - \Phi(\alpha)]\left[\mu + D(m_1 - \mu) - \frac{1}{2}\rho D\sigma_\varepsilon^2 + D\sqrt{\mathrm{Var}(m_2 \mid m_1)}\,\lambda(\alpha)\right]\gamma_1 \end{aligned} \tag{6-47}$$

两者之间的比较结果由以下命题给出。

命题1：在时刻 $t=1$，$V_s^1 > V_u^1$，分阶段融资优于一次性融资。并且当观测到的信号 m_1 满足下式时：

$$m_1 < \frac{D\mu - \mu + \frac{1}{2}\rho D\sigma_\varepsilon^2}{D} \tag{6-48}$$

价值差额为：

$$\Delta^1 = V_s^1 - V_u^1 = \frac{2}{3}\left[\frac{1}{2}\rho D\sigma_\varepsilon^2 - (1-D)\mu - Dm_1\right] \tag{6-49}$$

当 m_1 满足下式时：

$$m_1 \geqslant \frac{D\mu - \mu + \frac{1}{2}\rho D\sigma_\varepsilon^2}{D} \tag{6-50}$$

价值差额为：

$$\Delta^1 = V_s^1 - V_u^1 = \frac{1}{3}\left\{[1-\Phi(\alpha)]D\sqrt{\mathrm{Var}(m_2 \mid m_1)}\,\lambda(\alpha) - \Phi(\alpha)\left[\mu + D(m_1 - \mu) - \frac{1}{2}\rho D\sigma_\varepsilon^2\right]\right\} \tag{6-51}$$

证明：根据观测到的信号 m_1 分两种情形讨论

（1）第1种情形

$$m_1 < \frac{D\mu - \mu + \frac{1}{2}\rho D\sigma_\varepsilon^2}{D} \tag{6-48}$$

此时 $\gamma_1=0$，容易得到：

$$V_u^1(2)=V_u^1(3)=\mu+Dm_1-D\mu-\frac{1}{2}\rho D\sigma_\varepsilon^2<V_s^1(2)=V_s^1(3)\gamma_1=0 \quad (6-52)$$

代入相关各式，可计算出两种融资模式的价值差额为：

$$\Delta^1=V_s^1-V_u^1=\frac{2}{3}\left[\frac{1}{2}\rho D\sigma_\varepsilon^2-(1-D)\mu-Dm_1\right]>0 \quad (6-53)$$

因此，$V_s^1>V_u^1$，分阶段融资优于一次性融资。

（2）第2种情形

$$m_1\geqslant\frac{D\mu-\mu+\frac{1}{2}\rho D\sigma_\varepsilon^2}{D} \quad (6-50)$$

此时 $\gamma_1=1$，且 $V_u^1(1)=V_u^1(2)=V_s^1(1)=V_s^1(2)$，又因为：

$$V_u^1(3)=\mu+D(m_1-\mu)-\frac{1}{2}\rho D\sigma_\varepsilon^2=\int_{-\infty}^{\infty}\left(A-\frac{1}{2}\rho D\sigma_\varepsilon^2\right)\times f(m_2|m_1)\,\mathrm{d}m_2$$
$$<\int_a^{\infty}\left(A-\frac{1}{2}\rho D\sigma_\varepsilon^2\right)\times f(m_2|m_1)\,\mathrm{d}m_2=V_s^1(3) \quad (6-54)$$

所以，$V_s^1>V_u^1$，分阶段融资优于一次性融资。可以算出两种融资机制的价值差额正如命题陈述中给出的一样。

综合来看，分阶段融资在两种可能情形下都优于一次性融资，命题得证。

基于该命题，可以进一步分析不确定性规避程度 ρ、不确定性程度 σ_μ 以及信号质量 σ_ε 的效应。容易算出，无论观测到什么信号 m_1，$\frac{\partial\Delta^1(\rho)}{\partial\rho}$均大于0，这意味着，投资者越不愿意承担不确定性，采用分阶段融资的优势越明显。相对来说，银行等传统金融机构更不愿意承担不确定性，根据此处结论，其更应该利用分阶段融资机制组织交易。但在现实中，监管要求、经营理念、专业能力等方面的限制使其难以有效实施分阶段融资契约，对创业型企业提供融资支持很可能得不偿失。私募股权、风险投资、天使投资等新型金融中介凭借其宽松的监管条件、灵活的经营策略、在创业创新领域的专业能力和关系网络，可以充分发挥分阶段融资的优势，一定程度上解决了创业型企业的融资难题。

对于 σ_μ，我们很难直接讨论其边际效应，但可以讨论极限性质。可以算出，

$\lim_{\sigma_\mu \to 0} \Delta^1 = 0$，这意味着，如果奈特不确定性消失了，分阶段融资并不比一次性融资更具优势。这是风险投资集中于高收益性、高不确定性和高创新性企业的根本原因（Berger & Udell，2002；Ueda，2004）。①

对于 σ_ε，$\sigma_\varepsilon \to 0$ 意味着信息的出现可以完全消除不确定性。进一步，当观测到的信号满足式（6-48）时，$\lim_{\sigma_\varepsilon \to 0} \Delta^1 > 0$。这意味着，在不利信号出现时，分阶段融资机制内嵌的实物期权具有风险控制的功能，投资者可在观察到信息后立即确认实际的分布均值 μ^*，进而决定退出后续融资，防止损失进一步扩大。当观测到的信号满足式（6-50）时，$\lim_{\sigma_\varepsilon \to 0} \Delta^1 = 0$，这表明，有利信号出现时，继续参与后续融资是最优的，最终收益与一次性融资完全相同。因此，在信号质量极佳的情况下，分阶段融资的优势主要来自其期权具有的保险功能。

回到时刻 $t=0$，在一次性融资安排下，该创业投资机会的价值为：

$$V_u^0 = \frac{1}{3}[V_u^0(1) + V_u^0(2) + V_u^0(3)] \tag{6-55}$$

$$V_u^0(1) = V_u^0(2) = V_u^0(3) = \max[E[v(E_{\tilde{\mu}}(R))],0] = \max\left[\mu - \frac{1}{2}\rho\sigma_\mu^2, 0\right] \tag{6-56}$$

在分阶段融资安排下，价值为：

$$V_s^0 = \frac{1}{3}[V_s^0(1) + V_s^0(2) + V_s^0(3)] \tag{6-57}$$

$$V_s^0(1) = \max[E[v(E_{\tilde{\mu}}(R))],0] = V_u^0(1) \tag{6-58}$$

$$\begin{aligned} V_s^0(2) &= E\{\max[E[v(E_{\tilde{\mu}}(R)) \mid m_1],0]\}\gamma_0 \\ &= [1-\Phi(\beta)]\left[\mu - \frac{1}{2}\rho D\sigma_\varepsilon^2 + D\sqrt{\sigma_\mu^2 + \sigma_\varepsilon^2}\lambda(\beta)\right]\gamma_0 \end{aligned} \tag{6-59}$$

$$\begin{aligned} V_s^0(3) &= E\{E\{\max[E[v(E_{\tilde{\mu}}(R)) \mid m_2],0] \mid m_1\}\gamma_1\}\gamma_0 \\ &= [1-\Phi(\beta)][1-\Phi(\alpha)]\left[\mu - \frac{1}{2}\rho D\sigma_\varepsilon^2 + D\sqrt{\mathrm{Var}(m_2 \mid m_1)}\lambda(\alpha)\right] \end{aligned} \tag{6-60}$$

---

① 自从风险投资这种创新型融资方式出现以来，其资本大多投向不确定性程度较高的高科技企业，如早期的DEC，个人电脑时代的苹果、戴尔，互联网时期的雅虎、谷歌、亚马逊，以及最近的人工智能、生物科技、新能源企业等。在不确定性程度较低的传统行业，风险投资并没有太大的优势。

相关结果见以下命题。

命题2：在时刻 $t=0$，如果 $\mu-\frac{1}{2}\rho\sigma_{\mu}^{2}>0$，则投资者会参与创业融资，且分阶段融资的价值高于一次性融资，即 $V_{s}^{0}>V_{u}^{0}$，两者之间的价值差额为：

$$\Delta^{0}=V_{s}^{0}-V_{u}^{0}$$
$$=\frac{1}{3}\left\{\begin{array}{l}\rho(\sigma_{\mu}^{2}-D\sigma_{\varepsilon}^{2})+D\sqrt{\sigma_{\mu}^{2}+\sigma_{\varepsilon}^{2}}\lambda(\beta)+D\sqrt{\operatorname{Var}(m_{2}|m_{1})}\lambda(\alpha)\\-\Phi(\beta)\left[\mu-\frac{1}{2}\rho D\sigma_{\varepsilon}^{2}+D\sqrt{\sigma_{\mu}^{2}+\sigma_{\mu}^{2}}\lambda(\beta)\right]\\-[\Phi(\alpha)+\Phi(\beta)-\Phi(\alpha)\Phi(\beta)]\left[\mu-\frac{1}{2}\rho D\sigma_{\varepsilon}^{2}+D\sqrt{\operatorname{Var}(m_{2}|m_{1})}\lambda(\alpha)\right]\end{array}\right\}\tag{6-61}$$

证明：当 $\mu-\frac{1}{2}\rho\sigma_{\mu}^{2}>0$ 时，$\gamma_{0}=1$，则有：

$$\begin{aligned}V_{u}^{0}(1)=V_{u}^{0}(2)=V_{u}^{0}(3)=V_{s}^{0}(1)&=\mu-\frac{1}{2}\rho\sigma_{\mu}^{2}\\&<\int_{-\infty}^{\infty}\left(\mu+D(m_{1}-\mu)-\frac{1}{2}\rho D\sigma_{\varepsilon}^{2}\right)\times f(m_{1})\mathrm{d}m_{1}\\&<\int_{b}^{\infty}\left(\mu+D(m_{1}-\mu)-\frac{1}{2}\rho D\sigma_{\varepsilon}^{2}\right)\times f(m_{1})\mathrm{d}m_{1}\\&=[1-\Phi(\beta)]\left[\mu-\frac{1}{2}\rho D\sigma_{\varepsilon}^{2}+D\sqrt{\sigma_{\mu}^{2}+\sigma_{\varepsilon}^{2}}\lambda(\beta)\right]=V_{s}^{0}(2)\end{aligned}\tag{6-62}$$

容易算出，

$$V_{s}^{0}(2)-V_{u}^{0}(2)$$
$$=\frac{1}{2}\rho(\sigma_{\mu}^{2}-D\sigma_{\varepsilon}^{2})+D\sqrt{\sigma_{\mu}^{2}+\sigma_{\varepsilon}^{2}}\lambda(\beta)-\Phi(\beta)\left[\mu-\frac{1}{2}\rho D\sigma_{\varepsilon}^{2}+D\sqrt{\sigma_{\mu}^{2}+\sigma_{\varepsilon}^{2}}\lambda(\beta)\right]\tag{6-63}$$

此外，

$$\begin{aligned}V_{u}^{0}(3)=\mu-\frac{1}{2}\rho\sigma_{\mu}^{2}&<\int_{-\infty}^{\infty}\int_{-\infty}^{\infty}\left(A-\frac{1}{2}\rho D\sigma_{\varepsilon}^{2}\right)\gamma_{1}\times f(m_{2}|m_{1})f(m_{1})\mathrm{d}m_{2}\mathrm{d}m_{1}\\&<\int_{-\infty}^{\infty}\int_{a}^{\infty}\left(A-\frac{1}{2}\rho D\sigma_{\varepsilon}^{2}\right)\gamma_{1}\times f(m_{2}|m_{1})f(m_{1})\mathrm{d}m_{2}\mathrm{d}m_{1}=V_{s}^{0}(3)\end{aligned}\tag{6-64}$$

$$
\begin{aligned}
& V_s^0(3) - V_u^0(3) \\
& = \frac{1}{2}\rho(\sigma_\mu^2 - D\sigma_\varepsilon^2) + D\sqrt{\text{Var}(m_2 \mid m_1)}\lambda(\alpha) \\
& \quad - [\Phi(\alpha) + \Phi(\beta) - \Phi(\alpha)\Phi(\beta)]\left[\mu - \frac{1}{2}\rho D\sigma_\varepsilon^2 + D\sqrt{\text{Var}(m_2 \mid m_1)}\lambda(\alpha)\right]
\end{aligned} \tag{6-65}
$$

代入相关各式，价值差额 Δ^0 容易得到，证明结束。

根据命题 2 有 $\frac{\partial \Delta^0}{\partial \rho} > 0$，这表明，在期初，投资者不确定性规避程度越高，分阶段融资机制的优势越明显。对于 σ_μ，当 $\sigma_\mu \to 0$ 时，不确定性消失，且 $\lim\limits_{\sigma_\mu \to 0} \Delta^0 = 0$。这意味着，对于不确定性程度较低的创业项目而言，分阶段融资并不会带来更多的好处。可以推论，成熟型企业的不确定性程度较低，一次性融资安排不会有太多的价值损失，传统金融机构能够充分满足其融资需求。反之，创新型企业的不确定性程度较高，擅长实施分阶段融资契约的风险投资机构更具优势。因此，奈特不确定性及其投资者规避心理的存在是风险投资在创投领域更为活跃的根本原因。

对于信号质量，$\sigma_\varepsilon = 0$ 意味着信息出现可以完全消除不确定性。从命题 2 的证明过程容易看出，$\lim\limits_{\sigma_\mu \to 0} \Delta^0 > 0$，因为 $\sigma_\varepsilon = 0$ 并不违背命题成立的条件。在信号质量较高的情况下，分阶段融资的优势来自其内嵌的实物期权价值。随着创业的推进，投资者可以适时掌握相关信息。一旦在某一阶段确认企业前景不佳，他可以及时退出后续融资，以降低其风险头寸，减小投资损失。因此，在不确定性较高的环境中，如果信息质量足够好，分阶段融资机制可为投资者提供一定程度的收益下跌保护，而这可在事前降低其参与融资的顾虑。相较而言，一次性融资在创业伊始就让投资者处于较大的风险暴露，这会让不确定性规避的投资者望而却步，放弃投资。

第五节 小结与建议

奈特不确定性下，拥有创新才能的企业家可以充分发挥其禀赋，利用创业实现个人梦想，创造社会价值，但不确定性的存在却阻碍了企业家对外部资源尤其是金融资源的整合。本章从创新创业活动的本质出发，论证了分阶段融资机制在化解创业型企业融资难题方面的独特优势。

分析表明，在充满高度不确定性的创业初期，静态的一次性融资安排让投资者面临过高的风险暴露。投资者不仅没有动力在创业推进阶段收集相关信息以降低不确定性程度，而且即使在中途发现创业前景不佳，也不能撤回已投入的资金，只能消极地等待着创业期的结束，计算最终损益。相对而言，分阶段融资在创业初期大幅度降低了投资者的风险头寸。投资者有激励在创业持续期主动收集相关信息以降低不确定性，据此不断修正估值以优化后续投资决策。更重要的是，分阶段融资赋予投资者退出后续融资的权利，这种不确定性下的实物期权对可能的收益下跌提供了一定保护，直接在事前提高了创业项目的价值，让创业型企业融资具有了足够吸引力。

本章观点可为传统金融机构与风险投资在创业融资领域的相对优劣提供一种直观的理论解释。前者虽然还是企业融资的主要来源，但就创业型企业而言，更有效的却是风险投资，原因正在于后者更擅长实施分阶段融资机制。对创业前景充满着高度不确定性的创新性企业而言，一次性融资会导致其价值降低，进而失去对传统金融机构的吸引力。分阶段融资通过适应性的信息发现、动态估值和风险控制机制，不但降低了创业投资的总风险，还直接在事前提高了创业型企业的价值，风险投资介入有利可图。显然，关系融资、民间借贷、政府创业引导基金等其他可行的创业融资渠道可以获得启示，借鉴分阶段融资行之有效的做法和措施来改进创业融资过程，提高金融市场服务创业创新的效率。

第七章

创业融资过程中的动态治理机制

创业型企业的治理机制与成熟企业存在明显差异，投资者在公司运作中发挥着更为积极的作用。为了兼顾企业家激励、投资者激励、风险控制等多重目标，创投行业发展出可转换证券、回购条款、相机控制权、投后监督等特殊的契约机制实施治理。本章试图从博弈均衡的角度对此给出理论解释。从创新创业活动的特殊本质出发，我们构造了 3 个不同信息条件下的扩展式博弈模型，以刻画不确定性下创业型企业分阶段融资机制中蕴含的动态治理机制。分析表明，有关企业家才能和创新机会的先验信念决定了投资者与企业家之间的均衡治理机制，即企业家治理、对抗式治理、合作式治理、顾问式治理。随着融资轮次的增加，新信息的补充会改变相应的后验信念，一定条件下导致治理机制的动态调整。这些发现意味着创业融资过程不存在最优的静态治理机制，各利益相关者需要对治理机制的变动保持开放性和灵活性，以确保合作剩余的最大化。

第一节 引 言

不同于成熟企业，创业型企业融资过程中投资者通常会积极介入企业的运作（Rin et al. , 2011）。这种特殊治理机制一方面有利于创投机构充分发挥自身优势，提高创业成功概率，提升企业价值（Inderst & Müller, 2009）；另一方面也有利于创业企业动态适应各种不可预知的不确定性，降低有关各方参与创业活动的风险（Gompers & Lerner, 2006；Bottazzi et al. , 2008）。对于投资者在融资过程中扮演如此积极的角色，现有文献从多个角度给出了经验证据和理论分析（例如 Cumming & Johan，2007；Casamatta，2003；Chemmanur et al.，2011；Schmidt，2003 等），但对于创业者与投资者之间为什么会形成这种默契，以及据此形成的合作模式差异性，却还没有给出足够的经济学解释。

任何有效的治理机制其根本目的都在于最大化有关各方分享到的合作剩余。创业型企业的核心价值来源于企业家才能和创新机会（吉云和姚洪心，2011），而投资者也可以利用其特殊资源和能力协助创业者取得成功（木志荣和李盈陆，2012；Hellmann & Puri，2002）。但是，不确定性和信息不对称的存在会导致投资者在融资合约关系中处于不利的地位（Hellmann，1998；Neher，1999）。因此创业企业治理机制需要兼顾多重目标，例如，企业家激励、投资者激励、不完全契约治理、对不确定性环境的动态适应等。

基于创新创业活动的特殊本质，围绕创业融资机制需要解决的关键问题，本章提出并研究了动态治理机制的运作原理。为了纳入不确定性的影响，并考虑融资机制的动态适应性，我们在不同信息条件下构建了 3 个不同的扩展式博弈模型，以描述创业型企业的分阶段融资过程。利用序贯均衡的概念，可以证明现实中观察到的多种治理安排可以作为企业家与投资者之间的动态博弈均衡出现，据此可对控制权转移、可转换证券、回购条款、相机控制权、强制接管与清算、投后监督等创业融资过程中出现的特殊安排给出合理解释。

第二节　文献综述

基于契约理论及其分析框架，现有文献从多个角度对创业型企业的融资契约和治理机制进行理论和经验研究。一个重要主题是融资契约中存在可转换条款的原因和后果。可转换条款常以多种形式出现在创业融资过程之中，如可转换优先股、可转换债券、回购条款等（Rin et al.，2011；Kaplan & Strömberg，2004），在创业型企业治理中发挥着重要而独特的功能。基于双边道德风险假设，斯密特（2003）从理论上考察了可转换优先股（CPE）对于企业家和投资者的双重激励效应。分析表明，如果投资者拥有的优先股不存在转换条款，则其向创业企业提供增值服务的激励会大幅下降。按照同样的逻辑，瑞普洛和苏亚雷斯（Repullo & Suarez，2004）在分阶段融资框架下，研究融资过程中出现不可验证信息对于融资契约的影响。他们发现，为了最小化初始契约对双边激励的扭曲，双方应该签署一个可再谈判的动态契约，以确保投资者能灵活适应新信息出现对后续再融资决策的影响。创业融资实践中常见的可转换证券正包含了此类条款。类似地，基里连科（Kirilenko，2001）、辛德勒（Schindele，2006）、德斯（Dessí，2005）以及卡萨马塔（Casamatta，2003）等也利用信息不对称框架对可转换条款解决激励问题的原理进行了理论分析。

经验研究表明，除了缓解双边道德风险的不利影响，可转换条款还有助于投资者更好地提供资金供给之外的服务，提升企业价值（Rin et al.，2011）。利用一个独特的创业融资样本，苏（Hsu，2004）实证考察了高声誉度风险投资机构对创业型企业的价值提升作用。结果发现，由高声誉度风险投资机构提出的融资提议被对方接受的可能性 3 倍于其他机构。与此同时，高声誉度机构还可以获得 10% ~14% 的估值折扣。这意味着，风险投资所提供的资金之外的价值会被创业者看重，而这恰是传统金融机构如银行、保险等所不能提供的，例如加入董事会、辅导创业者、帮助获得后续融资、招聘管理团队以及协助战略分析等（Sahlman，1990；Gorman & Sahlman，1989）。赫尔曼和普利（Hellmann & Puri，2002）利用硅谷创业公司数据进行实证研究，发现风险投资支持的公司在招聘过程方面更专业、更有可能使用期权激励、更快招聘营销副总裁提升业绩。此外，博塔兹等（Bottazzi et al.，2008）利用欧洲风险投资交易的调查数据研究风险投资价值增加活动，结果发现，如果风险投资公司合伙人在先前拥有作为企业家、经理人或咨询师的商业经验，则其更有可能成为较为积极的投资者，而合伙人的职业背景会影响其介入所投企业实际运作的程度。这项研究还发现，在控制了其他可能的影响变量之后，风险投资的积极介入有助于提高成功退出的概率。

控制权的合理配置可以确保各方有足够动力和能力参与公司治理，创业型企业在这方面具有鲜明的特征。与标准的公司金融文献预测不同，有关创业融资的经验研究表明，基于不同的条款约定，创业型企业的控制权配置常常独立于现金流权（Cestone，2014），融资契约会对同样的股权规定不同的投票权、董事席位以及清算权。通常情况下，投资者会拥有比其所持有股权更多的控制权，其中甚至包括解雇企业家的权利。赫尔曼（Hellmann，1998）对此给出了一种解释，即投资者力图得到较多控制权的关键在于其可以保护他不会被企业家敲诈，而企业家愿意让出部分控制权的主要原因则在于其面临资金约束。进一步，德贝提列斯（de Bettignies，2008）发现，创业型企业存在三种可能的控制权配置，即企业家控制、投资者控制和联合控制，显然，不同的控制权配置会带来不同的公司治理效应。

相机控制权也是创业融资契约的常用条款，其关键特征在于，为了匹配创业融资的动态过程，控制权配置会基于各阶段新出现的信息进行动态调整。利用不完全契约框架，博格罗夫（Berglöf，1994）考察了企业家与外部投资者之间配置收益权和控制权的过程和机制，他发现，有效的契约机制应在坏状态出现时将控制权赋予投资者，在好状态出现时赋予企业家。钱等（Chan et al.，1990）利用两期代理模型研究类似问题，结果同样表明，第二阶段控制权应基于创业推进过程中出现的新信息。融资契约应明确规定这样的条款，即一旦企业家在第一阶段表现糟糕，控制权应转移给投资者。格伯哈德和斯密特（Gebhardt & Schmidt，2006）扩展了赫尔曼（1998）的分析，认为是否替换创始人应依赖于中间阶段自然的状态。该研究表明，存在企业家私人享有的控制权收益会导致创业者与投资者之间的利益冲突，利用可转换证券和相机控制权条款，即使不替换 CEO，也能很好地解决这一难题。赛思通（Cestone，2014）的模型预测，在创业融资领域，更高的收益要求权往往伴随着更少的控制权，相机治理条款会在某些事件发生时被触发，进而导致控制权转移，优先股自动转换为普通股。

沿着这些文献的分析逻辑，本章进一步讨论这样的问题，即基于融资契约，创业型企业的治理机制与成熟企业有何不同，创投行业中观察到的不同公司治理模式由什么支撑，企业家与投资者之间存在哪些可能的互动和均衡。更关键的是，我们需要尽可能地考虑创业型企业的特殊本质，并基于与创业创新相关的独特要素进行分析，例如动态不确定性环境、企业家才能、创新机会、投资风险等。通过不同信息条件下的 3 个扩展式博弈分析，我们直接论证了几种可能的创业型企业治理模式，并讨论其动态调整的可能性。有关结论可对创投行业的一些典型事实给出理论解释，这对现有文献是一个重要的补充。同时，对于创业型企业改善公司治理的实践也具有一定参考价值。

第三节 不确定性环境下的动态治理机制

创业活动始自企业家的创意，创新机会、企业家才能以及两者之间的匹配程度则直接决定了创业企业的价值高低（吉云和姚洪心，2011）。[①] 任何有效的创业型企业治理机制都需要对企业家形成足够激励，这是其他利益相关者能够最大化其合作剩余的前提。基于此，创业融资过程中的治理机制需要尽可能满足以下五个条件。

第一，激励创业者充分发挥企业家精神，为企业创造价值。创新是创业成功的关键，而企业家是创新活动的发起者和主导者（熊彼特，2000；Shane & Venkataraman，2000；Audretsch，2007；Ahlin et al.，2014）。没有企业家的创新努力，合作剩余便成了“无源之水”，创业者与投资者之间就失去了合作的基础。因此，尽可能最大化企业家的创新激励对有关各方都是有利的。

第二，降低投资者的损失风险，包括技术风险、市场风险、套牢风险、退出风险等。不同于成熟企业，创业型企业大多没有资产以供抵押，也没有足够可验证的经营记录据以评估公司业绩和信用状况，资金投入者面临着极大损失风险。为了尽可能消除其投资顾虑，提高参与创业投资的吸引力，融资契约需要引入风险控制机制。

第三，激励创投机构在必要时积极介入企业运作，利用自身资源和能力优势帮助创业者取得成功。大量经验研究表明，风险投资、天使投资等在提供资金之外，还给创业企业带来额外的贡献（Chemmanur et al.，2011；Rin et al.，2011），例如协助制定发展战略（Cumming & Johan，2007）、为创业企业的上下游联系提供声誉担保（Krishnan et al.，2011）、提供专业化管理意见（Hellmann & Puri，2002）、发展不利时进行监督甚至实施接管（Cumming & Johan，2007）等。风险投资机构在创业融资市场的成功很大程度上归功于此（Gompers & Lerner，2006）。

第四，动态适应不确定性环境，充分发挥市场发现信息的功能。不确定性是创新创业面临的主要挑战（Knight，1921；O' Connor & Mark，2013），也是创业融资活动的主要障碍，为了降低其不利影响，需要利用分阶段融资具有的信息发现、适应性调整以及相机控制权等机制进行应对（Tian，2011），尽可能发

① 例如，2000年前后是互联网行业创新机会大量涌现的时代，无数创业企业诞生。但经过多年的市场竞争和淘汰，最终能存活下来并成为行业巨头的必然是企业家才能卓绝，且能够与互联网技术高度匹配的企业，如谷歌、脸书、亚马逊、阿里巴巴、腾讯等。赶上互联网浪潮，但最终未获成功的创业项目不计其数，其根本原因要么是企业家才能不足，要么是其与互联网创新机会不相匹配。创新发展史上，企业家才能较高，但因过于超前或落后于时代而失败的案例也不胜枚举，比如摩托罗拉的铱星项目、微软的平板电脑项目等。

挥市场的信息发现功能，优化交易过程。

第五，治理机制在事前是创业者与投资者的博弈均衡策略，在事后能被自我实施。治理机制由融资契约提供保障，相关条款被签订和执行有赖于双方最大化决策。如果在博弈结构的可选策略中未被选择，或者在事后无法被实施，任何看上去很完美的治理机制都不能真正发挥规制作用。因此，真正有效的机制一定是纳什均衡。

基于此，本章根据创业融资过程的不同阶段，在不同信息条件下构造 3 个不同但相关的扩展式博弈模型，利用序贯均衡的概念刻画不同的治理机制。分析表明，治理机制的选择和实施依赖于有关企业家才能、创新机会的不完全信息结构。在分阶段融资过程中，博弈均衡的动态变化对应着治理机制的动态调整。一定条件下，企业家式、对抗式、顾问式和合作式四种典型的创业融资治理机制，以及它们之间的混合形式——相机治理——都会以序贯均衡的结果出现。

具体地，我们假设创业者与投资者之间的合作剩余由企业家才能（T）、创新机会（I）、创业者控制导向（E）、投资者参与策略（K）决定。① 为了纳入不确定性及信息增进的影响，假设在第一轮融资博弈中，创业者与投资者均对前者的企业家才能高低，以及创新机会好坏具有不完全信息，且投资者不能观察到创业者的控制导向。随着创业活动推进到第二阶段，不确定性程度有所降低，该轮融资博弈中有关企业家才能、创新机会的先验信息会被新的可观察、可验证信号更新。此外，前一阶段投资者与创业者之间的互动也能揭示出后者的控制导向信息。进一步，第三轮融资进入了完全信息博弈，有关各方在创业期结束前决定最终的治理结构。图 7－1 给出创业型企业的三轮融资过程，图 7－2 中的博弈树给出了每轮融资博弈的基本结构，下一节具体分析各轮博弈的序贯均衡。

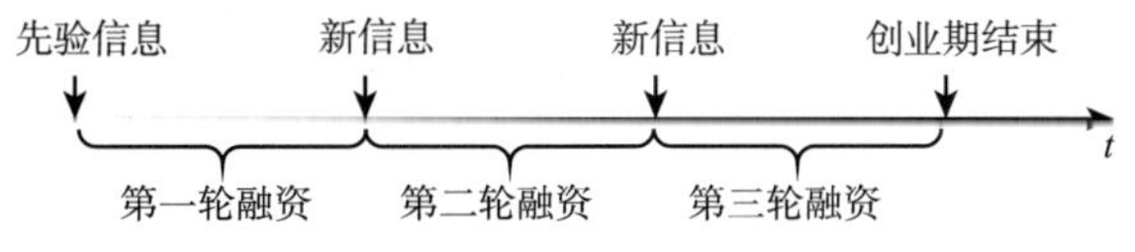

图 7－1　创业型企业的三轮融资过程

资料来源：笔者根据模型分析归纳整理而得。

① 该剩余被定义为创业期结束后有关各方最终获得的总收益，以博弈树中的支付向量刻画。在创业期结束前的不同阶段，各参与者均基于该阶段的信息结构计算期望支付，并选择最优策略。

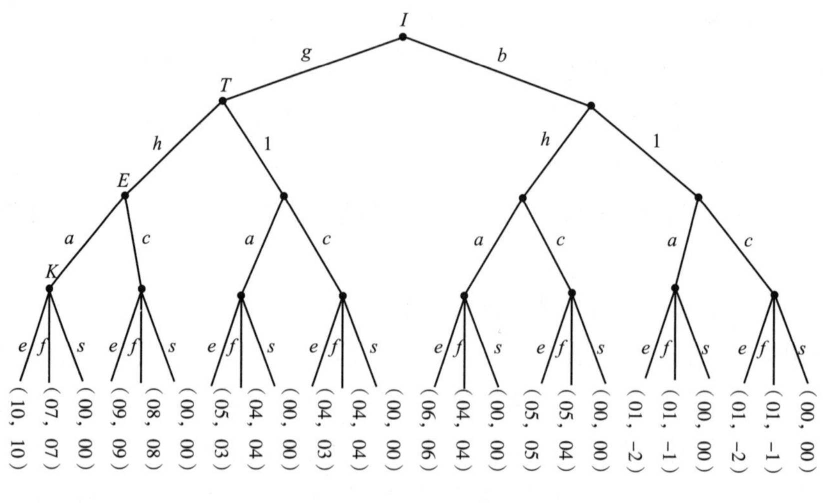

图 7-2　基本模型

资料来源：笔者根据模型分析归纳整理而得。

第四节　序贯均衡与治理机制

（一）第一轮融资博弈

假设在创业启动伊始，不确定性的存在致使企业家和投资者均不知晓创新机会的好坏和企业家才能的高低①，因此这一轮融资实际上是不完全信息博弈（见图 7-3）。为了简化分析，我们假设创新机会只有两种可能性，即 $I \in \{g, b\}$，其中，g 表示机会好，b 表示机会不好。类似地，假设企业家才能也只有两种可能性，即 $E \in \{h, l\}$，h 表示企业家才能高，l 表示企业家才能低。进一步，假设企业家与投资者对于 I 和 T 的不确定性具有以下一致的先验信念：

$$P(I=g)=p, P(I=b)=1-p \tag{7-1}$$

$$P(T=h)=q, P(T=l)=1-q \tag{7-2}$$

① 此处假设创业者也不知道自身企业家才能高低并非不符合现实，事实上，大多数企业家在创业之初并不完全了解自己是否适合创业、是否有能力创业，更多的是生存所逼，或凭借其兴趣和热情踏上创业之路。随着创业活动不断推进，企业家才能逐步了解其能力高低。

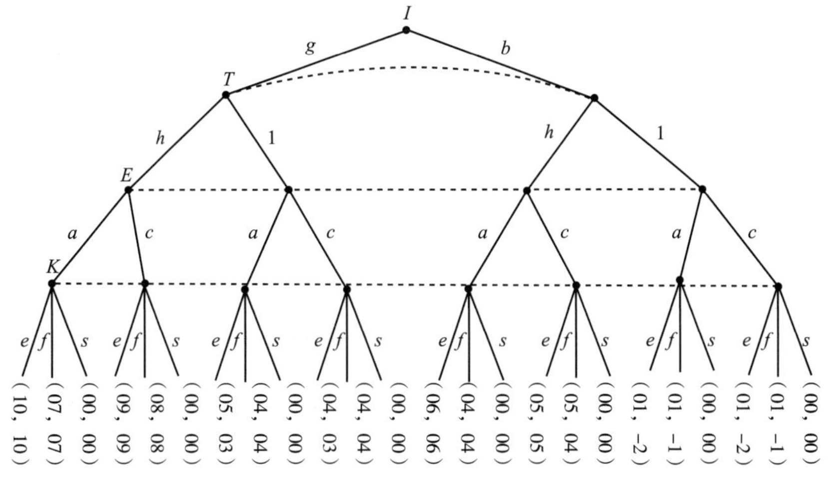

图 7－3　第一轮融资博弈

资料来源：笔者根据模型分析归纳整理而得。

设定企业家行为策略空间为 $\{a,c\}$，其中，a 表示高控制导向，c 表示低控制导向。具体地，当企业家选择 a 时，意味着他会尽力获得控制权，主导企业战略与日常经营决策；当企业家选择 c 时，意味着他不会试图获得绝对控制权，愿意接受其他人参与公司决策与运作。假设此阶段的投资者无法观察企业家的策略选择。[①] 与此相对应，投资者行为策略空间为 $\{e,f,s\}$，e 表示投资者不积极参与公司运作，充分信任企业家，以激励其尽力发挥企业家精神；f 表示投资者积极参与公司运作，深度介入公司战略决策和实施过程，防止企业家滥用控制权；s 表示放弃投资，终止合作。

为了讨论序贯均衡与治理机制的关系，我们用图 7－4 给出与不同的行为策略组合相对应的治理机制。正如图 7－4 所示，当企业家选择 a，投资者选择 e 时，创业型企业处于企业家治理状态，企业家主导企业发展，投资者低度参与公司运作；当企业家选择 a，投资者选择 f 时，公司处于对抗式治理，企业家试图主导企业运营，但投资者也试图争夺公司控制权，积极介入公司运作，此种状态对公司是不利的；当企业家选择 c，投资者选择 f 时，公司处于合作式治理，企业家愿意让出部分控制权，乐于接受投资者深度介入公司，投资者也希望积

① 这是容易理解的，由于创业融资处于初始阶段，双方对彼此的了解有限，投资者很难知晓创业者的控制偏好。

极参与公司运作①；当企业家选择 c，投资者选择 e 时，公司处于顾问式治理，企业家希望投资者积极参与公司经营，但投资者只希望低度介入，现实表现为提供意见和建议、帮助整合外部资源、协助执行战略等。

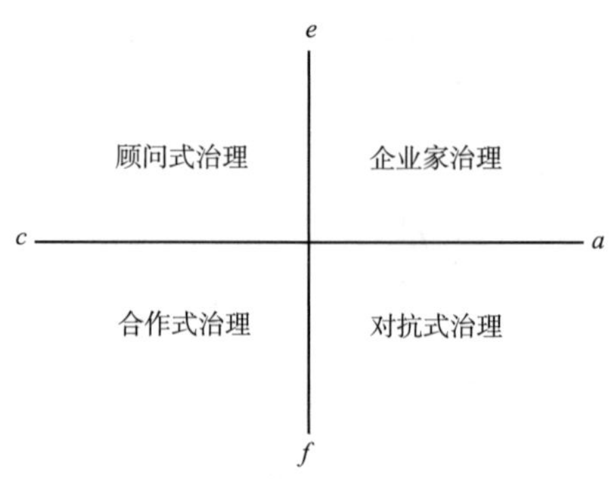

图 7-4　策略组合与治理机制

资料来源：笔者根据模型分析归纳整理而得。

现在具体分析第一轮融资博弈的序贯均衡。先验概率 p 和 q 来自企业家和投资者在创业伊始对创新机会和企业家才能的一致信念，其大小反映双方对相关因素的估计和信心，p 和 q 的大小会影响均衡策略，因此以下根据其不同区间进行讨论。

（1）$1 \geqslant q > \frac{1}{2}, 1 \geqslant p \geqslant 0$。

该区间意味着有关各方对企业家才能很有信心，在本章模型设定下，该博弈只存在一个纯策略序贯均衡，即：②

$$([a],[e]) \tag{7-3}$$

利用序贯均衡的定义可以验证，不存在其他可能的行为策略组合作为支撑与某一信念概率一起构成序贯均衡。该结果意味着，如果企业家和投资者一致坚信企业家才能较高，那么，无论创新机会好坏，企业家更多地拥有控制权，主导公司发展，而投资者更少参与公司运作，更加信任企业家便是唯一合理的

① 曼索（Manso，2011）认为，在风险投资行业，投资者很多时候比企业家更了解产品的市场潜力，也能够更准确地判断企业的前景，因此，一定情况下，合作式治理对双方都有利。

② 按照博弈论通用符号，方括号表示纯策略组合。

纳什均衡，与该均衡相对应的就是企业家治理。

（2）$\frac{1}{2} \geqslant q \geqslant \frac{1}{p+3}, 1 \geqslant p \geqslant 0$。

在此先验概率下，该轮融资博弈存在 2 个纯策略均衡和 1 个混合策略均衡，即：

$$\begin{cases} ([a],[e]),([c],[f]) \\ (\beta[\alpha]+(1-\beta)[c],\gamma_1[e]+(1-\gamma_1)[f]) \end{cases} \tag{7-4}$$

$$\beta=\frac{1-2q}{pq+q},\gamma_1=\frac{q}{1+q} \tag{7-5}$$

这些结果意味着，当企业家和投资者一致认为企业家才能较高的概率处于中间水平时，则无论创新机会好坏，企业家治理和合作式治理都是均衡机制。此外，还存在依赖于模型外随机因素的混合策略均衡，该均衡对应于相机治理机制。这类机制需要根据双方事先确定的某些标志性事件来配置控制权，实施公司治理，在某些情况下，混合策略均衡会导致对抗式治理（$[a],[f]$），或顾问式治理（$[c],[e]$）。

（3）$\frac{1}{p+3} > q > \frac{1-5p}{5-2p}, 1 \geqslant p \geqslant 0$。

此时只存在一个纯策略均衡，即：

$$([c],[f]) \tag{7-6}$$

该均衡结果意味着，当有关各方对企业家才能、创新机会有一定信心，但概率估计又不太足时，合作式治理是唯一的序贯均衡机制。这体现了双方的谨慎心理。一方面，企业家对自己应对创业过程中出现的各种不确定性没有十足的把握，愿意接受专业创投机构的帮助，增加胜算；另一方面，在不错过投资机会的前提下，为了降低投资损失风险，投资者也希望能积极介入企业运作，这既能缓解企业家机会主义行为，又可以充分发挥自身资源和能力优势帮助创业企业。

（4）$\frac{1-5p}{5-2p} \geqslant q > \frac{1-5p}{5-p}, p < \frac{1}{5}$。

在该先验概率区间下，融资博弈存在 2 个纯策略均衡，1 个混合策略均衡，即：

$$\begin{cases} ([a],[s]),([c],[f]) \\ (\beta[a]+(1-\beta)[c],[s]) \end{cases} \tag{7-7}$$

$$\beta=\frac{5p+5q-pq-1}{pq} \tag{7-8}$$

该结果意味着，当创新机会不太乐观，且对企业家才能的信心位于中间偏下时，存在终止合作的纯策略均衡和混合策略均衡，即（$[a],[s]$）和（$\beta[a]+(1-\beta)[c],[s]$）。但也存在另一个纯策略均衡：（$[c],[f]$）——合作式治理机制。由此可见，当企业家才能与创新机会均不足时，创业融资关系是比较脆弱的。即使继续合作，投资者也会要求更多的控制权，通过深度介入公司运作尽可能降低潜在的损失风险。

（5）$\frac{1-5p}{5-p}\geq q, p<\frac{1}{5}$。

此区间下也存在 2 个纯策略均衡和 1 个混合策略均衡，即：

$$([a],[s]),([c],[s]) \tag{7-9}$$

$$(\beta[a]+(1-\beta)[c],[s]) \quad \beta\in(0,1) \tag{7-10}$$

这些均衡意味着，当有关各方一致认为企业家才能和创新机会均不足时，终止合作是唯一的结果。如果企业家希望继续创业进程，他只能通过其他途径获得资金，创业融资市场很难对其提供支持。

（二）第二轮融资博弈

随着创业推进到第二阶段，经过一段时间的合作，彼此互动和交流增进了相互了解，投资者在作出决策前能够观察到企业家这一轮博弈的策略选择。此外，双方可在此轮博弈开始前观察到与创新机会和企业家才能相关的可验证信息，这些新信息可能来自行业发展分析、企业第一阶段研发表现、市场反馈、团队表现等。进一步假设与创新机会相关的信号为 $\theta\in\{\theta_g,\theta_b\}$，其相关性由以下一致后验概率刻画（Aghion & Bolton，1992）。

$$P(I=g|\theta_g)=p^*(\theta_g)=p+\delta_p, P(I=b|\theta_g)=1-p^*(\theta_g)=1-p-\delta_p \tag{7-11}$$

$$P(I=g|\theta_b)=p^*(\theta_b)=p-\delta_p, P(I=b|\theta_b)=1-p^*(\theta_b)=1-p+\delta_p \tag{7-12}$$

类似地，假设与企业家才能相关的信号为 $\phi \in \{\phi_h, \phi_l\}$，其相关性来自以下后验概率：

$$P(T=h \mid \phi_h) = q^*(\phi_h) = q + \delta_q, P(T=l \mid \phi_h) = 1 - q^*(\phi_h) = 1 - q - \delta_q \tag{7-13}$$

$$P(T=h \mid \phi_l) = q^*(\phi_l) = q - \delta_q, P(T=l \mid \phi_l) = 1 - q^*(\phi_l) = 1 - q + \delta_q \tag{7-14}$$

此轮博弈的结构见图 7 - 5，在新的信息条件下同样可以得到与不同概率区间对应的序贯均衡。为了节省篇幅，我们将有关结果归纳在表 7 - 1 中。从表 7 - 1 可以看出，由于不确定性有所降低，这轮融资博弈只存在纯策略均衡，不存在混合策略均衡，对抗式治理和顾问式治理也不会作为均衡结果出现。

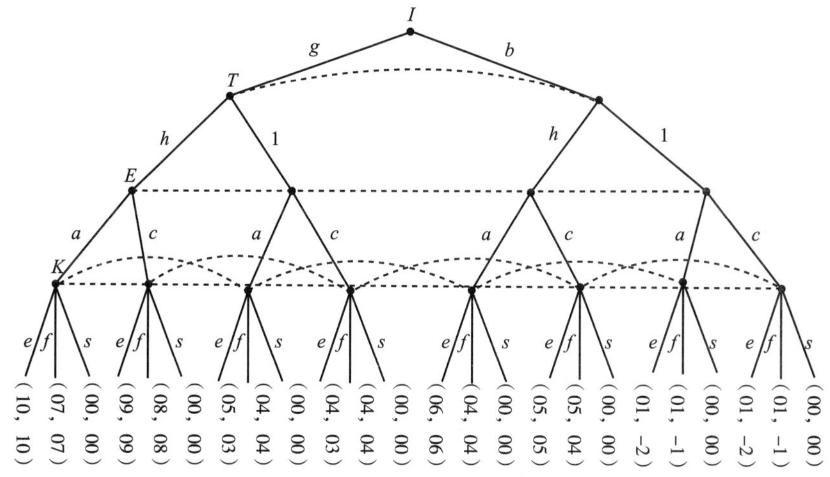

图 7 - 5　第二轮融资博弈

资料来源：笔者根据模型分析归纳整理而得。

表 7 - 1　　第二轮融资博弈均衡与治理机制

后验概率	序贯均衡	治理机制
$1 \geqslant q^* > \frac{1}{2}, 1 \geqslant p^* \geqslant 0$	$([a],[e])$	企业家治理
$\frac{1}{2} \geqslant q^* \geqslant \frac{1}{p^*+3}, 1 \geqslant p^* \geqslant 0$	$([a],[e])$	企业家治理
	$([c],[f])$	合作式治理

续表

后验概率	序贯均衡	治理机制
$\frac{1}{p^*+3}>q^*>\frac{1-5p^*}{5-2p^*},1\geqslant p^*\geqslant 0$	$([c],[f])$	合作式治理
$\frac{1-5p^*}{5-2p^*}\geqslant q^*>\frac{1-5p^*}{5-p^*},p^*<\frac{1}{5}$	$([c],[f])$	合作式治理
	$([a],[s])$	终止合作
$\frac{1-5p^*}{5-p^*}\geqslant q^*,p^*<\frac{1}{5}$	$([a],[s])$	终止合作
	$([c],[s])$	终止合作

资料来源：笔者根据模型分析归纳整理而得。

此外，在一定的先验信念基础上，根据观察到的信号 θ 和 ϕ，治理机制有可能随着创业推进出现动态调整，这里讨论两种可能的情形。

第一种情形下，企业家与投资者先验概率满足以下条件：

$$\frac{1}{p+b}>q>\frac{1-5p}{5-2p},1\geqslant p\geqslant 0 \tag{7-15}$$

则根据前述均衡分析，第一轮融资将进入合作式治理，即（$[c],[f]$）。假设第二轮融资开始时观察到较为乐观的信号 $\theta=\theta_g,\phi=\phi_h$，导致后验概率向上调整，进而导致以下条件得到满足，即：

$$1\geqslant q^*>\frac{1}{2},1\geqslant p^*\geqslant 0 \tag{7-16}$$

则根据表 7-1，第二阶段的治理机制会调整为企业家治理，即（$[a],[e]$）。这一动态调整的经济含义在于，在创业启动伊始，企业家和投资者均对企业家才能没有足够信心，此时投资者需要积极介入企业运作以提升企业价值，同时降低投资风险，而企业家也愿意听取投资者意见，乐于接受投资者积极参与管理，提高创业成功概率。但随着创业推进，相关信息表明企业家才能较高，足以胜任创业活动，逐步将控制权赋予企业家对双方均有利。① 现实中，实现治理机制调整和控制权转移具有多种途径，例如投资者放弃可转换证券的转换权利；融资契

① 例如，在脸书创业初期，外部投资人及扎克伯格自己都对其企业家才能高低存有疑惑，因此早期天使投资人和风险投资机构都积极介入公司运作。一方面帮助扎克伯格实现专业化管理（如招聘专业人才、建立可持续商业模式等），提升企业价值；另一方面也可以减少创业者机会主义行为，降低投资风险。后来随着创业不断推进，各种信息表明扎克伯格是一个优秀的企业家，且能很好地保护投资者利益，因此，有关各方都愿意由其主导公司控制权，脸书进入企业家治理模式。

约中的不对称控制权条款自动失效；企业家行使看涨期权；回购投资者股权等。

第二种情形与前相反，假设企业家与投资者先验概率满足条件：

$$1 \geqslant q > \frac{1}{2}, 1 \geqslant p \geqslant 0 \tag{7-17}$$

但随着创业推进，有关各方均观测到较为悲观的信号 $\theta = \theta_b, \phi = \phi_1$，导致后验概率向下调整至满足条件：

$$\frac{1}{p^* + 3} > q^* > \frac{1 - 5p^*}{5 - 2p^*}, 1 \geqslant p^* \geqslant 0 \tag{7-18}$$

在此情形下，治理机制会从企业家治理调整为合作式治理。其经济含义在于，创业初始阶段，企业家与投资者均对企业家才能充满信心，创业企业交由企业家主导控制。但经过一段时间之后，观察到的不利信号使双方调整了对企业家才能的信念，此时继续由企业家主导治理就不再合理了，新的博弈均衡要求投资者积极介入企业运作，让企业重回正轨。① 现实中可通过可转换证券、对赌协议，甚至直接辞退 CEO 等方式实现控制权转移。总之，随着创业推进，新信息的出现会导致均衡跳跃，改变公司治理结构。

（三）第三轮融资博弈

在第三阶段，新信息的出现消除了所有不确定性，此轮融资成为完全信息博弈。通过逆向分析，不难得到该博弈多代理人表示下的行为策略均衡为：

$$\begin{cases} ([a], \beta_1[a] + (1-\beta_1)[c], [a], \beta_2[a] + (1-\beta_2) \\ [c], [e], [e], [f], [f], [e], [e], [s], [s]) \\ \beta_1 \in \{0,1\}, \beta_2 \in \{0,1\} \end{cases} \tag{7-19}$$

可以看出，最终的治理机制取决于创新机会与企业家才能的不同组合，当 $I = g$，$T = h$ 时，创业企业采用企业家治理；当 $I = g$，$T = l$ 时，可能采用合作式

① 打车应用优步（Uber）创始人卡兰尼克（Kalanick）的经历可为此提供一例。在创业初期，卡兰尼克一直牢牢掌握公司控制权，这位被媒体描述成全世界最大胆、最能拼、最有争议的企业家打造了一家世界上估值最高的初创型企业。但在发生一系列丑闻和危机事件之后，其在以本驰马克（Benchmark）为代表的 5 位主要投资人的强力要求下，黯然辞职。公司的实际控制权转移到了投资者主导的董事会，之后由职业经理人霍斯拉沙希（Khorsrowshahi）担任 CEO。

治理，也可能采用对抗式治理；当 $I=b$，$T=h$ 时，采用企业家治理；当 $I=b$，$T=l$ 时，终止合作，清算退出。总之，随着创业推进到最后一个阶段，企业进入稳定的治理机制，一直到创业期结束。

第五节 小 结

相对于成熟企业，创业型企业的公司治理机制具有两个典型特征：一是投资者更积极地介入企业的战略决策和日常运营之中，二是基于控制权配置的治理机制会随着创业过程的推进出现动态调整。现实中表现为创业融资契约的控制权转移、可转换证券、回购条款、相机控制权、强制接管与清算、投后监督等条款。在现有文献基础上，从创业型企业的核心价值来源——企业家才能和创新机会——出发，本章利用 3 个不同信息条件下的扩展式博弈模型对创业型企业的特殊治理机制进行分析。

结果表明，有关企业家才能和创新机会的先验信念和后验概率会在不同融资轮次支撑不同的序贯均衡，据此形成企业家治理、合作式治理、对抗式治理、顾问式治理等 4 种典型的治理模式。同时，还存在依赖于模型外随机因素的相机治理机制，这类机制需要根据双方事先确定的某些标志性事件来相机配置控制权，实施公司治理。在分阶段融资过程中，新信息的出现可在一定程度上降低创业活动面临的不确定性，在一定条件下，均衡治理机制会在不同的融资轮次出现动态调整。例如，在第一轮融资中由均衡决定的合作式治理有可能在第二轮融资时调整为企业家治理，因为前一阶段揭示的有关企业家才能和创新机会的部分信息会导致后验信念发生变化，此时有关各方认为将控制权尽量给予企业家更为合理。

本章结论不仅从均衡角度对创业企业的动态治理机制给出了理论解释，对相关研究领域作出了边际贡献，还具有一定现实意义。首先，投资者与创业者在商定控制权配置时，应以有关各方合作剩余最大化为核心目标；其次，签订融资契约前应尽可能收集有关企业家才能和创新机会的各种信息，以便确立最优的治理结构；最后，充分利用分阶段融资机制具有的动态适应能力，对治理机制的变动保持开放性和灵活性，应用可转换证券、看涨期权、强制接管等条款实现创业型企业的动态治理。

第八章

创新能力、不确定性容忍度与创业

创新和应对不确定性是企业家的两项核心能力。那么，具有这些能力的潜在企业家是否更愿意创业呢？基于主流创业倾向模型，结合创新创业活动的本质，本章利用1263个样本实证检验了创新能力和不确定性容忍度对潜在企业家创业意愿的影响效应和作用机制。结果表明，创新能力和不确定性容忍度对创业意愿均有显著影响，创业合意性和创业可行性在其间发挥中介作用。不确定性容忍度对创业意愿的形成过程具有双重调节效应，一方面，正向调节创新能力与创业可行性之间的关系；另一方面，负向调节创业可行性与创业倾向之间的关系。这些发现意味着，“大众创业”需要“万众创新”的支撑，创新能力提升是创业活动扩展的条件，为了激发全社会创业活力，提高创业的吸引力和成功率至关重要。创新能力和不确定性容忍度均较高的潜在企业家是高度稀缺的资源，应通过优化创业环境、完善创业支持机制等方式，激励这一群体转变成真正的创业者。

第一节　引　言

企业家精神包含两个重要维度：创新（Schumpeter，1934）和应对不确定性（Knight，1921）。具备一定创新能力和不确定性容忍度是创业成功的必要条件。那么，相对来说，这两项素质均较高的潜在企业家是否更愿意创业呢？对该问题的回答至关重要，因为企业家潜能是高度稀缺的资源，但“潜能”不会自动转化为价值，高额的交易成本会阻碍企业家才能的市场变现（吉云和姚洪心，

2011），创业是实现这一转化的最佳途径。如果这些最适合创业的个体选择被雇用，其独特的企业家人力资本将不能被准确定价，进而被封存至消失（周其仁，1998）。宏观上就体现为创业创新活力减弱，经济增长引擎逐渐失去动力。

因此，研究潜在企业家的创业问题具有重要的理论和现实意义，遗憾的是，现有文献对该问题的关注明显不足。原因大致有三。首先，在熊彼特创新理论的影响下，多数文献认为创新者和企业家两种身份是合二为一的（例如林强等，2001），没有必要再去探讨潜在企业家的创业问题。但是很显然，经济中有太多企业家天才被埋没，创业并非理所当然（赵向阳等，2014）。其次，没有可靠的方法对创新能力、不确定性容忍度等变量进行测度，这导致相关领域难以进行更深入的经验考察。最后，现有创业倾向文献的主要理论基础是计划行为理论（TPB）（Ajzen，1991）和创业事件模型（SEE）（Shapero & Sokol，1982），这些模型并不基于创新活动的特殊本质进行构造，其研究焦点在于个体特质和社会心理因素，并未纳入企业家精神、不确定性偏好这样的变量（Zhang et al.，2015）。由于“创业事件本身就是创新”（Shapero & Sokol，1982），再去探讨创新对创业的影响就显得多余。

基于经典创业倾向模型，本章构造了潜在企业家创业意愿研究框架，并参考戴尔等（Dyer et al.，2008，2011）开发的创新者 DNA 模型和心理学中发展较为成熟的模糊容忍度量表（ambiguity tolerance，AT）（McLain，2009；Lauriola et al.，2016）设计测量指标。① 利用 1263 个在校及毕业 3 年大学生样本进行结构方程模型检验，结果发现，创新能力和不确定性容忍度均显著影响创业意愿，主导效应有创业合意性和创业可行性两个变量中介。这意味着，创业意愿的产生会经历一个复杂的过程，如果潜在企业家对创业吸引力和容易度感知较低，其企业家才能就有被埋没的可能性。此外我们还发现，不确定性容忍度对创业意愿的形成过程具有双重调节效应。一方面，正向调节创新能力与创业可行性之间的关系，即不确定性容忍度越高，创业可行性对创新能力的变化越敏感；另一方面，负向调节创业可行性与创业意愿之间的关系，即不确定性容忍度越高，创业意愿对创业可行性感知的敏感性越低。后一结果似乎与预期相反，但

---

① 不同领域的文献使用不同术语来表示相似概念，心理学和管理学文献倾向于使用“模糊性”（ambiguity）（Furnham & Marks，2013），经济学文献则倾向于使用“不确定性”（uncertainty）（Hirshleifer et al.，2012；Manso，2011），有时也会交叉使用。为了同奈特（Knight，1921）保持一致，本章使用“不确定性”，以捕捉创业创新过程具有的事前无法预测特征（Aghion & Tirole，1994）。

进一步分析表明，这一“反常”发现恰恰意味着，潜在企业家的创业行为主要由创新动机和创业激情驱动（Dyer et al.，2011；Knight，1921），这是一个敢于直面创业艰险，能够化不可能为可能的特殊群体（Schumpeter，1934；林强等，2001）。

第二节 理论基础与研究假设

（一）创新能力

根据经典创新理论，创业成功的必要条件是创新。如果不能打破“循环流转”的均衡状态，企业家不可能赚取到超额利润（Schumpeter，1934），创业就是实现创新的过程，是一种高风险的创新活动（林强等，2001）。肖恩和温卡塔拉曼（Shane & Venkataraman，2000）直接把企业家定义为创新者，其能够获得利润的前提是利用新商业模式、新技术、新服务和新产品来满足市场需求，从而创造出独特的价值。总之，相对非企业家而言，企业家的确更具创新性（Dyer et al.，2011）。

既然创新对创业成功如此重要，那么，创新能力更高的潜在企业家是否更有可能创业呢？对此问题的回答至关重要，因为创新潜能较高的个体是最合适的创业者，如果他们不体现出更高的创业意愿，整个经济的创业创新活力就会明显下降。遗憾的是，尽管少数文献有所涉及（例如 Dutta et al.，2015；Wurthmann，2014；孙春玲等，2015；等等），但总体上现有研究对该问题的关注明显不足（Zampetakis et al.，2011）。

罗宾逊等（Robinson et al.，1991）表明，企业家与非企业家之间在创新态度方面存在显著差异，而潜在企业家的创新态度显著影响其创业意愿（Wurthmann，2014）。阿罕默德等（Ahmed et al.，2010）发现，创新性高低与创业倾向存在较强的相关性。利用中国高科技企业样本，姜红玲等（2006）发现个人特质中的创新维度显著影响其创业意愿。孙春玲等（2015）也发现，大学生创新能力会显著影响其创业行为。

创造性是创新能力的重要维度，不少研究已经发现它是创业倾向的重要前因（Hills et al.，1999）。例如斯特恩博格（Sternberg，2004）发现，创造性智力与个人创业决策相关。赫米勒斯基和科贝特（Hmieleski & Corbett，2006）的实证研究表明，创造性可以解释创业倾向的很大部分方差。基于180个本科生的样本数据，扎培塔基斯等（Zampetakis et al.，2011）发现，认为自己更具创造性的学生更有可能选择创业。赵向阳等（2014）指出，创造力是个人价值观影响创业意愿的一个部分中介变量，这是创新能力影响创业意愿的一种途径。理论上，创造性与创业意愿之间的关系可从认知角度得到解释（Ward，2004）。现在提出以下假设。

假设1：创新能力会影响潜在企业家的创业倾向，创新能力越高，其创业意愿越强烈。

（二）不确定性容忍度

创业创新活动的本质在于其过程和结果的高度不确定性（Manso，2011；O' Connor & Rice，2013）和事前无法预测性（Aghion & Tirole，1994），企业家需要具备足够的不确定性应对能力（Knight，1921；Koellinger，2008）。赫什勒菲等（Hirshleifer et al.，2012）发现，尽管过度自信的CEO有可能高估创新投资的期望收益和低估其面对的风险，但对于技术密集型产业而言，过度自信与企业的创新绩效正相关。而自信和乐观的一个重要维度就是高不确定性容忍度（Weinstein，1980；McLain，2009）。

概念上，不确定性容忍度（Uncertainty Tolerance，UT）被界定为，面对不确定情景或复杂新奇事物时，个体在情感、认知及心理上体现出的积极态度（MacDonald，1970；Lauriola et al.，2016）。已有大量研究发现其与创业倾向之间存在相关关系（Linan et al.，2011；Douglas & Shepherd，2002）。戴尔等（1994）和科尔维雷德（Kolvereid，1996）指出，成就需要、控制需要和不确定性容忍度等个性特征与创业决策正相关（Feildman & Bolino，2000）。影响途径可能是直接的，也有可能通过自我效能和创业态度的中介机制实现（Sanchez，2010）。劳切和弗里斯（Rauch & Frese，2007）、贝耶等（Bae et al.，2014）和张等（Zhang et al.，2015）进一步确认了低不确定性规避度（即高不确定性容忍度）能很好地预测个体的创业可能性。由于潜在企业家创业意愿的形成是一个复杂的过程，除了直接效应外，我们预期不确定性容忍度有可能在不同阶段对其他变量发挥调节作用。据此提出以下假设。

假设 2a：不确定性容忍度会影响潜在企业家的创业倾向，容忍度越高，创业意愿越强烈。

假设 2b：不确定性容忍度在创业意愿形成的不同阶段对其他变量的效应具有调节作用。

（三）中介变量：创业合意性和可行性

创业合意性（entrepreneurial desirability，ED）通常被定义为创办一个新企业的吸引力（Shapero & Sokol，1982），创业可行性（entrepreneurial feasibility，EF）指潜在企业家对自己能够创业成功的信念强度，有研究将其操作化为创业自我效能（例如 Dutta et al.，2015）。这两个变量对创业倾向的预测功效已被大量研究所证实（Liñán & Fayolle，2015）。在很多模型中，创业合意性和可行性都扮演中介角色，这意味着相关前因并不直接作用于创业意愿，而是通过影响创业合意性和创业可行性感知来间接发挥作用（Wurthmann，2014）。

通过创业合意性和可行性的中介机制间接影响创业意愿的前因有很多，例如创新态度（Wurthmann，2014）、创业自我效能（Tsai et al.，2016）等。蔡等（Tsai et al.，2016）在 TPB 的基础上提出了一个带调节的中介效应模型，其实证结果表明，创业态度和计划创业控制在创业自我效能与创业倾向之间扮演中介角色。概念上，创业态度的多个维度与 EEM 模型中的创业合意性重合，而计划创业控制与创业可行性类似（Krueger et al.，2000），因此，蔡等的研究事实上确认了 *ED* 和 *EF* 这两个变量在创业模型中的中介角色。另一个与创业可行性高度相关的概念——创业自我效能（ESE）也被发现在其他变量与创业倾向之间具有中介效应（Carr & Sequeira，2007）。[①] 在中国情境下，杨（Yang，2013）发现创业态度和感知行为控制对创业倾向具有显著影响。现在可以提出以下假设。

假设 3：创业合意性和创业可行性会影响潜在企业家创业倾向，其感知程度越高，创业意愿越强烈。

假设 3a：创业合意性和创业可行性在创新能力与创业倾向之间发挥中介作用。

假设 3b：创业合意性和创业可行性在不确定性容忍度与创业倾向之间发挥

① 不少研究直接将 ESE 等同于创业可行性，如杜塔等（Dutta et al.，2015）。

中介作用。

（四）控制变量

根据林南和法约尔（Liñán & Fayolle，2015）对创业倾向影响因素的综述，结合心理学相关发现和本章研究目的，我们引入 3 个特质变量来控制其他个性因素的效应，即成就需求、内源控制和自我效能感。

第三节　数据和方法

调查数据取自 988 个在读各专业本科生和 275 个已毕业 3 年的商学院毕业生。就本章主题而言，以大学生作为样本具有某些独特优势（Dutta et al.，2015；Krueger et al.，2000）。首先，不会面临样本自选择问题，因为被调查者都是被动参与研究的；其次，研究条件所限，对社会总体的抽样设计常常面临代表性问题，大学生群体相当于一个小社会，其特征和倾向可以很好地代表社会总体；再次，各国经验表明，大学生是重要的潜在企业家来源，创业教育、创业支持等多项推动创业的政策措施其主要对象就是这些毕业前后的大学生；最后，大学生很快就面临职业选择问题，其对创业倾向问题的回答更接近真实想法（Mueller et al.，2014）。

（一）调查问卷

本章的主要挑战在于创新能力的度量。为了得到可靠的测量指标，我们基于戴尔等（Dyer et al.，2008，2011）开发的创新者 DNA 模型进行构造。不同于之前主要关注企业家精神和创新特质的文献，戴尔等从创新技能和创新行为的角度理解创新者与非创新者之间的差异。相关测项来自对上百位包括乔布斯、贝索斯等顶尖创新者（企业家）的深度访谈和定性分析，以及另外 500 位创新者和 500 位普通管理者的比较定量分析。戴尔等（2008）对其进行了严格的信度和效度检验。根据戴尔等（2011），创新能力包括联想（association）、发问（questioning）、观察（observing）、实验（experimenting/exploring）和创意网络（idea networking）五个维度。不确定性容忍度测量指标参考心理学相关文献进行设计（McLain，2009；Lauriola et al.，2016）。

我们首先将核心变量各维度相关测项翻译成中文，经过研究团队成员充分讨论和修改完善，形成初步调查问卷。然后，邀请英语系的老师尝试把中文测项翻译回英文，并比较原文，给出修改建议，以确保原来的含义保持不变，研究团队据此修改完善。最后，将该问卷交由10位在校学生试填①，并给出感受，据此修改完善初始问卷，形成正式问卷。控制变量各测项在现有国内外相关文献中已经过充分检验，本章直接选用。被解释变量“创业倾向”（*EI*）来自4个测项，采用李克特7分制度量，代表性问题为“我将在5年之内创业”。

获得调查数据后，首先基于全样本进行探索性因子分析（EFA）。② 创新能力从早先的5个维度、23个测项中提取到4个因子、20个测项，另外3个测项载荷过低，予以删除。不确定性容忍度4个测项负载到1个因子之上，载荷情况符合要求。其他变量的表现也符合预期，解释变量简写和测项数归纳于表8－1，表8－2、表8－3给出潜变量相关系数矩阵。

表8－1　　解释变量及其测项数

变量名	简写	测项数	变量名	简写	测项数
发问	*QU*	4	成就动机	*NA*	5
观察	*OB*	8	内源控制	*IL*	4
实验	*EX*	4	自我效能	*SE*	5
创意网络	*IN*	4	创业合意性	*ED*	3
不确定性容忍度	*UT*	4	创业可行性	*EF*	4

资料来源：笔者根据EFA结果归纳整理而得。

表8－2　　潜变量皮尔逊相关系数矩阵（第一部分）

潜变量	均值	标准差	*QU*	*OB*	*EX*	*IN*
QU	3.621	1.121				
OB	4.052	1.145	0.546**			
EX	3.962	1.224	0.486**	0.703**		
IN	3.581	1.239	0.450**	0.648**	0.576**	

① 为避免调查偏差，这些学生未进入最后的研究样本。

② KMO统计量为0.965，Bartlett检验卡方为39184.818（$df=1326$，Sig. <0.001），表明我们的数据适合作因子分析。此外，各变量Cronbachα信度系数都满足要求。

续表

潜变量	均值	标准差	*QU*	*OB*	*EX*	*IN*
NA	4.235	1.131	0.415**	0.611**	0.557**	0.493**
IL	4.863	1.058	0.207**	0.377**	0.346**	0.236**
SE	4.488	1.062	0.317**	0.536**	0.495**	0.409**
ED	3.915	1.727	0.304**	0.509**	0.412**	0.424**
EF	3.384	1.520	0.390**	0.553**	0.457**	0.546**
UT	4.201	1.093	0.395**	0.573**	0.501**	0.483**
EI	3.974	1.594	0.312**	0.518**	0.427**	0.418**

注：** 表示相关系数在 0.01 的水平上显著（双尾）。
资料来源：笔者根据相关分析结果归纳整理而得。

表 8-3　　　　潜变量皮尔逊相关系数矩阵（第二部分）

潜变量	*NA*	*IL*	*SE*	*ED*	*EF*	*UT*
IL	0.515**					
SE	0.639**	0.622**				
ED	0.497**	0.292**	0.450**			
EF	0.536**	0.266**	0.496**	0.785**		
UT	0.653**	0.445**	0.622**	0.457**	0.503**	
EI	0.469**	0.289**	0.416**	0.737**	0.693**	0.422**

注：** 表示相关系数在 0.01 的水平上显著。
资料来源：笔者根据相关分析结果归纳整理而得。

在 EFA 的基础上，为了确保核心变量的区分效度和聚合效度，我们继续对创新能力进行一阶和二阶验证性因子分析（CFA），确认是否存在更高阶的因子在决定一阶潜变量。创新能力的 CFA 结果表明（见表 8-4），两个模型的χ^2几乎相同，二阶模型的 *TLI*、*RMSEA* 两个指标趋好，且释放出 2 个自由度，显然更为优越，因此，可将该二阶因子合理地命名为“创新能力”（*IC*），之后的分析基于二阶模型展开。

表 8-4　　　　创新能力的一阶和二阶 CFA 结果

模型	χ^2	*df*	*TLI*	*CFI*	*AIC*	*BIC*	*RMSEA*	*SRMR*
一阶	1378.304	164	0.892	0.907	79944.293	80283.615	0.077	0.047
二阶	1378.529	166	0.893	0.907	79940.518	80269.558	0.076	0.047

资料来源：笔者根据 CFA 结果归纳整理而得。

（二）检验方法和程序

首先，利用结构方程模型（SEM）检验相关变量对创业倾向的影响效应和作用路径，同时考察创业合意性和创业可行性在其中发挥的中介作用。根据相关文献建议（王孟成，2014），最理想的潜变量中介效应检验法是 Bootstrap 法，此处应用 Mplus 7.0 软件的相应功能实现。其次，在前述模型中引入不确定性容忍度的调节作用，据此考察潜在企业家创业意愿的形成过程及各因素交互作用机制，具体应用乘积指标法实现，相关指标按负荷大小进行配对乘积。

第四节　结果和讨论

（一）结构方程模型

图 8－1 和表 8－5 给出了基准模型的 SEM 估计结果。全模型拟合指数为 $\chi^2 = 5289.912$，$df = 1103$，$p < 0.001$，$CFI = 0.889$，$TLI = 0.881$，$RMSEA = 0.055$，达到可接受的水平。图 8－1 显示，创新能力（*IC*）和不确定性容忍度（*UT*）对创业倾向（*EI*）均有显著影响。特别地，根据表 8－5，创新能力通过创业合意性（*ED*）产生的间接效应为 0.336，通过创业可行性（*EF*）产生的间接效应

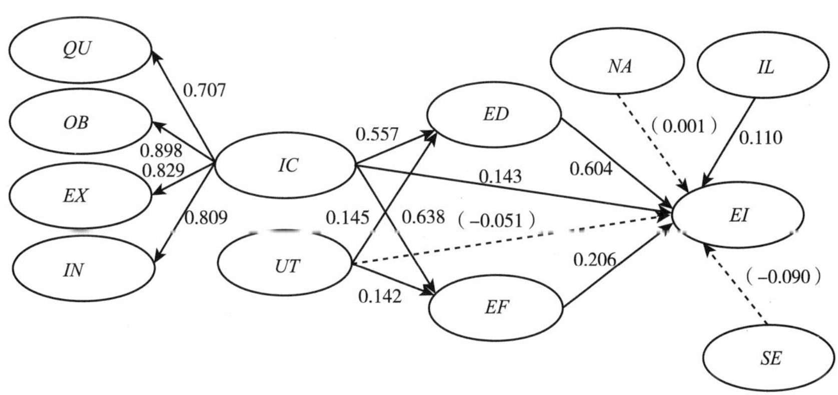

图 8－1　基准模型的 SEM 估计结果

注：虚线路径及括号标示的标准化路径系数在 0.05 的水平上不显著，下同。

资料来源：笔者根据 SEM 回归结果归纳整理而得。

为0.131，均在0.001的水平上显著，直接效应为0.143，在0.01的水平上显著。直接效应占总效应的比重为19.7%，创业合意性和创业可行性的中介效应占80.3%。不确定性容忍度通过创业合意性产生的间接效应为0.087，通过创业可行性产生的效应为0.029，均在0.05的水平上显著，直接效应不显著。这表明，创业合意性和可行性在创新能力和创业意愿之间发挥部分中介作用，在不确定性容忍度和创业意愿之间发挥完全中介作用，因此，本章提出的假设均得到经验支持。

表8-5　　核心变量的直接效应和间接效应

影响途径	标准化系数	标准误	p值
IC-EI	0.143	0.051	0.005
IC-ED-EI	0.336	0.037	<0.001
IC-EF-EI	0.131	0.029	<0.001
UT-ED-EI	0.087	0.036	0.016
UT-EF-EI	0.029	0.013	0.030

资料来源：笔者根据SEM回归结果归纳整理而得。

我们发现，创新能力和不确定性容忍度对创业倾向的影响过程和传导机制较为复杂，其效应通过多种途径实现。尽管创新能力和不确定性容忍度更高的潜在企业家的确更愿意创业，但是，如果创业活动带来的满意度和创业成功可能性感知不高，则其创业愿望也有可能减弱。由于后两者会受到诸多内外部因素的影响，潜在企业家不一定必然走向创业之路。政策含义在于，为了激励潜在企业家选择创业，成为真正的创业者，需要从多方面提升创业满意度和创业成功率，例如认可创业者的社会贡献、强化创业者人身财产法律保护、尽可能消除各种妨碍创业成功的制度障碍等。此外，各种创业教育项目不仅要协助潜在企业家开发创新潜力，正确面对创业过程中的不确定性，还要全方位提高其对创业吸引力和自信心的感知，促使他们转变成真正的创业者。

（二）不确定性容忍度的调节效应

图8-2给出调节效应估计结果。可以看出，核心变量*IC*、*UT*、*ED*、*EF*的直接效应和中介效应与基准模型保持一致，不确定性容忍度对创业意愿的形成过程具有双重调节效应。首先，正向调节创新能力与创业可行性之间的关系，

乘积项标准化系数为 0.098，在 0.001 的水平上显著，即不确定性容忍度越高，创业可行性感知对创新能力的变动越敏感，假设 2a 得到部分支持。进一步，我们按均值将样本分为不确定性容忍度较高和较低两组，并分别进行 SEM 估计，得到图 8-3 的直观结果。该发现意味着，如果潜在企业家的不确定性容忍度和创新能力得到提高，其对自身创业成功的信心就会大幅增强。

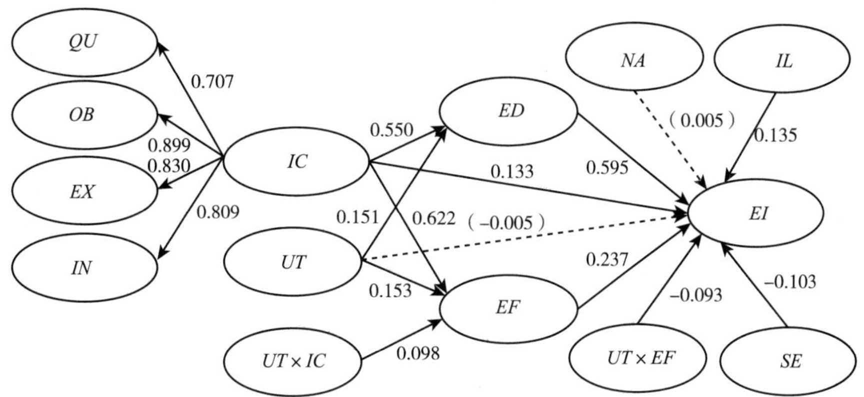

图 8-2　不确定性容忍度的调节效应

资料来源：笔者根据 SEM 回归结果归纳整理而得。

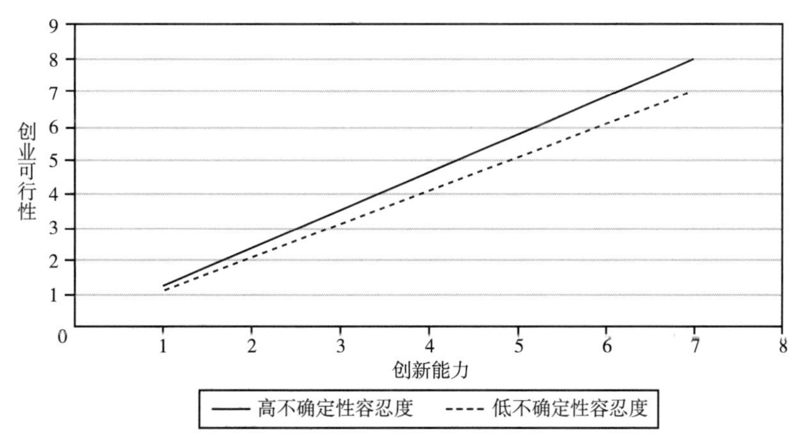

图 8-3　正向调节创新能力与创业可行性的关系

资料来源：笔者根据 SEM 回归结果归纳整理而得。

其次，不确定性容忍度负向调节创业可行性与创业倾向之间的关系，乘积项标准化系数为 -0.093，在 0.001 的水平上显著，即不确定性容忍度越高，创业倾向对创业可行性变动的敏感性越弱。该发现似乎不符合直觉，但事实上可以给出非常合理的解释。理解这一点的关键在于，不确定性容忍度不是直接作用于创业倾向①，其对创业可行性的负向调节仅仅意味着，对那些不确定性容忍度更高的潜在企业家而言，创业意愿的形成更不依赖于其对创业成功可能性的感知，他们可能从一开始就不是特别在意创业能否可行。创业创新活动的特殊吸引力和个人的创业激情足以激励其走向创业之路。因此，这一发现反而支持了奈特（1921）的论断：企业家是最适合应对不确定性的人。就算包括他自己在内的所有人都认为创业难度太大，但对新鲜事物的好奇心和创业活动的向往依然能够支撑着这些梦想家走向创业征途（Linan et al.，2011）。

值得一提的是，图8-4、图8-5给出的分组估计结果可为上述解释提供部分依据。图8-4显示，对不确定性容忍度较高的潜在企业家而言，创业倾向对创业可行性的敏感度变小了，但斜率依然为正，所以总体上继续支持假设3（3a）。此外我们从图8-5发现，尽管比较微弱，但不确定性容忍度强化了创业合意性对创业倾向的预测效应，这意味着，不确定性容忍度高的潜在企业家更有可能受到创业吸引力的激励走向创业之路，他们敢于直面创业过程中无法预测的艰险，追求刺激和改变世界的强烈愿望能够支撑着企业家坚持走下去。

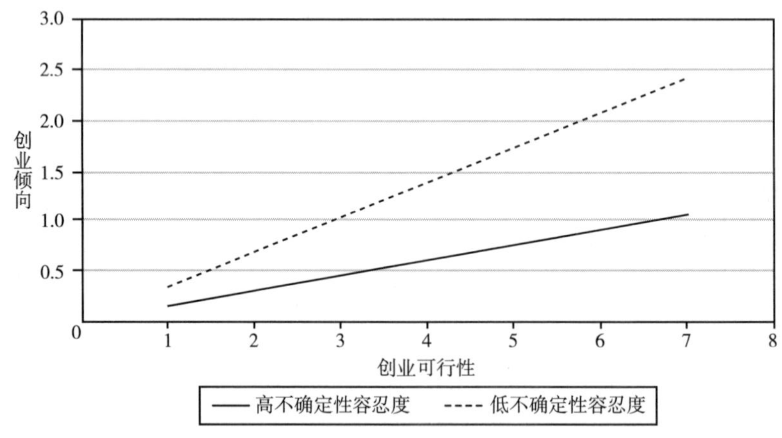

图8-4　负向调节创业可行性与创业倾向的关系

资料来源：笔者根据SEM回归结果归纳整理而得。

① SEM结果已经表明，不确定性容忍度对创业倾向的直接效应显著为正，与假设2一致。

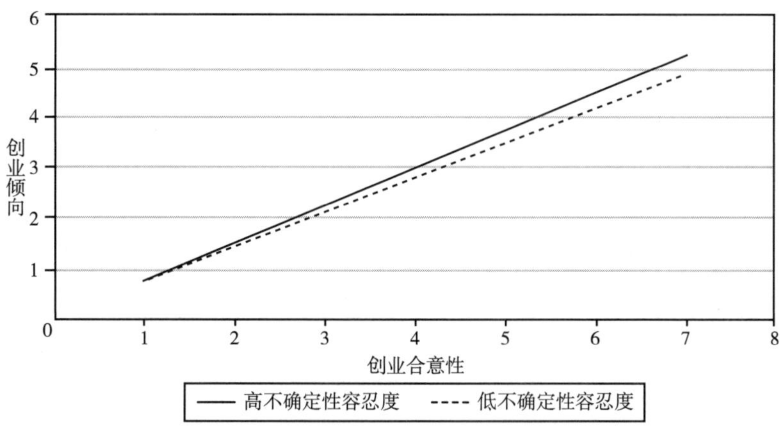

图 8-5 正向调节创业合意性与创业倾向的关系

资料来源：笔者根据 SEM 回归结果归纳整理而得。

综合来看，不确定性容忍度在不同阶段对创业意愿的形成产生不同效应。第一阶段，不确定性容忍度越高，创业可行性感知越强烈，且强化了创新能力对创业可行性的影响效应；第二阶段，不确定性容忍度弱化了创业可行性对创业倾向的效应，强化了创业合意性的效应。因此，创业意愿的产生途径和形成机制较为复杂，提升潜在企业家创业意愿的相关对策措施需要考虑各因素的递进关系和交互效应，否则会适得其反。

第五节 小 结

从企业家精神的两个重要维度出发，本章考察了创新能力和不确定性容忍度对潜在企业家创业意愿的影响效应及作用机理。基准模型的 SEM 结果表明，创新能力通过三种途径直接或间接作用于创业倾向，其中，创业合意性和创业可行性的中介效应占比超过 80%。不确定性容忍度通过创业合意性和可行性的完全中介作用对创业意愿产生显著影响。这意味着，创新能力和不确定性容忍度较高的潜在企业家的确更愿意创业，但是，创业合意性和可行性感知会受到其他因素的影响，这导致其创业意愿有减弱的可能性。

此外，我们发现了不确定性容忍度对创业意愿形成不同阶段的双重调节效应，即正向调节创新能力与创业可行性的关系，负向调节创业可行性与创业意愿的关系。前一结果与假设吻合，但后一结果似乎与预期不符。分析表明，最善于应对不确定性的企业家是一个主要依靠创业激情和改变世界的愿望激励的群体，就算包括自己在内的所有人认为不可行，他们还是会坚定地走向创业之路，勇敢实现创业梦想。

本章在理论上有三点贡献。首先，我们严格检验了由熊彼特（Schumpeter，1934）和奈特（1921）提出的企业家精神核心维度对创业意愿的预测效应；其次，主流创业倾向模型大多围绕社会、心理等变量进行探讨，本章基于创业创新的本质构造理论框架，并用结构方程模型进行实证检验，对该领域是一个重要补充；最后，我们揭示了创新能力和不确定性容忍度对创业倾向的不同影响途径和作用机理，尤其不确定性容忍度的双重调节效应是第一次被发现。

本章还具有一定政策含义。首先，“大众创业”需要“万众创新”的支撑，没有创新的创业是“无源之水”，为了激发全社会创业活力，提升潜在企业家的创新能力至关重要；其次，为了鼓励创新者勇于走向创业之路，需要尽可能地提升创业活动的吸引力和成功率；最后，创新能力和不确定性容忍度都较高的潜在企业家是高度稀缺的资源，应从多个方面营造适合创业的环境，激励这些心怀创业梦想、敢于挑战现状、愿意改变世界的个体最终走向创业之路。

当然，本章样本取自一所大学的在读大学生和毕业生，虽然对于本章主题而言是合适的，但有关结论在推广应用到其他个体时需要谨慎。进一步研究需要扩大样本范围，验证本章核心结论是否在更一般的条件下也成立。

第九章

经济政策不确定性对企业创新的影响

创新是一个非常复杂的过程，其对不确定的外部环境极为敏感。本章试图考察经济政策不确定性对企业创新的抑制效应，并探究企业家不确定性容忍度缓解该效应的作用机制。基于经济政策不确定性指标，利用中国 A 股上市公司的面板数据进行实证研究，结果发现，经济政策不确定性会阻碍企业创新。进一步检验表明，企业家不确定性容忍度可在一定程度上缓解不确定性对于企业创新的这种不利影响，且在一定条件下甚至会反转两者的关系，即不确定性会促进创新。该调节效应通过两种机制发挥作用，即“资金约束缓解机制”和“研发激励机制”。企业家不确定性容忍度越高，公司越善于改善营运资金，并降低资产负债率，进而缓解经济政策不确定性对创新的抑制效应。不确定性容忍度更高的公司更能发挥研发投入的功能，更有效地激励创新，缓解不确定性的不利影响。本章给出了不确定性抑制企业创新的经验证据，并从风险容忍的角度确认了企业家在创新过程中扮演的关键角色，可据此提出应对经济政策不确定性的对策建议。

第一节 引 言

企业运作需要面临多种不确定性，例如与企业自身运行相关的内生不确定性；与消费者偏好、厂商技术、气候、经济政策等相关的外生不确定性等。本章所关注的经济政策不确定性指经济主体无法准确预知政府是否、何时以及如何更改现行经济政策（Gulen & Ion，2016）。政府通过制定和调整一定的经济政策以塑造经营环境，影响经济主体的决策和行为，进而达到一定的政策目标。但是，经济政策的频繁变动，尤其是预期外的政策调整，会打乱企业的长远规划和运营路线，对公司绩效带来负面影响（罗知和徐现祥，2017；熊彼特，1999）。本章试图从企业创新的角度对此进行探讨。

企业创新不同于其他经营活动，是一个周期长、不确定性高且处处充满失败风险的复杂过程。创新的任何一个阶段遇到阻碍，都会影响后续阶段的推进，甚至导致创新终止。创新对相关经济政策的变动较为敏感，如果某一阶段遭遇预期外的政策变动影响，企业将不得不改变创新策略，调整之前确定好的技术路线。企业家是企业创新的主角，他们是经济中最善于应对不确定性的一个群体（熊彼特，1999；吉云和姚洪心，2011）。为了顺利渡过艰难的创新旅程，企业家需要具备较高的不确定性容忍度和不确定性处理能力。企业家常常在非常复杂的情境下进行创新决策，不确定性的存在不仅意味着挑战，也意味着机遇。优秀的企业家相对来说更容易发现不确定性中的机遇，且敢于冒险去利用这种机会。

基于此，本章将从经济政策变动的角度考察不确定性对企业创新的影响，并揭示企业家在其中发挥的关键职能和具体作用机制。现有文献已对相关主题进行了大量研究，但就经济政策不确定性与企业创新之间的关系而言，目前尚未得到一致结论。而对企业家不确定性容忍度在其中的调节效应，以及相应的作用机制还没有文献进行过考察。本章实证结果表明，经济政策不确定性的确会抑制企业创新，且这种抑制效应在多组稳健性检验中都一致存在。进一步研究发现，企业家不确定性容忍度可通过“资金约束缓解”和“研发激励”双重机制缓解该抑制效应。这意味着，企业家在创新过程中的确扮演着关键角色，这不仅验证了奈特（1921）以来大量学者对于企业家创新职能的判断，而且可据此提出应对经济政策不确定性的对策建议。

第二节　文献综述

研究表明，经济政策不确定性会在宏观层面影响经济运行，普遍共识是其对宏观经济具有不利影响。布鲁姆（Bloom，2009）指出，经济政策不确定性是导致经济衰退的重要原因。贝克尔等（Baker et al.，2016）的经验研究也发现，经济政策不确定性会阻碍经济复苏，历史上曾导致美国投资、产出和就业下降。理论上，已有模型证实政策不确定性的冲击会逆向影响经济产出（Panousi & Papanikolaou，2012）。此外，博恩和普菲（Born & Pfeifer，2014）和帕斯托等（Pastor et al.，2012）进一步发现政策不确定性也会影响经济周期、加剧股票市场波动。金雪军等（2014）、黄宁等（2015）的研究结果也表明，政策不确定性对我国经济增长、投资、消费等会带来负向影响。

在微观层面，鸠里奥和约克（Julio & Yook，2012）、古伦和伊恩（Gulen & Ion，2016）、伯南克（Bernanke，1983）以及才国伟等（2018）的研究发现，经济政策不确定性会抑制企业投资。伯南克（1983）以及李凤羽和杨墨竹（2015）基于实物期权理论，研究了企业在面对不确定性时的最优投资行为，其净效应是减少投资，他们进一步指出，这种经济政策不确定性的抑制效应与投资不可逆程度相关，且存在所有制差异。王义中和宋敏（2014）对这种抑制效应作用机制进行探究，发现经济政策不确定性会通过外部需求、流动性资金需求和长期资金需求的渠道来间接影响企业投资。

经济政策不确定性对企业创新的影响效应，现有文献还没有得出一致结论。一些研究发现，经济政策不确定性有利于企业创新。奈特（1921）的经典观点是，不确定性是企业利润的唯一来源，如果一切都可被预测，超额利润就会消失，企业家将失去创新激励。只有在不确定性环境下，企业家才有发挥创新才能的空间（吉云和姚洪心，2011）。阿塔纳索夫等（Atanassov et al.，2015）将美国州选举看作政府政策不确定性的外生冲击事件对此进行实证考察，发现政策不确定性会促进企业研发活动，且这种促进效应在竞争激烈的选举年份、政治敏感度高的产业以及竞争激烈程度较高的企业中更强烈。孟庆斌和师倩（2017）以及顾夏铭等（2018）利用中国上市公司数据进行实证研究，发现经济政策不确定性对企业研发投入和专利申请量具有促进效应，该促进作用的影响程度与企业所有制性质、行业特征、政府补贴、金融约束、不确定性的承受能力等因素相关。

与前相反，更多的研究确认了经济政策不确定性对企业创新的抑制效应。基于 1976 ~ 2010 年 43 个国家的经济数据，巴塔查里亚等（Bhattacharya et al.，2017）的实证结果表明，政策不确定性会阻碍技术创新，且对研发强度大的产业负面影响更大。郝威亚等（2016）基于实物期权理论进行理论和实证研究，指出企业创新具有高度不可逆性，经济政策不确定性增加会降低创新投资的价值，在事前抑制企业创新投入，进而降低创新绩效。他们还发现，这种抑制效应对融资约束小的企业以及国有企业更强烈。陈德球等（2016）的研究表明，由市委书记变更引发的政策不确定性会降低企业的创新效率，且这种抑制作用对有政治关联的企业来说更强烈。总之，这些研究不仅发现经济政策不确定性会抑制企业创新，还进一步探究了不同因素导致的抑制效应差异性。

企业家是创新的主角，创新是企业家的核心职能。在经济政策不确定的环境中，较高的不确定性容忍度和不确定性应对能力有助于企业家带领公司规避风险、迎接挑战、化“危”为“机”。加拉索和西蒙科（Galasso & Simcoe，2011）的研究表明，管理者的过度自信与企业技术创新正相关，并且在竞争激烈的行业中更为显著。赫什勒菲等（2012）也发现，高管过度自信会促进企业研发投入增加，进而提高企业创新产出。王山慧等（2013）利用沪深两市非金融行业上市公司样本进行实证研究，发现管理者过度自信对企业技术创新投入具有显著正效应。基于前景理论和委托代理理论，唐清泉等（2009）的实证研究结果表明，管理层的风险偏好显著影响研发投入水平。易靖韬等（2015）也发现，高管过度自信会促进企业增大创新投入，进而促进企业创新绩效提升。

综上，经济政策不确定性对创新的影响已被大量理论和实证研究所证实，但有关作用方向还未达成共识。对于企业家在创新过程中扮演的角色，有关文献主要考察其对创新决策、创新投入、创新绩效的直接效应，基本结论是企业家越自信、不确定性容忍度越高，企业创新表现越好。尚没有发现对企业家不确定性容忍度调节效应进行检验的文献。基于此，本章一方面将给出经济政策不确定性阻碍企业创新的新证据；另一方面进一步给出企业家不确定性容忍度对此抑制效应的缓解机制。

第三节　研究假设

（一）经济政策不确定性对企业创新的抑制效应

创新意味着大量的资源投入，在创新过程中，企业需将大量资金持续性地投入不确定的无形资产（Bhattacharya et al.，2017）。研发投入不仅具有高度不可逆性，而且具有较强的专用性（Bernanke，1983；郝威亚等，2016）。一旦投资决策失误，技术路线出现偏差，创新的前景将不容乐观。因此，如果经济政策不确定性较高，企业对于不可逆的创新投资会有更多的疑虑，创新成果的现值也更低，企业创新激励下降，创新投入减少，创新表现恶化。此外，创新活动具有周期长、高风险、投入大等特点，在经济政策不确定性较高的环境中，企业创新会增大企业的经营风险，给未来现金流带来压力。因此，企业有动机减少创新投入。进一步，经济政策不确定性还会影响企业的外部经营环境，降低企业所面临的金融市场效率（陈德球等，2016），增大企业在金融市场获得融资的难度。这些顾虑都会降低甚至阻止企业创新投入，最终影响创新绩效。基于这些分析，可以提出以下假设。

假设1：经济政策不确定性会抑制企业创新，即不确定性程度越高，企业创新水平越低。

（二）企业家不确定性容忍度的调节效应

在一个持续变化、充满不确定性的市场环境中，任何优势都很难长期保持，如果不能持续创新，企业发展终将停滞。经济政策不确定性的发生往往难以预测，是不可避免的系统性风险。在许多市场中，正在形成一种超竞争环境，竞争优势的持续时间正在不断缩短。为了生存，企业绝不能满足于原有的竞争优势，必须不断寻找发展新的竞争优势，而创新是获取新竞争优势的唯一源泉。在经济政策不确定性较高的环境中，能否通过创新持续获取竞争优势，将在很大程度上取决于企业自身拥有的企业家精神，即不确定性容忍度和不确定性应对能力。由于不确定性环境下的创新活动会增加企业的财务负担，加大经营风险，不确定性容忍度较低的企业家便会降低创新投入，甚至终止创新项目，以确保公司的稳健经营。相反，那些不确定性容忍度较高的企业家则能发现高度不确定环境中的创新机会，继续推动创新，占有那些本来会面临高度竞争的市场。基于此，可以提出以下假设。

假设2：企业家不确定性容忍度能够缓解经济政策不确定性对企业创新的负面影响，即企业家不确定性容忍度越高，经济政策不确定性对企业创新的负面影响越弱。

（三）调节效应的作用机制

较高的经济政策不确定性增大了企业未来盈利的不确定性，加大了公司未来现金流的压力，企业外部融资也更加困难。在预防性动机驱使下，企业需要平衡收支以稳健财务状况。此时，要么削减投资支出以降低现金流出，要么增加营业收入以提高现金流入（Born & Pfeifer，2014）。为了避免出现财务危机，企业在进行投资决策时会更加谨慎。对于不确定性容忍度较低的企业家而言，规避财务风险的最佳策略就是降低创新投入，彻底消除不确定性对公司正常经营的负面影响，但结果是创新水平下降。而对于不确定性容忍度较高的企业家而言，创新投入带来的财务负担可通过其他途径进行缓解，例如提升成熟业务的赢利能力、提高营运资金周转速度、压缩现有业务规模、改善资产负债状况等。因此，在经济政策不确定性较高的环境中，这样的企业不但不会降低，反而会增加创新投入以捕捉难得的创新机会，确保企业创新依然能够维持在较高水平。本章从营运资金、资产负债率、企业研发人员三个角度对此进行考察，检验不确定性容忍度是否通过这三个渠道发挥调节作用。由于前两个传导机制与资金约束有关，此处并称为“资金约束缓解机制”，后一机制与研发激励有关，此处称为“研发激励机制”。据此提出以下三个假设。

假设 2a：企业家不确定性容忍度越高，企业营运资金越充裕，经济政策不确定性对企业创新抑制效应越弱。

假设 2b：企业家不确定性容忍度越高，企业资产负债率越低，经济政策不确定性对企业创新抑制效应越弱。

假设 2c：企业家不确定性容忍度越高，企业研发人员投入越多，经济政策不确定性对企业创新抑制效应越弱。

第四节　研究设计

（一）变量定义与度量指标

创新度量一直是该领域的主要挑战，现有文献常用研发费用或研发人员数、专利申请数或授权数、新产品销售额或比重等来衡量。其中，研发费用仅仅体现了企业的研发投入，并不能够反映企业的创新效率。若企业创新能力不足，即使投入更多的研发资金和人员，也不一定带来更高的创新水平。新产品的界定较为复杂，多数时候其与其他产品的界限较为模糊，且上市公司一般不会单独披露其销售额和比重，因此很难直接用于度量创新水平。尽管专利申请数或授权数并不一定能完全商业化（董晓芳和袁燕，2014），以准确代表创新的市场价值（Audretsch，1996），并且专利数不包含创新质量的信息（陈德球等，2016），但目前仍然是相对可靠的创新度量指标。

中国知识产权局公布的专利类别有发明、外观设计和实用新型三种，目前还没有相关数据库提供专利引用频次的信息（Tian & Wang，2014），因此无法直接度量创新质量高低。本章拟采用发明专利授权数（*iapplygrant*）来衡量企业创新产出，其在一定程度上包含着创新质量的信息。首先，发明专利相比于外观设计和实用新型更具原创性，技术含量也更高。其次，专利申请不一定被成功授权，而被授权的专利相对来说应具有更高的创新质量。最后，发明专利被授权不仅表明专利拥有人获得了该创新技术的排他产权，还意味着其拥有了由该技术转化而来的无形资产和竞争优势（俞文华，2009），这就是创新的价值。

核心解释变量取自贝克尔等（2016）构建的经济政策不确定性指数（*EPU*）。该指数的构建基于其团队每个月对报纸报道文章关键术语的检索，相比于股票收益波动率等度量单一方面不确定性程度的指标，贝克尔等构建的经济政策不确定性指数所涵盖的范围更广、内涵更丰富、信息量更大。鉴于贝克尔等构建的经济政策不确定性指数是月度数据，此处采用算术平均法将其转化为年度指标以匹配本章的年度面板数据。

对于企业家不确定性容忍度，现有研究常用问卷调查的方法进行主观度量。该方法虽然能够直接得到被调查者的风险态度认知，但对于大样本面板数据来说，几乎没有可操作性。此外，问卷调查的主观偏差也是需要考虑的问题。也有一些文献通过企业家人口特征来衡量其风险容忍程度，例如财富、年龄、学历、专业、性别、任职期限以及工作经历等，但这些变量与不确定性容忍度的显著关系并未被完全确认。因此，本章利用与不确定性容忍度高度相关的财务指标来间接衡量企业家不确定性容忍度。其基本逻辑在于，在不确定性情境中，可从企业家经济活动结果来推知其风险偏好和风险行为。借鉴汤颖梅等（2011）的研究，该方法首先选取相对来说风险较大的资产，即交易性金融资产、可供出售的金融资产以及投资性房地产，然后计算这三项资产占总资产的比值来衡量企业家不确定性容忍度，该比值越大，企业家不确定性容忍度越大，反之反是。

有关“资金约束机制”，我们首先借鉴顾夏铭等（2018）以及霍尔和勒纳（Hall & Lerner，2010）采用企业运营资本状况（*FC*）来衡量企业的资金约束。企业的营运资本状况越好，则该企业的资金约束越小，即该比率值越大，资金约束越小。同时根据已有的研究，利用资产负债率（*LEV*）来衡量企业所受的资金约束情况，即总负债占总资产的比率。企业的资产负债率越大，则其受到的资金约束越大。有关“研发激励机制”，我们利用研发人员占企业总人数的比值（*RDP*）来衡量研发投入情况。

此外，根据文献建议，选取企业年龄、企业规模、现金资产比例、资产收益率、营业收入增长率、政府补助、股权集中度等作为控制变量。其中，企业年龄（*age*）自成立日算起。企业规模（*size*）采用企业总资产的自然对数来表示。现金资产比例（*currency*）采用期末现金占总资产的比例来表示，用来衡量企业可用现金的情况。资产收益率（*ROA*）采用净利润占总资产的比值来表示，用来衡量企业的盈利能力。营业收入增长率（*GMP*）采用营业收入本年本期金额与营业收入上年同期金额的差值占营业总收入上年同期金额的比值来表示，用来衡量企业成长性。政府补助（*subsidy*）包括奖金奖励、税收优惠、产业扶持、技术改造、科研经费、人才引进等方面补助占总资产的比值来表示。股权集中度（*Cr*）采用前十大股东持股比例来表示。此外在模型中还引入了企业的固定效应和年份的固定效应。

（二）数据来源与变量的描述性统计

本章选取2009～2017年沪深两市A股的上市公司作为研究对象，有关数据来自CSMAR数据库和RESSET数据库。用来衡量企业创新的专利授权数、稳健性检验所用的人均研发费用数据来自CSMAR数据库。经济政策不确定性变量采用贝克尔等（2016）构建并由斯坦福大学和芝加哥大学联合发布的经济政策不确定性指数。根据研究目的并为确保实证结果的可靠性，本章对初始样本进行如下处理：（1）剔除金融类、保险类以及服务类的公司样本；（2）剔除ST和ST*的公司样本；（3）剔除数据缺失严重的公司样本；（4）为了消除异常值的影响，对所有连续变量在上下 1% 水平进行了缩尾处理。所有变量的描述性统计结果列于表 9 - 1。

表 9 - 1　　变量描述性统计

变量名	样本数	均值	标准差	最小值	最大值
iapplygrant	12119	12.57	88.25	0	3402
EPU	12119	214.6	103.3	98.89	364.8
prefer	21349	0.022	0.063	0	0.432
FC	17425	0.340	0.409	-0.797	2.541
LEV	17425	0.428	0.218	0.0454	0.953
RDP	7471	7.720	11.84	0	59.05
age	12119	15.04	5.646	0	37
size	12119	21.94	1.310	19.23	25.95
currency	12119	0.182	0.150	0.0094	0.725
ROA	12119	0.0426	0.0533	-0.170	0.203
GMP	12119	0.217	0.563	-0.569	4.070
subsidy	12119	0.00615	0.00944	0	0.0613
Cr	12119	4.611	14.90	0.224	75

注：样本数由各公司各年度有效样本组成。

资料来源：笔者根据描述性统计分析结果归纳整理而得。

（三）模型设定及检验策略

为了检验假设 1，以企业发明专利授权量来度量企业创新，并作为被解释变量构建如下基准面板回归模型：

$$\begin{aligned} iapplygrant_{i,t} = {} & \beta_0 + \beta_1 EPU_{i,t-1} + \beta_2 age_{i,t-1} + \beta_3 size_{i,t-1} + \beta_4 currency_{i,t-1} \\ & + \beta_5 ROA_{i,t-1} + \beta_6 GMP_{i,t-1} + \beta_7 subsidy_{i,t-1} + \beta_8 Cr_{i,t-1} \\ & + \eta_i + \mu_t + \varepsilon_{i,t-1} \end{aligned} \tag{9-1}$$

考虑到专利申请到授权的时间差，并降低内生性影响，模型（9 - 1）中所有解释变量和控制变量均滞后一期。其中，下标 i 和 t 分别表示个体和年份，β 为各变量的回归系数，η_i 和 μ_t 分别代表个体固定效应和时间固定效应，ε_{it} 为随机扰动项。

为了检验假设2，即企业家不确定性容忍度的调节作用，在基准模型（9-1）的基础上增加企业家不确定性容忍度与经济政策不确定性的交叉项，具体设定如下：

$$iapplygrant_{i,t} = \beta_0 + \beta_1 EPU_{i,t-1} + \beta_2 EPU \times prefer_{i,t-1} + \beta_3 prefer_{i,t-1} + \beta' X_{i,t-1} + \eta_i + \mu_t + \varepsilon_{i,t-1} \quad (9-2)$$

模型（9-2）中，$EPU \times prefer$ 为经济政策不确定性与企业家不确定性容忍度的交叉项，如果假设2成立，则系数 β_2 应该显著为正。X 为一系列控制变量矩阵，β' 为各控制变量的系数。

为了检验假设2a和假设2b，揭示企业家不确定性容忍度发挥调节作用的“资金约束缓解机制”，构建如下回归模型：

$$FC_{i,t} = \beta_0 + \beta_1 prefer_{i,t} + \beta' X + \eta_i + \mu_t + \varepsilon_{i,t} \quad (9-3)$$

$$LEV_{i,t} = \beta_0 + \beta_1 prefer_{i,t} + \beta' X + \eta_i + \mu_t + \varepsilon_{i,t} \quad (9-4)$$

作为该作用机制检验的第一步，模型（9-3）和模型（9-4）对企业运营资金状况和资产负债率进行回归，确认企业家不确定性容忍度是否有利于改善企业运营资金与资产负债状况，如果系数显著，则继续进行以下回归：

$$iapplygrant_{i,t} = \beta_0 + \beta_1 EPU_{i,t-1} + \beta_2 EPU \times FC_{i,t-1} + \beta' X_{i,t-1} + \eta_i + \mu_t + \varepsilon_{i,t-1} \quad (9-5)$$

$$iapplygrant_{i,t} = \beta_0 + \beta_1 EPU_{i,t-1} + \beta_2 EPU \times LEV_{i,t-1} + \beta' X_{i,t-1} + \eta_i + \mu_t + \varepsilon_{i,t-1} \quad (9-6)$$

作为作用机制检验的第二步，模型（9-5）和模型（9-6）将模型（9-2）中的调节变量分别替换为 FC 和 LEV，考察企业运营资金和资产负债率两个资金约束变量是否存在对不确定性的调节效应。

为了检验假设2c，我们按照企业家不确定性容忍度高低将样本分成2组分别回归。具体操作为，首先按行业分别计算企业家不确定性容忍度平均值；然后以此为基准将同行业中大于等于行业均值的样本归入不确定性容忍度较高组，小于均值的归入不确定性容忍度较低组；最后利用以下回归模型进行分别检验，通过观察两组样本的回归系数的差异，以得到假设2c的间接证据。

$$iapplygrant_{i,t} = \beta_0 + \beta_1 EPU_{i,t-1} + \beta_2 RDP_{i,t-1} + \beta_3 age_{i,t-1} + \beta_4 size_{i,t-1} + \beta_5 currency_{i,t-1} + \beta_6 ROA_{i,t-1} + \beta_7 GMP_{i,t-1} + \beta_8 subsidy_{i,t-1} + \beta_9 Cr_{i,t-1} + \eta_i + \mu_t + \varepsilon_{i,t-1} \quad (9-7)$$

第五节　实证结果分析

（一）直接效应和调节效应

首先，考察经济政策不确定性对企业创新的直接效应。表 9－2 列（1）、列（2）报告了模型（1）的回归结果。从中看出，无论是否加入控制变量，经济政策不确定性指数的系数都显著为负，这表明经济政策不确定性对企业创新的确存在显著抑制效应，假设 1 得到支持。该结果与陈德球等（2016）以专利授权量衡量企业创新的研究结果相一致，但与顾夏铭等（2018）以专利申请量和研发强度衡量企业创新的研究结果相反，这意味着经济政策不确定性可能会显著降低企业创新质量，但不一定会降低创新投入。

其次，分析各控制变量的直接效应。列（2）表明，规模越大的企业，其创新能力越强。这与熊彼特（Schumpeter，1942）的预测相一致，即大企业具有创新方面的规模经济和垄断优势，因为规模较大的企业具有充足的现金流，以负担创新活动的高昂费用，而创新活动的大量开展还可以实现创新过程中的风险分散和发挥协同效应。这些都有助于大企业抵消经济政策不确定性增加带来的负面影响。此外还发现，盈利能力越强，成长性越好的企业创新水平越高，这暗示着企业经营业绩与创新是相互促进的关系。对于企业家能力较高的企业而言，经济政策不确定性的负面影响是可以通过改善现有业务盈利状况、持续推动企业扩张来缓解的。政府补贴系数不显著，表明政府补贴并不能提高企业创新水平，这与顾夏铭等（2018）结果不一致。一种可能的解释是，政府补贴有可能会驱使企业申请更多的专利，但并不能从根本上提高企业的创新能力和创新质量，导致专利授权量不受影响。此外，企业年龄和股权集中度也不显著，这与大多数文献一致。

最后，考察企业家不确定性容忍度的调节作用。表 9－2 中列（3）和列（4）报告了模型（2）的回归结果。可以看出，无论是否加入控制变量，企业家不确定性容忍度和经济政策不确定性交叉项的系数都显著为正，这表明，企业家不确定性容忍度能够调节经济政策不确定性与企业创新之间的负向关系，即企业家不确定性容忍度越高，经济政策不确定性对企业创新的抑制效应越弱，假设2得到支持。作为企业创新的主角，企业家是一个最善于应对不确定性的群体。在市场均衡条件下，企业家通过创新制造非均衡，主动带来内生不确定性，并从中赚取超额利润。而在市场非均衡状态下，企业家主动迎接外生不确定性，一方面化解不确定性给企业带来的负面影响；另一方面更重要的是，企业家会充分利用不确定性带来的创新机会，为企业开创更大的发展空间。

根据实证结果，经济政策不确定性的确会导致创新受阻，但对于不确定性容忍度较高的企业而言，其影响不仅可以得到缓解，甚至可以反转。根据列（4）的结果容易算出，当企业家不确定性容忍度达到约0.272时，不确定性的负面效应将会被完全抵消，即：$-0.0395+0.145\times0.272\approx0$。进一步，当企业家不确定性容忍度超过临界值0.272时，较高的经济政策不确定性反而有利于企业创新。从表9-1得知，样本公司不确定性容忍度的最大值为0.432，可以推知，有不少不确定性容忍度较大的公司不但不会受经济政策不确定性的不利影响，反而会充分利用不确定性带来的市场非均衡机会，大力推动企业创新（见图9-1）。该结果在现有研究中还未被发现过，强有力地支持了企业家在创新过程中发挥着关键作用这一观点。

表9-2　　直接效应和调节效应

被解释变量 *iapplygrant*	直接效应		调节效应	
	(1)	(2)	(3)	(4)
L. *EPU*	-0.0401** (0.0157)	-0.0362*** (0.00650)	-0.0439*** (0.0162)	-0.0395*** (0.00694)
L. *EPU* × *prefer*			0.107** (0.0501)	0.145** (0.0598)
L. *prefer*			-1.873 (16.96)	-40.44 (28.16)
L. *age*		1.046 (1.163)		1.004 (1.163)
L. *size*		1.832* (1.075)		1.665* (0.948)

续表

被解释变量 *iapplygrant*	直接效应		调节效应	
	(1)	(2)	(3)	(4)
L. *currency*		-17.36** (8.200)		-17.84** (8.260)
L. *ROA*		36.64** (15.01)		36.63** (15.01)
L. *GMP*		1.471** (0.667)		1.498** (0.672)
L. *subsidy*		93.37 (87.02)		100.1 (80.82)
L. *Cr*		0.170 (0.132)		0.161 (0.133)
常数项	15.80*** (5.074)	-44.29 (28.73)	16.10*** (4.990)	-38.90 (27.72)
个体固定效应	是	是	是	是
年份固定效应	是	是	是	是
样本量	13842	12119	13806	12119
R^2	0.014	0.018	0.015	0.018

注：***、**、*分别表示在1%、5%、10%的水平上显著，括号里的值是标准误。
资料来源：笔者根据回归结果归纳整理而得。

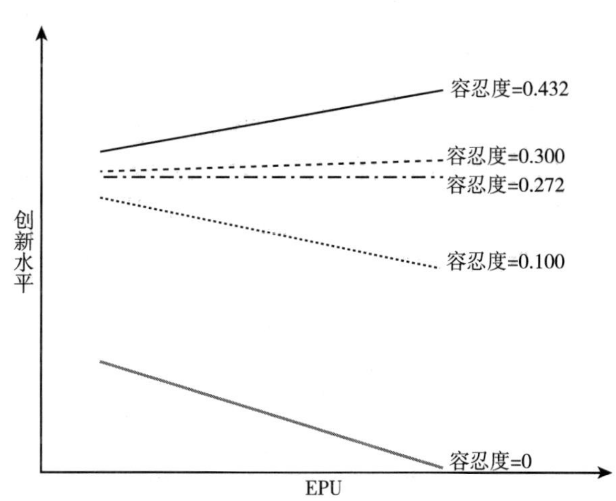

图9-1　企业家不确定性容忍度的调节效应

资料来源：笔者根据回归结果归纳整理而得。

（二）调节效应作用渠道一——资金约束缓解机制

为了揭示企业家不确定性容忍度调节效应的作用机制，需要进一步考察其间的传导过程。根据研究设计，第一步，需要检验企业家不确定性容忍度是否有助于放松企业资金约束，即改善企业运营资金状况，并降低资产负债率。表 9－3 报告了模型（3）和模型（4）的回归结果。从列（1）看出，企业家不确定性容忍度的系数显著为正，这表明其有助于增加企业的运营资金。列（2）的结果则显示，企业家不确定性容忍度的系数显著为负，这表明其能够有效降低企业资产负债率。

第二步，需要直接检验运营资金和资产负债率的调节效应，如果显著，则表明企业家不确定性容忍度的确可以通过改善运营资金和资产负债状况，间接缓解经济政策不确定性对企业创新的抑制效应。表 9－4 报告了模型（5）和模型（6）的回归结果。从列（1）可以看出，企业运营资金和经济政策不确定性指数交叉项的系数显著为正，假设 2a 得到支持。列（2）的结果也表明，企业资产负债率和经济政策不确定性指数交叉项的系数显著为负，假设 2b 得到支持。

综合来看，企业家不确定性容忍度越高，企业运营资金和资产负债状况越好，经济政策不确定性对于企业创新的负面效应越弱。当企业家不确定性容忍度高于 0.272 时，经济政策不确定性反而有利于企业创新。

表 9－3　　资金约束缓解机制检验（第一步）

被解释变量	(1)	(2)
	运营资金	资产负债率
prefer	0.252*** (0.0715)	-0.0858*** (0.0241)
age	0.140*** (0.00338)	-0.0109*** (0.00184)
size	-0.230*** (0.00804)	0.0248*** (0.00271)
currency	0.639*** (0.0276)	-0.343*** (0.0149)
ROA	-0.0547 (0.0508)	-0.683*** (0.0381)

续表

被解释变量	(1)	(2)
	运营资金	资产负债率
GMP	0.0443*** (0.00517)	0.0181*** (0.00223)
subsidy	6.843*** (0.543)	1.261*** (0.159)
Cr	-0.000914** (0.000447)	-0.000624*** (0.000239)
年份固定效应	是	是
企业固定效应	是	是
常数项	2.763*** (0.181)	0.159** (0.0676)
样本量	17425	17425
R^2	0.759	0.216

注：***、**、*分别表示在1%、5%、10%的水平上显著，括号里的值是标准误。
资料来源：笔者根据回归结果归纳整理而得。

表9-4　　资金约束缓解机制检验（第二步）

被解释变量 *iapplygrant*	(1)	(2)
	运营资金	资产负债率
L. *EPU*	-0.0435*** (0.00816)	-0.0157** (0.00781)
L. *Fc*×*EPU*	0.0309** (0.0146)	
L. *LEV*×*EPU*		-0.0494*** (0.0160)
L. *age*	0.290 (1.186)	1.029 (1.164)
L. *size*	3.282*** (1.265)	2.077* (1.071)
L*currency*	-21.18** (9.081)	-19.23** (8.160)

续表

被解释变量 iapplygrant	(1)	(2)
	运营资金	资产负债率
LROA	37.14** (15.08)	31.79** (15.07)
L. GMP	1.160* (0.633)	1.661** (0.669)
L. subsidy	52.61 (82.88)	104.1 (85.85)
L. Cr	0.177 (0.132)	0.171 (0.132)
年份固定效应	是	是
企业固定效应	是	是
常数项	-63.99** (30.67)	-49.00* (28.54)
样本量	12119	12119
R^2	0.019	0.019

注：***、**、*分别表示在1%、5%、10%的水平上显著，括号里的值是标准误。
资料来源：笔者根据回归结果归纳整理而得。

（三）调节效应作用渠道二——研发激励机制

除了资金约束缓解机制，企业家不确定性容忍度还有可能通过研发激励的渠道缓解不确定性对创新的不利影响。将样本以企业家不确定性容忍度行业均值为标准进行高低分组后，利用模型（7）进行分组回归，有关结果见表9-5。可以看出，列（1）混合样本的回归结果与基准模型基本一致，且研发投入不显著，这表明总体上很难看出研发激励对于企业创新的影响效应。列（2）报告了高不确定性容忍度一组的回归结果，可以看出，研发投入变量显著影响企业创新，而经济政策不确定性系数则变得不再显著。该结果表明，当企业家不确定性容忍度较高时，经济政策不确定性不会阻碍创新，且研发投入越多，企业创新水平越高。因此，企业被激励增加创新投入，充分利用不确定性带来的创新机会。而在低不确定性容忍度一组的回归结果中，经济政策不确定性又

表现出对于企业创新的抑制效应，且研发投入不再显著影响企业创新，企业失去增加研发投入以改善创新绩效的动力。据此，假设 2c 也得到实证支持。

表 9－5　　研发激励机制

被解释变量 iapplygrant	(1)	(2)	(3)
	整体	高不确定性容忍度	低不确定性容忍度
L. *EPU*	－0.0204 ** (0.00837)	0.0192 (0.0358)	－0.0213 ** (0.0108)
L*RDP*	0.0741 (0.113)	0.582 * (0.308)	－0.00993 (0.144)
L. *age*	－0.543 (0.848)	－4.095 (2.764)	0.153 (0.979)
L. *size*	1.621 (2.278)	6.192 (18.41)	0.332 (1.206)
L. *currency*	－14.39 ** (5.755)	－6.403 (7.086)	－14.04 * (7.238)
L. *ROA*	38.03 ** (16.22)	－7.921 (28.72)	40.65 ** (19.48)
L. *GMP*	1.208 (0.967)	1.099 (3.707)	1.944 ** (0.965)
L. *subsidy*	－35.91 (113.9)	－223.5 (489.0)	－32.62 (98.72)
L. *Cr*	0.0691 (0.0836)	0.0610 (0.211)	0.0738 (0.0934)
常数项	－18.22 (47.36)	－73.65 (389.9)	0.0708 (26.01)
年份固定效应	是	是	是
企业固定效应	是	是	是
样本量	9321	1850	7471
R^2	0.020	0.028	0.018

注：***、**、* 分别表示在 1%、5%、10% 的水平上显著，括号里的值是标准误。
资料来源：笔者根据回归结果归纳整理而得。

（四）稳健性检验

为了保证计量结果的稳健性，我们替换几个核心变量进行重复检验。贝克尔等（2016）构建的经济政策不确定性指数是月度指数，之前采用算术平均法，将月度数据转化为年度数据进行计量分析。为了稳健性检验，我们还使用了年度几何平均值、加权平均以及后三个月的平均值方法来衡量经济政策不确定性，并重复了上述所有检验过程。此外，我们还用人均研发费用来替换研发人员占比，作为新的研发激励变量，同样重复了所有检验。关键结果均保持一致，这表明我们的分析是稳健的，限于篇幅，有关结果未在此呈现。

第六节　小　结

不确定性与企业创新的关系是大量文献关注的焦点。就经济政策不确定性而言，其是否会抑制企业创新，现有研究尚未得到一致结论。本章利用我国 A 股上市公司的面板数据，基于贝克尔等的经济政策不确定性指标，对其与企业创新的关系进行实证检验。结果表明，经济政策不确定性上升会阻碍企业创新，而企业家不确定性容忍度能在一定程度上缓解这一不利影响。进一步研究发现，该调节效应通过“资金缓解机制”和“研发激励机制”发挥作用。企业家不确定性容忍度越高，企业资金运营和资产负债状况越好，研发激励越强，经济政策不确定性对于企业创新的抑制效应越弱。对于具有较高不确定性容忍度的企业家而言，经济政策不确定性甚至会促进企业创新，因为这类企业家更善于利用不确定性带来的创新机会，知难而上、“危”中寻“机”。

本章可能的边际贡献体现在两个方面。首先，现有研究大多从股权性质、融资约束等企业特征，以及企业外部环境来探讨经济政策不确定性对企业创新的影响，但对创新的主角——企业家关注极少。本章通过检验企业家不确定性容忍度的调节效应，“恢复”了企业家在创新过程中的关键地位。其次，我们进一步揭示了企业家不确定性容忍度影响创新的传导过程和作用机制，通过“资金约束缓解机制”和“研发激励机制”，企业家不确定性容忍度不仅可以缓解经济政策不确定性对于企业创新的阻碍作用，而且在一定条件下甚至会反转两者的关系，即促进创新。这一发现对该领域是一个有意义的补充。

第十章

风险投资对创业型企业创新的影响效应和传导机制

风险投资在创业型企业创新过程中扮演着重要角色，本章试图检验其促进创新的直接、间接效应以及具体传导机制。基于新构造的复合加权创新指标进行实证分析，结果表明，风险投资介入能显著提升创业型企业的创新水平。在多轮稳健型检验，以及利用倾向得分匹配和处理效应模型解决自选择偏差和内生性问题之后，核心结论依然保持一致。进一步研究发现，风险投资通过双重调节效应和部分中介效应推动企业创新。一方面，正向调节不确定性和管理层持股对创新的效应；另一方面，通过研发投入的部分中介机制间接推动创新。本章有关发现从创新角度加深了对风险投资增值服务的理解，也可为创业融资双方如何合作创新、共创价值提供参考。

第一节　引　言

创新是创业型企业生存和发展的必要条件。为了在有限的市场中争取生存空间，初创企业需要利用创新武器对在位企业发起攻击（Christensen & Rosenbloom，1995；福斯特，2008），而为了在激烈的竞争中发展壮大，也需要基于其创新能力构建起持续性竞争优势。创新的源泉是企业家精神，但创新的真正出现和扩展有赖于其他诸多条件，其中之一就是资本的支持（田轩，2018）。创新的本质在于制造或利用市场非均衡带来的超额利润机会，这意味着创新必然是一个艰难的过程，其基本特征是投资回收期长、不确定性程度高、信息不对称较为严重。因此，银行等传统金融机构很难对创业型企业的创新活动提供足够的资金支持（Zider，1998）。

创新史研究表明，早期重大的创新主要依赖于非正式的关系融资，例如家庭资助、亲友协助、富裕人士赞助等。直到 1946 年，哈佛商学院的多里特（Doriot）教授联合麻省理工学院的康普顿（Compton）院长创立美国研究与发展公司（ARD），专门针对高科技创业型企业进行投资，风险投资这类非常特殊的融资形式才出现并逐步发展起来。大量理论和经验研究表明，风险投资独特的融资契约、有限合伙制度以及双边激励机制，很好地解决了资本与创业创新的合作难题。不少创业型企业因此获得了难得的发展机遇，最终成长为伟大的公司，如英特尔、苹果、谷歌、联邦快递等。

目前已有大量文献考察过风险投资与企业创新的关系，但对于其间的交互效应和作用机制，依然众说纷纭。而对处于发展早期的创业型企业而言，限于数据可获得性的问题，有关风险投资介入是否有利于创新的证据还明显不足。由于创新对于创业型企业的生存和发展至关重要，而风险投资又是创业型企业的主要融资渠道，因此，找到风险投资影响创业型企业创新的确切证据，并揭示有关因素的传导机制和作用机理非常必要。本章拟从创新的本质出发，通过考察风险投资在创业型企业创新过程中扮演的特殊角色，从经验上揭示风险投资促进创新的基本原理和作用机制。

基于中国创业板上市公司截至 IPO 时的创新表现数据，本章实证研究发现，风险投资进入显著提升了创业型企业的创新水平，该结论在多轮稳健性检验后依然保持一致。[①] 分位数回归表明，企业创新水平越高，风险投资介入的创新促进效应越强。进一步检验发现，风险投资通过双重调节效应和部分中介效应两种机制影响创新，即正向调节不确定性、管理层股权激励与企业创新的关系，并通过提升创业型企业的研发投入间接促进创新。这些发现不仅加深了我们对于风险投资在创新过程中的特殊角色及其作用机制的理解，而且有助于创业融资双方更好地拟定和实施融资契约，激励创新，共创价值。

---

① 包括增加控制变量、替换部分控制变量、替换被解释变量、利用其他回归方法、利用 PSM 和处理效应模型解决自选择偏差和内生性问题等，具体参见本章第四、五节。

第二节 文献综述

（一）风险投资与企业创新

风险投资对创业型企业生存和发展的重要性已被大量理论和经验研究所支持（Hellmann & Puri，2002；Sørensen，2007）。除了提供企业发展所必需的融资渠道之外，风险投资还通过多种方式给企业带来额外价值（Fried et al.，1998；Wang et al.，2003），其中，其识别和激励创新的功能尤其值得关注（王兰芳和胡悦，2017）。大量研究发现，依靠其特殊的治理模式和动态契约机制，风险投资支持的创业型企业比不被支持的企业具有更高的创新水平（Chemmanur et al.，2011；谢雅萍和宋超俐，2017）。

早期研究以柯图姆和勒纳（Kortum & Lerner，2000）为代表，其基于美国20个行业的数据，在行业层面考察风险投资与专利申请之间的关系。结果发现，相对于R&D投入，风险投资对创新具有更大的正效应，后者促进创新的效率是前者的3.1倍。之后，西路卡瓦和乌达（Hirukawa & Ueda，2011）将样本增加至2001年，进一步验证了美国风险投资对产业创新和专利产出的促进效应。泰克沃娃等（Tykvova et al.，2000）对德国1991～1997年的58个样本进行实证研究，发现风险投资额增加一倍可将专利申请量提升12%，进一步地，有风险投资背景的企业数量增加一倍则可将专利申请量提升21%。哈桑等（Hasan et al.，2006）、法利亚和巴博萨（Faria & Barbosa，2014）、科尔马科夫等（Kolmakov et al.，2015）、安可卡斯特斯等（Arqué-Castells et al.，2012）等也得出类似结论。

在地区层面，徐勇等（2012）利用中国省际面板数据研究风险投资、技术创新与经济增长之间的关系，结果表明，技术创新在风险投资促进经济增长过程中发挥了中介作用。许昊等（2017）也利用中国省际面板数据进行实证研究，发现风险投资显著促进了中国区域技术创新产出，且呈现出滞后效应和“倒U型”趋势。张俊芳和郭永济（2018）以中国21个省市地区为样本，也发现了风险投资对区域创新能力的显著影响，他们的研究还表明，风险投资对于区域创新能力提升与经济增长的作用效果要好于企业研发投入。在国家层面，有学者基于欧洲21个国家面板数据的实证研究发现，尽管存在国别差异，1991～2005年欧洲各国利用仅占工业总支出平均8%的风险投资，就刺激了12%的工业创新（Popov & Roosenbam，2012）。

在微观层面，冈波斯和勒纳（Gompers & Lerner，2005）表明，风险投资介入能有效提高企业创新投入，进而提升企业创新水平。杜什尼斯基和勒诺克斯（Dushnitsky & Lenox，2006）的研究指出，风险投资介入有助于企业高效率地将研发投入转化为创新绩效。恩格尔和科尔巴切（Engel & Keilbach，2007）利用德国的样本进行实证检验，也得出了风险投资和企业创新之间具有显著正向关系。切曼努尔等（Chemmanur et al.，2011）也表明，风险投资参与可以提高创业型企业的创新水平。国内文献方面，赵先进和李雪（2016）利用1997～2010年我国七大战略性新兴产业中的240家上市公司数据进行实证研究，发现风险投资数量、风险投资的早期进入能显著提高企业的技术创新绩效。张学勇和张叶青（2016）的研究表明，风险投资支持的公司具有较好的IPO市场表现，是受其内在创新能力所驱动，而风险投资能帮助公司在IPO之前提高创新能力。吴涛和赵增耀（2016）对2012～2014年创业板上市公司的创新活动进行实证研究，发现风险投资参与能够显著提升公司的创新绩效。朱小婷和吴继忠（2018）进一步把样本扩展为2009～2016年，发现风险投资显著影响创新投入，后者进一步影响创新绩效。陈思等（2017）利用双重差分方法进行实证分析，发现风险投资进入能够促进被投企业创新，具体表现为专利申请数量的显著增长。庄新霞等（2017）利用中国10488家上市公司为样本，也得到了风险投资与企业创新绩效之间的正向关系。齐绍洲等（2017）以新能源企业为研究对象，结果表明，风险投资能够显著提升新能源企业的创新能力。基于中国企业面板数据，王兰芳和胡悦（2017）发现风险投资能显著促进企业创新。买忆媛等（2012）利用美国考夫曼创业企业基金会的“考夫曼企业调查”（Kauffman firm survey，KFS）数据进行实证研究，结果表明，具有风险投资背景的创业型企业更注重创新投入和质量，在R&D方面也有更高的投入强度。

切曼努尔等（Chemmanur et al.，2014）进一步表明，不同类型和特征的风险投资对企业创新具有不同的效应，他们发现，相对于独立风险投资（independent venture capital，IVC），公司风险投资（corporate venture capital，CVC）对创业型企业失败的容忍度更高，其所支持的企业创新能力更强。汪丽（2017）利用中国的公司进行研究，也得出类似结论，即与独立风险投资相比，公司风险投资所投新创企业表现出更高的创新绩效。利用 2000 ~ 2012 年风险投资支持的中国上市公司样本，陆瑶等（2017）对联合投资对创新的影响进行实证研究，结果表明，被风险投资进行联合投资的公司比单独投资的公司表现出更强的创新能力。陈伟（2013）基于非资本增值的视角考察了风险投资的资本来源对企业创新的影响，结果表明，政府背景的风险投资会促进企业技术创新资源的增加，而民营风险投资则有助于企业创新资源的扩大、创新成果的增加以及创新效率的提升。杨胜刚和张一帆（2017）利用中小板和创业板上市公司样本进行实证研究，发现风险投资持股背景、持股时间、声誉高低等都会影响其对企业创新的效应。于永达和陆文香（2017）发现风险投资对企业创新的效果在不同地区、内外资、不同融资约束的企业间具有一定差异。邹双和成力（2017）则指出，风险投资对创新绩效呈现动态影响效应，具体地，上市前 1 年进入企业的风险投资无助于企业创新，上市前 2 年进入的风险投资则能显著提升企业创新绩效，且对于联合投资、高资历风险投资来说效果更明显。苟燕楠和董静（2013）的研究也表明，风险投资进入企业的时期越早，其对企业技术创新的影响越大。李汉涯等（2017）利用中小板企业数据进行实证研究，发现风险投资进入的确有助于企业创新，但该效果在投资初期并不明显。此外，风险投资产权性质、公司治理结构、风险投资的经验等会影响这种有利影响。陈思等（2017）也发现了风险投资的外资背景、联合投资、投资期限等会影响其对创新的效应。庄新霞等（2017）发现风险投资对上市公司创新投入的促进作用在非国有企业和制度环境更好的地区更为明显。王兰芳和胡悦（2017）发现，外部融资依赖度更高、高新技术密集度更高的行业，以及产权保护更好的地区，风险投资对企业创新的促进作用更显著。而相对来说，非国有、高声誉、高网络资本的风险投资对创新具有更大的促进作用。

（二）风险投资促进企业创新的原理和机制

尽管有少数研究指出，风险投资与企业创新之间没有关系，甚至具有负相关性（如温军和冯根福，2018；Hellmann & Puri，2000；Engel & Keilbach，2007；Caselli et al.，2009），但多数文献表明，风险投资进入有利于企业创新。因此，进一步考察其间的传导路径和作用机制非常必要。

一个非常重要的问题是：风险投资在企业创新过程中扮演“挑选者”还是

“培育者”的角色？有研究给出了技术创新吸引风险投资这一反向因果关系的经验证据，即风险投资倾向于挑选创新水平更高的创业型企业进行投资。斯科特勒（Schertler，2007）利用15个欧洲国家1991～2001年的面板数据进行分析，结果表明，拥有较高知识资本（以专利申请量、研发人员、研发总支出度量）的国家会吸引更多的风险投资。格隆里克劳和帕帕切利斯托（Geronikolaou & Papachristou，2008）利用欧洲专利样本进行研究，发现并非风险投资推动了创新，而是创新形成对风险投资的需求，导致与专利相关的技术创新项目更容易吸引到风险投资。有学者基于奥地利166家获风投支持的企业和663家未获风投支持的企业数据，利用进行两阶段倾向得分匹配法进行实证研究，发现风险投资倾向于投向创新水平更高的企业（Peneder，2010）。邵同尧和潘彦（2011）利用1997～2008年我国24个省市面板数据进行格兰杰因果检验，发现风险投资和技术创新变量间存在长期稳定的均衡关系，一定程度上确认了技术创新与风险投资之间的反向因果关系。苏和奇多尼斯（Hsu & Ziedonis，2013）和霍能（Hoenen et al.，2014）均发现，创业型企业会用专利向资本市场发送创新能力高低的信号，专利申请量更高的企业的确更易吸引到风险投资。鲍姆和希尔维曼（Baum & Silverman，2004）也指出，风险投资在筛选投资对象时，会参考其拥有的专利和人力资本，通常更倾向于具有技术优势的初创企业。徐向阳等（2018）基于信号理论，采用1999～2016年风险投资事件与微观企业层面专利数据研究表明，企业专利活动显著影响了未来一期风险投资可能性、投资金额与企业估值。

尽管如此，多数研究还是支持风险投资在创新过程中主要扮演“培育者”的角色。例如，巴里等（Barry et al.，1990）虽然认为有风险投资支持的企业比没有风险投资支持的质量更高，一定程度支持风险投资的“筛选说”，但他们也承认，即使在风险投资加入之前企业之间没有质量差异，但在风险投资加入之后，公司质量依然得以显著提升。李汉涯等（2017）发现，有风投支持的企业和无风投支持的企业在IPO之前并没有体现出创新产出方面的显著差异，但在IPO之后，有风投支持的企业体现出更高的创新能力。克洛伯和格瑞里（Colombo & Grili，2010）利用意大利的样本得出了类似结论。因此，风险投资对创业型企业创新的积极影响更多地体现为投资后的培育，而非前期的挑选（Fitza et al.，2009）。实践中，风险投资会利用组合激励约束机制、增值服务机制等不同的管理模式来推进创业企业创新（董静等，2014），并在人力资源（Hellmann & Puri，2002）、战略联盟（Lindsey，2008）、商业经验（Bottazzi et al.，2008）、生产效率提升（Chemmanur et al.，2011）等诸多方面帮助创业企业成功。

风险投资介入提升企业创新的途径和机制较为复杂。李汉涯等（2017）表明，风投通过自己的丰富经验和选择更适应创新的公司治理结构来推动企业创新。博塔兹等（Bottazzi et al.，2008）和塞里柯尔特等（Celikyurt et al.，2014）指出，作为一种有效的股权融资方式，风险投资不仅通过进入董事会克服信息不对称，缓解融资约束，进而促进企业创新，还提供额外的增值服务协助企业创新。齐绍洲等（2017）的实证研究表明，风险投资对新能源企业创新的促进效应主要通过三个机制实现，即“资金增加效应”“创新倾向提高效应”“股东积极主义效应”。基于2011～2015年927家中国上市科技企业微观数据，于永达和陆文香（2017）发现风险投资显著提升了科技企业的创新效率，后者显然有助于创新绩效。本章将从管理层股权激励的角度，考察风险投资通过改善公司治理，进而推动企业创新的传导机制。

早期研究还表明，风险投资介入会推动企业增加研发投入，进而提升其创新绩效（Thomas，2000）。金永红等（2016）利用中国创业板上市公司样本进行实证研究，发现有VC持股的公司，其创新投入显著高于没有VC持股的公司，且VC持股比例与公司创新投入水平成正相关关系。基于2012～2014年创业板上市公司创新活动数据，吴涛和赵增耀（2016）利用CDM模型考察风险投资对创新过程中三个阶段，即研发投入、技术产出和绩效提升的可能影响，结果表明，风险投资参与能够显著提升公司创新绩效，且其效应主要通过提高研发强度和商业运营能力实现。陈思等（2017）以2006～2011年深沪两市上市公司为样本，运用双重差分模型进行实证研究，发现VC进入促进了企业创新，其进一步检验表明，VC进入有利于被投企业引入研发人才，扩大研发团队，并为被投企业提供行业经验与行业资源，这些都有利于提升创新能力。庄新霞等（2017）也发现，风险投资通过增加企业创新投入以促进其创新产出。杨胜刚和张一帆（2017）以中小板和创业上市公司为样本进行实证研究，发现风险投资持续持股会使企业的研发投入增加，研发效率提升，创新产出增加。付雷鸣等（2012）也发现，相对于非VC的机构投资者，VC持股能够显著提升企业的创新投入水平。朱小婷和吴继忠（2018）基于2009～2016年创业板上市公司样本，利用DCM模型对企业创新过程进行实证研究，结果发现，有风险投资背景的企业其创新投入更高，并且风险投资持股比例会对创新投入、创新产出和经营绩效都有显著提升效应。进一步检验表明，风险投资通过提高企业研发投入来提升产出成果和经营绩效。赵毅等（2016）发现，风险投资持股显著影响上市后企业创新投入，并且会缓解由于CEO弱权造成的企业创新投入不足的问题。基于此，本章将研发投入作为中介变量引入创业型企业的创新过程，揭示风险投资如何在其中发挥推动作用。

创新过程必然面临高度不确定性，这在奈特（1921）以后已形成基本共识，那么，风险投资进入会影响其对创新的效应吗？汪丽（2017）发现，环境不确定性会强化公司风险投资与企业创新之间的关系，即不确定性程度越高，公司风险投资对创新的积极效应越强。基于创业板上市公司数据，许昊等（2016）表明，不确定性会影响公司IPO绩效，风险投资介入并不能缓解由此导致的价值低估问题。董静等（2017）以中小板和创业板上市公司为样本，尝试从行业专长和不确定性两个维度出发，考察风险投资对如何影响不同管理模式的创业型企业的创新绩效。结果表明当创业型企业面临较高不确定性时，风险投资不应强化对企业家的监督控制，而在风险投资具有较高行业专长的情况下，服务加强型管理模式最有利于企业创新。从联合风险投资（syndication of venture capital，SVC）角度出发，陈敏灵等（2013）发现，创业项目新颖性越高，环境不确定性越大，风险投资越倾向于联合投资。康永博等（2017）从组织间学习视角进行研究，发现行业不确定性的增加会强化公司风险投资对企业创新的积极效应。本章将从创新的本质出发，对风险投资在创业型企业应对不确定性过程中扮演的特殊角色进行考察，以此揭示风险投资有助于企业创新的重要机制。

第三节　研究方法

（一）数据来源

本章研究对象为截至2019年7月在中国创业板挂牌的所有上市公司。考虑到风险投资的主要功能是为上市前创业型企业提供融资和增值服务，为了准确揭示风险投资对企业创新的影响效应和作用机制，我们将注意力集中到公司

IPO 这一时点。这意味着 IPO 之前，这些公司都被视为创业型企业，可以契合本章研究目的。被解释变量和核心解释变量数据均来自招股说明书①，部分控制变量来自国泰安 CSMAR 数据库，另外包括来自 CVSource、历年《中国创业投资行业发展报告》、国家知识产权局的部分补充信息。根据研究目的和相关文献建议，删除其主营业务与自主创新明显没有关系的公司，最终样本包含 741 家公司。

（二）变量定义及度量

被解释变量为企业创新水平（*lninv_wwh*），其定义和度量是相关研究领域的主要挑战（Kortum & Lerner，2000；Tian & Wang，2014；李汉涯等，2017）。现有文献常用专利申请量、专利授权量、专利引用量、新产品营业收入及占比、研发投入等作为代理变量，其测度都会面临一定偏差（温军和冯根福，2018）。为了更准确地度量创业型企业的创新水平，本章基于公司招股说明书披露的三种类型专利②，并纳入软件著作权③，构造一个复合加权的创新度量指标。具体来说，根据其创新程度，对发明专利赋予权重 1，实用新型权重 0.5，外观设计权重 0.2，软件著作权权重 0.5。此外，考虑到已提交的专利申请也属于当期创新成果，我们根据国家知识产权局公布的 2010～2017 年各类型专利申请量和授权量，按照发明专利授权滞后 2 年计算，实用新型和外观设计授权当年计算，计算出各类型专利平均被授权比例，据此将公司专利申请量折算进入创新指标，以下是该复合指标的计算公式：

$$0.5S + I_g + 0.371I_a + 0.5(U_g + 0.732U_a) + 0.2(D_g + 0.71D_a) \quad (10-1)$$

其中，S 表示软件著作权，I 表示发明专利，U 表示实用新型，D 表示外观设计，下标 g 表示已授权专利，a 表示处于申请状态的专利。得到复合创新指标后，为了消除极端值的影响，根据其频率分布，对上端值进行 1% 缩尾处理，并以加 1 后取对数的形式进入回归方程。此外，为了确保实证结果的稳健性，在

① 相对于其他来源，招股说明书披露的创新和风险投资数据更为可靠和完整。此外，根据张学勇和张叶青（2016），他们将通过招股说明书获得的专利数据与国家知识产权局抽样查取的数据进行比对，发现招股说明书提供的信息具备足够完整性、真实性和可靠性。

② 即发明专利、实用新型和外观设计。

③ 因为有不少创业板上市公司以软件开发为其主营业务。

核心模型中使用多个替代变量来进行重复检验[①]，具体结果参见第四节。

核心解释变量是风险投资介入与否（*vc*）。根据现有文献通行做法（例如，吴超鹏等，2012；金永红等，2016；朱小婷和吴继忠，2018），我们首先查询招股说明书披露的前10大股东，如果其名称包含“风险投资”“风投”“创业投资”“创投”“创新投资”“风险资本”“创业资本”等字段，则直接判断其存在风险投资介入（即 $vc=1$）。其次，对于不满足前一条件的公司，查询历年《中国创业投资行业发展报告》中列出的备案创业投资机构名录，如果有股东进入该名录，则确认其存在风险投资介入。最后，查询CVsouce提供的活跃股权投资机构名录，该名录列入了1万多家活跃的投资机构，并提供了机构类型信息（VC/PE），如果有公司股东进入该名录，且其机构类型为VC，则该公司被确认为存在风险投资介入。最终确认，截至IPO时有397家公司存在风险投资机构介入，344家公司不存在，前者占比53.58%。

不确定性程度（*unct*）。创业型企业在创新过程中面临着高度不确定性，风险投资可在一定程度上协助其合理应对。鉴于IPO之前有关不确定性的度量指标无法获取，本章借鉴游家兴等（2006）、淳等（Chun et al.，2008）、邓可斌和丁重（2010）采用的公司特质信息指标，基于公司上市后250个交易日样本估计资产定价模型，计算其调整后拟合系数 R^2，然后取 $1-R^2$ 度量公司不确定性程度。相对于汪丽（2017）基于销售收入波动计算的环境不确定性指标，利用公司特质信息得到的不确定性指标基于市场发现信息的功能，能更好地反映创业型企业面临的复杂不确定性环境，这种奈特意义上的不确定性很难在事前被市场准确定价（Chan et al.，2001；Hirshleifer et al.，2013；吉云和姚洪心，2011）。为了确保结果的稳健性，我们采用收益波动率作为替代变量进行重复检验，具体参见第五节。

上市前研发投入（ln*rdl_wh*）。根据本章研究设计，研发投入是风险投资介入推动企业创新的一个传导机制。考虑到企业研发投入到创新产出的滞后性，我们取公司IPO前3年研发投入的平均值作为代理变量，对其进行上端值1%缩尾处理，并以取对数形式进入计量模型。其他变量及其定义见表10-1。

---

① 包括简单加总软件著作权和三类申请/授权专利（*inv_s*）、简单加总申请/授权发明专利（*inv_si*）、已授权发明专利（*inv_gi*）等。

表 10-1 变量定义及度量

变量名	符号	定义和度量	数据来源
创新水平	*lninv_wwh*	复合加权软件著作权、三种类型专利的申请量和授权量等指标，缩尾处理并加 1 取对数	招股说明书、国家知识产权局
风险投资	*vc*	上市时十大股东中是否存在风险投资机构，是取 1，否取 0	招股说明书、《中国创业投资行业发展报告》、CVSource 活跃股权投资机构名录
不确定性程度	*unct*	$1-R^2$，R^2 根据上市后 250 个交易日样本估计资产定价模型得到	国泰安 CSMAR 数据库
上市前研发投入	*lnrdl_wh*	IPO 前 3 年研发投入平均值，缩尾处理并取对数	招股说明书
营业收入	*lnincm2_wh*	上市当年营业收入（百万元），缩尾处理并取对数	国泰安 CSMAR 数据库
公司年龄	*age_wh*	截至 IPO 时公司成立年限，缩尾处理	招股说明书
资产收益率	*roa*	上市当年总资产收益率	国泰安 CSMAR 数据库
资产负债率	*adr*	上市当年资产负债率	国泰安 CSMAR 数据库
董事会持股比例	*bshr*	上市当年董事会持股比例	国泰安 CSMAR 数据库
管理层持股比例	*mshr*	上市当年管理层持股比例	国泰安 CSMAR 数据库
上市年份	*y_ipo*	公司 IPO 年份	深圳证券交易所
所在省份风险投资占比	*rvc_p*	公司所在省份吸引风险投资占全国的比重	《中国创业投资行业发展报告 2014》
全国风险投资规模	*gvc_year*	上市之前两年的全国风险投资总额	清科研究中心：《2018 年中国股权投资市场回顾与展望》
所在省份虚拟变量	*prvc_num*	如果属于某省份，则该省份虚拟变量取 1，否则为 0	深圳证券交易所

资料来源：笔者根据模型归纳整理而得。

（三）检验方法及程序

首先，检验本章核心假设：风险投资介入能否提升创业型企业创新水平。基准回归模型如下：

$$lninv\_wwh = \beta_0 + \beta_1 vc_i + \gamma' X_i + \varepsilon_i \tag{10-2}$$

其中，X_i代表其他控制变量，γ是相应的系数向量。为了解决不可避免的自选择偏差和内生性问题，我们进一步利用倾向得分匹配（PSM）和处理效应模型（treatment effects model）两种方法对基准回归结果进行确认。根据文献建议（例如，吴超鹏等，2012；邹双和成力，2017；王兰芳和胡悦，2017），结合数据可得性，用于 PSM 的匹配变量包括资产负债率（*adr*）、资产收益率（*roa*）、上市年份全国风险投资规模（*gvc_year*）、所在省份风险投资占比（*rvc_p*），而处理效应模型的工具变量也由这四个指标构成。此外，为了保证核心结论的稳健性，我们将使用多个被解释变量和解释变量的替代指标进行重复检验，具体结果参见本章第四、五节。

其次，在核心假设得到稳健支持的情况下，利用分位数回归方法进一步考察不同创新水平的创业型企业是否体现出风险投资的不同效应。该结果有助于揭示风险投资与企业创新能力之间的交互关系，为最大限度发挥风险投资的创新激励功能提供依据。

最后，我们从 3 个角度检验风险投资介入推动企业创新的传导机制。（1）检验风险投资对不确定性的调节效应，呈现风险投资协助创业型企业应对不确定性环境的功能；（2）检验研发投入的中介效应，揭示风险投资介入推动企业增加研发投入，进而提升创新绩效的作用机制；（3）检验风险投资对管理层持股的调节效应，验证风险投资介入强化股权激励的公司治理效应。

第四节　影响效应分析

（一）描述性统计

表 10－2 给出了主要变量的描述性统计结果，几个核心变量经缩尾和对数化处理后，极端值已被消除，最小值和最大值之间的差距较为合理。表 10－3 根据风险投资介入与否分组统计，并进行均值检验。初步结果表明，风险投资介入的确导致企业的平均创新水平呈现显著差异。此外，上市前研发投入、营业收入、资产收益率、上市之前 2 年全国风险投资总额等变量的均值也呈现出显著差异。表 10－4 是相关系数矩阵，从中看出董事会持股与管理层持股高度相关（ρ = 0.987），为了避免多重共线性，之后的回归模型只纳入管理层持股变量进行估计。

表 10 - 2　　主要变量描述性统计

变量	样本量	均值	标准差	最小值	最大值
lninv_wwh	738	3.112	0.985	0	5.572
vc	741	0.536	0.499	0	1
unct	701	0.761	0.117	0.41	0.98
lnrdl_wh	737	7.211	0.806	4.197	9.74
lnincm2_wh	714	5.754	0.685	3.983	7.695
age_wh	741	12.339	4.621	2	25
roa	714	0.158	0.076	0.02	0.49
adr	714	0.378	0.15	0.04	0.76
bshr	694	0.328	0.21	0	0.77
mshr	694	0.348	0.218	0	0.78
y_ipo	741	2013.668	2.992	2009	2019
rvc_p	741	0.088	0.049	0	0.16
gvc_year	741	658.876	504.173	184.48	2025.88

资料来源：笔者根据描述性统计分析结果归纳整理而得。

表 10 - 3　　风险投资是否介入均值差异检验

变量	风险投资介入（$N=397$）		风险投资未介入（$N=344$）		均值差异检验	
	均值	标准差	均值	标准差	均值差异	t 统计量
lninv_wwh	3.242	1.001	2.963	0.945	0.279***	3.883
unct	0.765	0.121	0.756	0.113	0.009	0.979
lnrdl_wh	7.303	0.839	7.103	0.754	0.2***	3.385
lnincm2_wh	5.807	0.674	5.694	0.694	0.113**	2.202
age_wh	12.506	4.625	12.145	4.617	0.361	1.06
roa	0.144	0.071	0.172	0.079	-0.028***	-5.017
adr	0.386	0.147	0.369	0.152	0.0164	1.462
bshr	0.317	0.206	0.341	0.215	-0.025	-1.542
mshr	0.336	0.213	0.362	0.223	-0.026	-1.585
y_ipo	2013.932	3.019	2013.363	2.936	0.569**	2.59
rvc_p	0.089	0.0496	0.087	0.048	0.002	0.678
gvc_year	699.248	520.194	612.284	481.581	86.964**	2.349

注：***、**、* 分别表示在 1%、5%、10% 的水平上显著，括号里的值是标准误。

资料来源：笔者根据均值检验结果归纳整理而得。

表 10-4　　相关系数矩阵

	lninv_wwh	vc	unct	lnrdl_wh	lnincm2_wh	age_wh	roa
vc	0.141						
unct	0.143	0.037					
lnrdl_wh	0.558	0.124	0.100				
lnincm2_wh	0.296	0.082	-0.009	0.692			
age_wh	0.198	0.039	0.174	0.227	0.223		
roa	-0.136	-0.185	0.000	-0.137	-0.268	-0.222	
adr	-0.006	0.055	-0.149	0.073	0.399	-0.007	-0.543
bshr	0.013	-0.059	0.044	-0.127	-0.165	0.023	0.168
mshr	0.021	-0.060	0.046	-0.120	-0.164	0.034	0.161
y_ipo	0.471	0.095	0.421	0.486	0.385	0.406	-0.272
rvc_p	0.126	0.025	0.018	0.061	0.032	0.023	0.020
gvc_year	0.352	0.086	0.569	0.406	0.318	0.345	-0.224
prvc_num	-0.017	0.028	0.028	-0.032	0.020	-0.001	-0.053

	adr	bshr	mshr	y_ipo	rvc_p	gvc_year
bshr	-0.118					
mshr	-0.123	0.987				
y_ipo	-0.076	0.042	0.055			
rvc_p	-0.060	-0.030	-0.029	0.010		
gvc_year	-0.072	0.035	0.041	0.893	0.002	
prvc_num	0.048	-0.006	-0.003	0.051	-0.195	0.076

资料来源：笔者根据相关分析结果归纳整理而得。

（二）风险投资对企业创新的回归结果

表 10-5 给出了基准 OLS 回归结果①，可以看出，在包含不同控制变量组的 5 个模型中，风险投资都一致地在 5% 以上水平显著影响企业创新水平。进一步观察可以发现，模型 3～模型 5 引入研发投入变量后，风险投资的系数尽管依然

① 基准 OLS 回归已通过异方差和多重共线性检验，结论是可靠的。

显著，但绝对值变小了，这意味着研发投入可能中介了部分风险投资对创新的效应。此外，不确定性在模型2和模型3中表现出与创新的正相关性，这意味着样本公司体现出创业型企业的重要特征：存在善于应对不确定性的企业家精神。在不确定性环境下，最佳策略就是不断地创新，不确定性程度越高，市场非均衡程度越大，获取超额利润的机会越多，企业家创新动力越足（Knight，1921；吉云，2007）。

表10－5 基准OLS回归结果

因变量 *lninv_wwh*	模型1	模型2	模型3	模型4	模型5
vc	0.203*** (0.07)	0.191*** (0.07)	0.123** (0.063)	0.136** (0.059)	0.131** (0.06)
unct		0.837*** (0.303)	0.489* (0.271)	0.072 (0.317)	0.027 (0.323)
lnrdl_wh			0.781*** (0.058)	0.675*** (0.056)	0.643*** (0.059)
lnincm2_wh	0.414*** (0.059)	0.402*** (0.059)	−0.245*** (0.072)	−0.355*** (0.069)	−0.351*** (0.071)
age_wh	0.0232*** (0.008)	0.019** (0.008)	0.011 (0.007)	−0.002 (0.007)	−0.001 (0.007)
roa	−1.713*** (0.574)	−1.731*** (0.573)	−1.394*** (0.511)	0.0566 (0.517)	0.127 (0.532)
adr	−1.318*** (0.298)	−1.226*** (0.302)	−0.254 (0.279)	0.544* (0.28)	0.641** (0.286)
mshr	0.297* (0.163)	0.292* (0.162)	0.351** (0.145)	0.192 (0.138)	0.127 (0.141)
y_ipo				0.176*** (0.025)	0.184*** (0.025)
rvc_p				2.227*** (0.597)	1.93*** (0.679)
gvc_year				−0.0005*** (0.0002)	−0.0005*** (0.0002)

续表

因变量 lninv_wwh	模型 1	模型 2	模型 3	模型 4	模型 5
常数项	0.976*** (0.359)	0.432 (0.425)	-1.496*** (0.406)	-354.158*** (49.587)	-369.882*** (50.634)
prvc_num	未控制	未控制	未控制	未控制	已控制
F 统计量	17.56***	15.94***	40.02***	40.04***	12.14***
调整 R^2	0.126	0.132	0.313	0.385	0.388
观测值	693	690	686	686	686

注：***、**、*分别表示在1%、5%、10%的水平上显著，括号里的值是标准误。
资料来源：笔者根据回归结果归纳整理而得。

此外，在模型1和模型2中，营业收入与企业创新正相关，但在模型3~模型5加入研发投入后，营业收入的效应显著为负。这意味着总体上规模越大的企业，创新水平越高，这与熊彼特假说一致。规模大的企业能够投入更多资源用于研发，有效分散创新风险，并利用市场优势赚取更多超额利润。但在控制住研发投入变量后，营业收入与创新负相关，这表明如果大企业的资源主要投向非创新领域，则其创新水平不仅得不到提高，反而会逐步下降。这一结果进一步凸显出研发投入在创新过程中的关键作用。

最后，在模型1和模型2中，公司年龄、管理层持股与企业创新正相关，资产收益率、资产负债率与创新负相关，其深层次含义将在后文有关部分给出。此外，在模型4~模型5中，上市年份、所在省份风险投资占比正向影响企业创新，上市前两年全国风险投资规模负向影响企业创新。

（三）稳健性检验

前述基准回归结果会受到自选择（self selection）偏差的影响，因为风险投资机构在选择创业项目时，会把创新水平高低作为筛选标准之一（Baum & Silverman，2004；张学勇和廖理，2011）。从事后来看，我们不能确定是风险投资选择了创新能力强的公司进行投资，还是其投资后提升了公司的创新能力（Barry et al.，1990；董静等，2014）。自选择不仅导致风险投资与企业创新之间的因果关系不再可靠，而且会带来严重的内生性问题（吴超鹏等，2012）。为了确保核心结果的稳健性，我们采用两个方法解决此问题，即倾向得分匹配（PSM）和处理效应模型。

PSM 方法的关键是找到合理的协变量，在满足可忽略性假定的条件下，如此匹配后的样本不再受到自选择偏差的影响。根据文献建议及数据可得性，本章选择资产负债率（*adr*）、资产收益率（*roa*）、上市年份全国风险投资规模（*gvc_year*）、所在省份风险投资占比（*rvc_p*）4 个指标作为协变量进行倾向得分匹配，据此估计风险投资介入的平均处理效应（*ATT*）。

表 10－6 给出了一对一近邻匹配的主要结果。① 表 10－7 显示，利用倾向得分匹配后的样本进行估计，*ATT* 的 *t* 统计量达到 2.42，这表明风险投资对创新的影响仍然在 5% 的水平上显著。表 10－8 显示，最终用于估计 *ATT* 的共同取值范围样本达到 711 个，没有明显减少用于估计的有效样本数。进一步的数据平衡检验由表 10－9、表 10－10 给出，结果表明匹配后的数据的确能够降低样本选择偏差，确保回归结果的稳定性。因此，尽管风险投资机构的确会挑选那些创新能力更高的公司进行投资，其进入后还是能进一步提升所投企业的创新水平，该结果与苏等（Hsu et al.，2014）、董静等（2017）、李汉涯等（2017）、王兰芳和胡悦（2017）等一致。

表 10－6　　Logit 倾向得分估计结果

因变量 *vc*	系数	标准误
adr	－0.844	0.631
roa	－5.949***	1.345
gvc_year	0.000	0.000
rvc_p	0.509	1.564
常数项	1.283	0.479
LR 统计量	27.46	
观测值	714	

注：***、**、* 分别表示在 1%、5%、10% 的水平上显著，括号里的值是标准误。

资料来源：笔者根据 PSM 检验结果归纳整理而得。

① 为了确保 PSM 结果的稳健性，我们还利用一对四近邻、卡尺内一对四（$0.25\hat{\sigma}_{pscore}$）等不同的匹配方法进行重复估计，其结果保持一致。限于篇幅，此处没有报告，有兴趣的读者可向作者索取。

表 10－7　平均处理效应（ATT）

变量	样本	处理组	控制组	差额	标准误	t 统计量
lninv_wwh	匹配前	3.219	2.957	0.261	0.074	3.55
	匹配后	3.223	2.981	0.242	0.1	2.42

资料来源：笔者根据 PSM 检验结果归纳整理而得。

表 10－8　共同取值范围

处理与否	共同取值范围外	共同取值范围内	合计
处理	0	335	335
未处理	3	376	379
合计	3	711	714

资料来源：笔者根据 PSM 检验结果归纳整理而得。

表 10－9　各变量数据平衡情况

变量	样本	均值		偏差（%）	偏差减少（%）	t 检验		方差比 $V(T)/V(C)$
		处理组	控制组			t 值	p 值	
adr	匹配前	0.386	0.369	11.0	50.8	1.46	0.144	0.93
	匹配后	0.387	0.379	5.4		0.72	0.474	0.82
roa	匹配前	0.144	0.172	－37.5	95.6	－5.02	0.000	0.81[a]
	匹配后	0.143	0.144	－1.7		－0.2	0.795	1.04
gvc_year	匹配前	638.85	576.44	14.2	77.8	1.89	0.059	1.07
	匹配后	639.07	652.92	－3.1		－0.42	0.675	0.95
rvc_p	匹配前	0.088	0.087	2.3	68.9	0.30	0.763	1.09
	匹配后	0.088	0.088	0.7		0.09	0.925	1.00

注：a 表示方差比超出合理范围［0.82，1.22］。
资料来源：笔者根据 PSM 检验结果归纳整理而得。

表 10－10　总体数据平衡检验结果

样本	Ps R^2	LR χ^2	$p>\chi^2$	MeanBias	MedBias	B（%）	R	Var（%）
匹配前	0.028	27.18	0.000	16.2	12.6	39.4[a]	0.85	25
匹配后	0.001	0.65	0.957	2.7	2.4	5.9	0.78	0

注：a 表示 B 超过 25%，R 超出合理范围［0.5，2］。
资料来源：笔者根据 PSM 检验结果归纳整理而得。

另一种解决选择偏差问题的有效方法是处理效应模型，该方法直接对处理变量进行建模，其关键是找到合理的工具变量 Z_i 对以下处理方程进行估计：

$$D_i = 1(Z_i'\delta + u_i) \quad (10-3)$$

然后利用以下回归模型消除内生性的影响：

$$y_i = X_i'\beta + \gamma D_i + \varepsilon_i \quad (10-4)$$

表 10－11 给出了该模型的 MLE 估计结果，从中可以看出，(u_i, ε_i) 的相关系数 $\rho=0$ 的原假设被拒绝，选择性偏差导致的内生性问题的确较为严重。在纳入 4 个工具变量对处理方程进行估计后，处理效应模型中的风险投资变量（*vc*）继续在 1% 的水平显著影响企业创新。

表 10－11　　处理效应模型 MLE 估计结果

变量	因变量 *lninv_wwh*	
	系数	标准误
vc	1.522***	0.191
lnincm2_wh	0.383***	0.059
age_wh	0.021***	0.008
roa	0.049	0.731
adr	－1.001***	0.358
mshr	0.245	0.161
常数项	0.112	0.398
变量	因变量 *vc*	
rvc_p	1.674**	0.786
gvc_year	0.0003***	0.0001
roa	－2.467***	0.776
adr	－0.148	0.385
常数项	0.195	0.274
ρ	－0.744	0.065
σ	1.111	0.062
λ	－0.826	0.115
LR $\chi^2(\rho=0)$	11.45***	
wald χ^2	152.63***	
观测值	693	

注：***、**、*分别表示在 1%、5%、10% 的水平上显著，括号里的值是标准误。

资料来源：笔者根据处理效应模型检验结果归纳整理而得。

除此之外，由于本章构造的创新指标在文献中尚属首次，有必要替换为常用的指标进行重复检验，以确保核心结果的稳健性。表 10－12 给出了将授权发明专利作为创新指标，并利用泊松回归和负二项回归方法估计得到的结果。① 除了模型 6 在 10% 的水平上显著之外，其他 5 个模型都至少在 5% 的水平上显著，这意味着基准回归得到的核心结果是稳健的：风险投资介入能够显著提升创业型企业的创新水平。

表 10－12　以授权发明专利作为创新指标的回归结果

因变量 *inv_gi*	OLS		泊松回归		负二项回归	
	模型 1	模型 2	模型 3	模型 4	模型 5	模型 6
vc	3.71** (1.732)	3.688** (1.72)	0.478** (0.201)	0.451** (0.202)	0.303*** (0.111)	0.197* (0.108)
lnincm2_wh	8.889*** (1.459)	6.666*** (1.588)	0.892*** (0.171)	0.636*** (0.182)	0.89*** (0.097)	0.62*** (0.098)
age_wh	0.42** (0.198)	0.203 (0.206)	0.044** (0.018)	0.024 (0.02)	0.041*** (0.013)	0.008 (0.013)
roa	－1.168 (14.15)	16.748 (14.992)	－0.897 (1.94)	1.242 (1.836)	－3.277*** (0.884)	－0.662 (0.94)
adr	－18.749** (7.358)	－7.582 (7.974)	－2.118*** (0.741)	－0.866 (0.809)	－2.461*** (0.463)	－1.122** (0.484)
mshr	－0.302 (4.008)	－2.17 (4.024)	0.04 (0.482)	－0.1505 (0.509)	－0.091 (0.246)	－0.314 (0.24)
y_ipo		1.163* (0.7)		0.223*** (0.053)		0.245*** (0.046)
rvc_p		10.799 (17.345)		1.769 (2.397)		0.905 (1.058)
gvc_year		0.001 (0.004)		－0.000 (0.000)		－0.000 (0.000)
常数项	－41.382*** (8.861)	－2376.041* (1404.965)	－2.991** (1.41)	－450.643*** (108.005)	－2.289*** (0.531)	－495.185*** (91.864)

① 利用其他指标（例如 inv_s、inv_si、inv_gi）得到的估计结果也基本一致，限于篇幅没有给出，有兴趣的读者可向作者索取。

续表

因变量 *inv_gi*	OLS		泊松回归		负二项回归	
	模型 1	模型 2	模型 3	模型 4	模型 5	模型 6
总体统	F:	F:	wald χ^2:	wald χ^2:	LR χ^2:	LR χ^2:
计量	9.94 ***	8.15 ***	80.5 ***	103.49 ***	145.42 ***	202.94 ***
观测值	693	693	693	693	693	693

注：*** 、** 、* 分别表示在 1%、5%、10% 的水平上显著，括号里的值是标准误。

资料来源：笔者根据回归结果归纳整理而得。

（四）分位数回归结果

在前述稳健结果基础上，此处进一步考察对于不同创新水平的企业，有关变量的影响效应是否存在差异。表 10 - 13 给出基于 Bootstrap 标准误的分位数回归结果，从中可以看出，对于创新能力较低的创业型企业（10% 分位数），风险投资介入不会显著提升其创新水平。随着创新能力逐步提高（50% 分位数），风险投资对于创新的积极效应逐步呈现，对于创新能力最高的企业（90% 分位数），风险投资介入能大幅度提升其创新水平。该结果意味着，创新潜力不足的企业很难通过引入风险投资改善自身的创新绩效，由于创新潜力更多地依赖于企业自身的企业家才能（吉云和姚洪心，2011），风险投资只能起“助推器”和“鼓舞者”的作用。创新潜力更高的企业不但更容易吸引到风险投资的参与（董静等，2014；Pintado et al.，2007），还能最大限度地发挥风险投资的独特功能，激励创新，共创价值（Colombo & Grilli，2010；Hsu et al.，2014；Colombo，2016；董静等，2017）。

资产收益率（*roa*）和资产负债率（*adr*）两个控制变量对于创新的效应也表现出明显的差异。对于创新能力较低的企业，*roa* 和 *adr* 对创新都具有显著的负面影响，而对于具有较高创新能力的企业而言，两个变量的负面效应不再显著。该结果意味着，创新能力较低的企业如果过于追求短期投资回报，并试图通过债务融资改善资金状况，则其创新绩效会显著恶化。而对于创新能力较高的企业而言，提升短期回报和增加债务杠杆并不会显著影响其创新表现，其现有业务和创新产出呈现良性循环。

表 10-13　　分位数回归结果

因变量 *inv_gi*	10%分位数	50%分位数	90%分位数
vc	0.105 (0.147)	0.18** (0.09)	0.392*** (0.137)
lnincm2_wh	0.375*** (0.104)	0.457*** (0.066)	0.453*** (0.128)
age_wh	0.023 (0.018)	0.02** (0.009)	0.01 (0.017)
roa	-1.952** (0.918)	-2.189*** (0.672)	-1.726 (1.126)
adr	-1.937*** (0.605)	-1.216*** (0.313)	-0.731 (0.636)
mshr	0.713* (0.387)	0.323* (0.168)	0.232 (0.271)
常数项	0.223 (0.645)	0.799* (0.416)	1.715** (0.732)
观测值	693	693	693

注：***、**、*分别表示在1%、5%、10%的水平上显著，括号里的值是标准误。
资料来源：笔者根据回归结果归纳整理而得。

第五节　作用机制分析

与大量现有研究一致，本章基于创业板上市公司数据给出了风险投资介入能提升企业创新水平的最新证据。在这一节，我们希望更进一步从激励研发投入、应对不确定性以及改善公司治理等角度，揭示其间的传导过程和作用机制。具体地，以下依次检验研发投入的中介效应，对不确定性和高管股权激励的调节效应。

（一）研发投入的中介效应

风险投资对初创期企业的偏好依赖于其对所投企业未来巨大增长潜力的预期，而持续不断地创新是推动企业高速增长的根本保障。风险投资不但有能力在事前挑选那些创新潜力较高的初创企业，而且能够在事后进行积极的投后管理，推动所投企业持续创新。由于研发投入是企业创新的基本条件，我们预期，风险投资介入的企业应具有更高的研发投入水平，而后者又会显著影响企业创新。事实上，之前表 10－5 的基准模型 3～模型 5 已给出初步证据，现在进行更严格的中介效应检验。

表 10－14 中的模型 1 以研发投入为因变量，回归结果表明，风险投资介入显著提升了企业的研发投入水平。模型 2 以创新为因变量，解释变量中没有包括风险投资，研发投入呈现出对创新的显著影响。这意味着风险投资对创新的积极影响有可能通过研发投入的中介效应间接实现。进一步，模型 3 的结果复制于表 10－5，其呈现出风险投资的单独效应。模型 4 同时纳入风险投资和研发投入，容易看出，考虑研发投入的效应后，风险投资系数变小了，变小的幅度为 0.203－0.127＝0.076，几乎等于研发投入的中介效应，即 0.097×0.794＝0.077。因此可以得出结论，研发投入部分中介了风险投资对于创新的促进效应，风险投资介入有助于增加企业的研发投入，而后者提升了企业的创新水平。该结果与吴涛和赵增耀（2016）、金永红等（2016）、杨胜刚和张一帆（2017）、朱小婷和吴继忠（2018）等一致。

表 10－14　　研发投入的中介效应

变量	模型 1	模型 2	模型 3	模型 4
	因变量 *lnrdl_wh*	因变量 *lninv_wwh*	因变量 *lninv_wwh*	因变量 *lninv_wwh*
vc	0.097** (0.041)		0.203*** (0.07)	0.127** (0.063)
lnrdl_wh		0.804*** (0.058)		0.794*** (0.058)
lnincm2_wh	0.842*** (0.035)	－0.256*** (0.072)	0.414*** (0.059)	－0.252*** (0.072)
age_wh	0.012** (0.005)	0.013* (0.007)	0.023*** (0.008)	0.0135* (0.007)
roa	－0.49 (0.336)	－1.533*** (0.505)	－1.713*** (0.574)	－1.369*** (0.51)
adr	－1.304*** (0.175)	－0.31 (0.276)	－1.318*** (0.298)	－0.287 (0.276)

续表

变量	模型 1	模型 2	模型 3	模型 4
	因变量 lnrdl_wh	因变量 lninv_wwh	因变量 lninv_wwh	因变量 lninv_wwh
mshr	-0.079 (0.095)	0.352** (0.145)	0.297* (0.163)	0.361** (0.144)
常数项	2.734*** (0.211)	-1.146*** (0.356)	0.976*** (0.359)	-1.203*** (0.357)
F 统计量	119.68***	52.7***	17.56***	45.96***
观测值	689	689	693	689

注：***、**、*分别表示在1%、5%、10%的水平上显著，括号里的值是标准误。
资料来源：笔者根据中介效应检验回归结果归纳整理而得。

（二）对于不确定性的调节效应

创新会面临高度不确定性，而不确定性程度大小是否会影响企业创新，取决于企业家才能的高低（吉云和姚洪心，2011）。一方面，不确定性会导致经营环境预期外的大幅波动，创新投入过大会影响公司现金流和资产负债状况，如果企业家能力不足，创新会给公司经营带来额外风险；另一方面，不确定性的存在意味着市场处于非均衡状态，这是利用创新赚取超额利润的绝佳机会，如果企业家才能较高，企业不但不会降低创新投入，反而会集中资源进行颠覆性创新，为公司打造持续性的竞争优势。此外，较高不确定性会增加创新项目内嵌实物期权的价值（康永博等，2017），提升了创新激励。表10-5中的模型2~模型3给出了不确定性增加有利于企业创新的初步证据，本节据此进一步考察风险投资在其中扮演的角色。

有关结果由表10-15给出。模型1的结果复制于表10-5（其中的模型2），模型2则表明，风险投资正向调节了不确定性的效应，交互项系数达到0.252，在1%水平显著。进一步，模型3~模型4按风险投资介入与否进行分组回归，两组的系数存在明显差异，且无风险投资组不确定性变量只在10%的水平上显著。因此，风险投资的介入的确提升了创业型企业应对不确定性的能力，不确定性程度越高，企业创新动力越足，创新绩效越好。[①] 该结果与汪丽（2017）一

① 为了确保该结果的稳健性，我们还利用收益波动率替代模型中的 unct 进行重复检验，结果基本一致。限于篇幅，此处没有报告，有兴趣的读者可向作者索要。

致，也与陈敏灵等（2014）关于风险投资联盟动机的观点在逻辑上一致，他们认为，风险投资联盟可以协助创业企业更好地应对不确定性。

表 10－15　　风险投资对不确定性的调节效应

因变量 *lninv_wwh*	模型 1	模型 2	模型 3	模型 4
	直接效应	调节效应	*vc* = 0	*vc* = 1
vc	0.191 *** (0.07)			
unct	0.837 *** (0.303)	0.699 ** (0.309)	0.73 * (0.435)	0.879 ** (0.428)
vc × *unct*		0.252 *** (0.091)		
lnincm2_wh	0.402 *** (0.059)	0.402 *** (0.059)	0.381 *** (0.081)	0.422 *** (0.088)
age_wh	0.019 ** (0.008)	0.019 ** (0.008)	0.022 * (0.011)	0.017 (0.011)
roa	-1.731 *** (0.573)	-1.715 *** (0.573)	-1.854 ** (0.784)	-1.576 * (0.843)
adr	-1.226 *** (0.302)	-1.22 *** (0.302)	-1.058 *** (0.411)	-1.422 *** (0.448)
mshr	0.292 * (0.162)	0.29 * (0.162)	0.039 (0.223)	0.547 ** (0.236)
常数项	0.432 (0.425)	0.531 (0.422)	0.65 (0.592)	0.466 (0.606)
F 统计量	15.94 ***	15.96 ***	8.98 ***	7.92 ***
观测值	690	690	329	361

注：***、**、* 分别表示在 1%、5%、10% 的水平上显著，括号里的值是标准误。
资料来源：笔者根据调节检验回归结果归纳整理而得。

（三）对于高管股权激励的调节效应

相对于其他金融中介，风险投资机构对创业创新本质的理解更为深刻。不同于常规化活动，创新很难被管理，也很难在监督和控制之下出现（Manso，2011；Tian & Wang，2014）。激励创新的最佳方式是引入市场对企业家才能的定价功能（吉云和姚洪心，2011），即股权激励。由于高管团队是企业创新的中坚力量，为了不断提升企业价值，确保可观的投资回报，风险投资会充分利用股权、期权等手段激励核心成员持续创新。因此可以预期，风险投资介入有助于强化股权激励对于创新的积极效应。

表10－16给出了主要回归结果。模型1的直接效应显示，就总体样本而言，风险投资和股权激励（*mshr*）都显著影响企业创新，该结果符合理论预期。模型2检验风险投资对管理层持股的调节效应，结果表明，交互项在1%的水平上显著，而管理层持股的直接效应不再显著，这意味着股权激励对创新的促进效应只限于有风险投资介入的公司。模型3和模型4按风险投资介入与否分组回归的结果证实了这一点，对于没有风险投资介入的公司，其管理层持股不显著，但对于风险投资介入的公司，管理层持股在1%的水平上显著，回归系数达到较高的0.615。风险投资善于利用股权、期权等长期手段激励管理层持续创新，这是其介入所投企业，积极推动企业创新的重要机制（张学勇和廖理，2011）。

表10－16　风险投资对管理层持股的调节效应

因变量 *lninv_wwh*	模型1	模型2	模型3	模型4
	直接效应	调节效应	*vc*＝0	*vc*＝1
vc	0.123** (0.063)			
unct	0.489* (0.271)	0.468* (0.294)	0.593 (0.386)	0.372 (0.385)
lnrdl_wh	0.781*** (0.058)	0.78*** (0.058)	0.804*** (0.085)	0.781*** (0.081)
vc×*mshr*		0.414*** (0.151)		
lnincm2_wh	－0.245*** (0.072)	－0.245*** (0.071)	－0.238 (0.098)	－0.279*** (0.107)
age_wh	0.011 (0.007)	0.011 (0.007)	0.0174* (0.01)	0.005 (0.01)
roa	－1.394*** (0.511)	－1.37*** (0.508)	－1.422** (0.698)	－1.303* (0.752)

续表

因变量 lninv_wwh	模型 1	模型 2	模型 3	模型 4
	直接效应	调节效应	vc = 0	vc = 1
adr	-0.254 (0.279)	-0.261 (0.278)	-0.015 (0.382)	-0.438 (0.412)
mshr	0.351 ** (0.145)	0.145 (0.161)	0.098 (0.199)	0.615 *** (0.21)
常数项	-1.496 *** (0.406)	-1.41 *** (0.404)	-1.849 *** (0.59)	-1.045 ** (0.562)
F 统计量	40.02 ***	40.69 ***	22.58 ***	21.84 ***
观测值	686	686	325	361

注：***、**、*分别表示在1%、5%、10%的水平上显著，括号里的值是标准误。
资料来源：笔者根据调节检验回归结果归纳整理而得。

第六节 小 结

作为一种特殊的创业融资机制，风险投资不仅善于挑选具有创新潜力的初创企业进行投资，而且其介入能够带来额外的增值服务，推动创业型企业持续创新。本章基于创业板上市公司最新数据，利用倾向得分匹配和处理效应模型解决自选择偏差和内生性问题之后，得到了风险投资介入能够促进创业型企业创新的明确证据。分位数回归表明，企业创新潜力越大，创新水平越高，风险投资介入的促进效应越大；反之，如果企业自身创新能力较低，则风险投资介入不会提升其创新水平。这意味着，创业型企业需要依靠自身企业家能力打造创新基础，具有较高创新潜力的初创企业不但更易吸引到风险投资，而且后者的介入能够更好地促进其进一步创新。

进一步，为了揭示风险投资推动创业型企业创新的作用机制，我们分别考察研发投入、不确定性和股权激励在其中扮演的角色。实证结果表明，研发投入部分中介了风险投资对企业创新的促进效应，风险投资介入能够激励创业型企业增加研发投入，而后者显著提升了企业创新水平。我们还发现，不确定性越大，企业创新水平越高，且风险投资介入还能进一步强化这一效应，这意味着风险投资能帮助创业型企业更好地应对不确定性，在变幻莫测的环境中持续创新。最后，风险投资介入还能改进公司治理的效果，通过强化管理层持股的创新激励效应，推动核心人员不断创新。

本章给出了风险投资介入有利于创新的最新证据，揭示了其间的作用过程和传导机制，加深了我们对风险投资投后管理和增值服务的理解。根据这些发现，风险投资机构和创业型企业可以借助创业融资契约，通过合理的条款设置和机制设计，激励双方携手创新、共创价值，最终实现互利双赢。

第十一章

民间借贷与创业投资的融资关系治理比较：交易特征与契约机制

民间借贷和创业投资都是正规金融市场的重要补充。相对于信贷、证券等金融工具而言，其融资关系治理具有某些独特的性质。基于交易成本经济学的分析框架，本章从融资交易特征和契约实施机制两个角度对此进行微观分析。利用不确定性、可实施性、标准化程度、代理人激励必要性、关系专用性五个维度来刻画交易的特征，据此考察不同融资活动的契约机制。分析表明，现实中发展出的多种契约条款和显性或隐性实施机制很好地解决了各种独特的融资交易难题，例如，基于关系网络的隐性契约及其自我实施机制降低了民间借贷的违约风险；创业型企业的分阶段融资缓解了不确定性的影响，并且减少了投资者与创业者之间的双边机会主义动机。这些分析可以扩展为一个有关融资关系治理的一般框架，相关结论对金融市场参与者和监管者也具有一定参考意义。

第一节 引 言

金融市场的实际运行由各参与主体之间的资金交易推动，而交易关系的建立和维持则依赖于各种类型的金融契约。有关金融市场有效配置资源的原理和功能已得到大量关注，但对于不同融资契约及其实施机制的微观分析还非常缺乏。这导致大量金融活动及其组织、实施的经验事实无法得到很好的解释，相应的金融监管也缺乏足够理论基础和参考指引，例如，为什么银行等传统金融机构无法在创业投资领域取得成功？为什么风险投资会成为高科技创业企业的主要融资方式？为什么民间借贷在所有国家都大量存在而未被正规金融服务完全替代？[①] P2P 和众筹这两种典型的互联网金融模式存在哪些本质区别？ICO 这类数字货币发行机制潜藏着哪些系统和非系统性风险？对这些问题的解答需要对各类融资关系的不同特征进行刻画和分析，据此考察相匹配的融资契约及其实施机制。

本章目的正在于此。具体地，基于威廉姆森（Williamson，1979）的交易成本经济学框架，本章把融资交易作为分析单位，以标准的银行借贷契约作为参照点，从五个维度对民间借贷和创业投资两种典型的融资关系进行微观分析[②]，据此考察适应于不同交易特征的契约机制。分析表明，不确定性、可实施性、标准化程度、代理人激励必要性、关系专用性五个维度可以很好地刻画本章研究对象，相应的契约机制需要最大限度地解决这五方面特征给融资交易带来的难题，降低交易成本。现实中观察到的民间借贷和创业投资交易契约具有的多种特殊条款和机制可据此得到很好的理论解释。进一步地，我们在此基础上提出了一个融资关系治理的一般框架，按照该框架提出的交易特征与契约机制相匹配的思路，可对大量复杂的融资模式、组织和交易关系进行微观分析，获得有意义的洞察。相关结论可为金融市场参与者、监管者提供一定参考和指引。

第二节　不同融资关系的特征刻画

交易成本决定了一项交易活动的具体组织形式，这一观点自科斯（Coase，

---

① 张元红等（2012）指出，民间金融几乎在所有国家都不同程度地发挥着资金融通的功能，而在广大的发展中国家更是占有较大比重。据估计，2010 年中国的民间借贷规模约为 1.7 万亿元，而 2011 年则超过 4 万亿元（马光荣，2012）。蒙迪尔（Montiel，1993）的研究表明，一些欠发达国家（比如南部非洲）民间金融占全部金融市场总量达 33% ~75%（转引自张元红等，2012）。在印度，传统高利贷在印度独立初期所占的市场份额达 70% 以上，到 1970 年以后才下降到 50% 以下（张元红等，2012）。中国台湾地区中小企业贷款中也有 1/3 是由非正规金融渠道提供的（马光荣，2012）。

② 选择这两种融资关系作为本章研究对象的原因在于，两者都是因为正规金融机构（例如银行、保险、证券等）的金融服务供给不足才产生的（冯兴元，2004）。聚焦于此便于以银行借贷契约为参照点展开分析，得出有意义的结论。第四节会将分析范围扩展至所有融资关系，提出一个一般性框架。

1937）之后已取得共识，但只有到威廉姆森（1979），交易成本的实质和来源才首次得到细致分析。为了考察不同交易关系的规制结构，威廉姆森在机会主义行为假设下，把交易作为基本分析单位，利用不确定性、交易重复频率和资产专用性三个维度刻画经济主体之间的契约关系，据此确定交易成本的来源和大小。在威廉姆森开创的交易成本经济学框架下，为了最小化交易成本，具有不同特征的交易关系需要采用不同的组织结构进行规制。尽管如此，威廉姆森以及之后的交易成本经济学文献并没有专门讨论过融资关系的规制问题，尤其民间借贷和创业投资这两类较为特殊的契约关系，相关研究还没给出足够深入的分析，这导致其中的某些独特条款和具体实施机制无法得到理论解释[①]，相关的融资实践也缺乏足够的参考和指引。

在典型的融资交易关系中，一方为资金提供者（委托人），另一方为资金需求者（代理人）。很显然，这里的交易双方面临的规制问题并非经典意义上的一体化决策，因为交易关系的任何一方不会考虑“购买”另一方。[②] 因此，融资关系的规制只能基于市场契约来进行，而不同特征的融资交易需要采用不同的契约机制。就本章主题而言，民间借贷和创业投资这两种特殊的融资关系在多个方面存在差异，这就决定了与之相匹配的契约条款和实施机制也有所不同。为了捕捉这两种融资模式的关键特征，我们拟从以下五个方面进行刻画。

（一）不确定性

不确定性被威廉姆森（1979）确认为是交易成本的重要来源。在确定性环境下，所有交易都可以利用足够完备且能被第三方验证的合约来达成，在其他条件不变的情况下，契约选择是不重要的。但在现实中，不同融资关系的委托人面临着不同的不确定性。根据本章研究目的，可将不确定性按程度高低分为三种：奈特不确定性、风险和确定性。

① 例如，民间借贷零利息和高利息并存（李雨纱和张亚光，2015；张元红等，2012）、创业投资的分阶段注资（Tian，2011）等。很多民间借贷活动不存在正式的书面契约，但多数情况下并不妨碍实际的正常履约（张翔，2016；卓凯，2006）。而在创业投资关系中，由于创业创新面临高度不确定性，融资契约是很不完备的，多数情况下需要保证其具有自我实施性，否则融资交易将无法达成。

② 而这正是经典交易成本经济学关注的核心问题（Coase，1937；Williamson，1971；Klein et al.，1978）。

奈特意义上的“不确定性”不同于普通意义上的“风险”，后者可用一个未退化的概率分布来刻画，而前者则不能用已知的概率分布来表示。在奈特不确定性情境中，决策者不仅无法估计各种可能状态发生的概率，很多情况下甚至连状态空间都无从得知。[①] 创业创新活动面临高度的奈特不确定性（Knight，1921），创业型企业的未来收益前景很难进行预测，其资金提供者面临着本金与收益出现巨额损失的风险。因此可以认为，创业融资交易面临着最高程度的不确定性。相较而言，大多数民间借贷关系面临的不确定性程度稍低，可归为风险这一类。作为参照，银行信贷合约的不确定性程度最低，可被看成确定性的交易。

（二）可实施性

交易契约的可实施性已被大量文献所关注（Klein & Leffler，1981；Baker et al.，2002），任何无法被自我实施或第三方强制实施的名义契约都是没有意义的，实质意义上的契约需要考虑其显性或隐性的实施机制（Bull，1987；Macleod & Malcomson，1989）。我们将一项交易的可实施性确定为低、中、高三种程度，当该交易赖以达成的名义契约很难得到实施时，该交易的可实施性较低，反之其可实施性较高。

作为参照，银行信贷通常基于标准的信贷契约确立，银行在交易前会对借贷者作详细的贷前调查和信用评估，且一般会有抵押、担保等保障措施，交易后还会跟踪资金使用去向，必要时采用限贷、冻结等紧急手段，因此这类融资契约的可实施性较高。相反，在创业投资交易中，外部投资者无法在事前对创业企业进行精确分析和风险评估，创业者一般也不能提供任何可见的资产以供抵押。在有限责任的保护下，投资者在事后通常也不能要求第三方强制冻结创业者个人资产，而在更多情况下，创业者在失败后则一无所有，追回投资更是无从说起。因此，创业融资契约的可实施性程度较低。

民间借贷关系的可实施性位于前两者之间。这类融资交易的确立主要基于社会关系网络（马光荣和杨恩艳，2011；王尚银，2016），有时存在可见的抵押

① 经济学正式讨论不确定性始自奈特（1921）和凯恩斯（Keynes，1936），但直到吉尔伯和斯梅得勒（Gilboa & Schmeidler，1989）提出多重先验概率模型，文献中才逐步出现多种刻画不确定性偏好的公理化框架（例如 Klibanoff et al.，2005；Chateauneuf & Faro，2009 等）。

或担保（如典当行、担保公司等），有时存在不可见的抵押或担保——社会资本或关系资本（如合会、熟人借贷等）。[①] 无论书面契约存在与否，多数情况下其可实施性还是有保障的（张元红等，2012；卓凯，2006；赵晓军等，2011）。但与银行信贷相比，民间借贷关系的透明度、稳定性和可持续性都明显不足。尤其是在社会关系网络面临破裂的情况下，民间借贷契约的可实施性会大打折扣。[②] 例如，2011 年温州发生局部系统性金融风波，最早出现的就是民间借贷资金链断裂[③]，进而传导至银行信贷资金链断裂。在危机演变过程中，传统上维系温州民间借贷关系的社会网络出现破裂，[④] 这在广度和深度上加剧了民间借贷风波的严重程度，形成恶性循环。之后温州市政、银、企、法四方联动，开展紧急治理，一方面直接介入“资金链”和“担保链”各关键环节，利用紧急贷款、法律清算、政策性担保等手段化解“两链”危机，避免风险失控传染；另一方面更重要的是，通过帮扶核心企业，修补社会关系网络，重建经济主体之间的信任，恢复民间借贷关系的可实施性，让温州民间金融市场能够自我修复、重现生机，从根本上化解地区金融风波（温州市决策咨询委员会、中共温州市委政策研究室，2016）。[⑤]

（三）标准化程度

最标准化的交易发生在阿罗—德布鲁意义上的市场，这种“一手交钱，一手交货”的古典式交易甚至不需要任何正式契约，但却能够运行良好。[⑥] 银行信

---

① 2003 年末中国人民银行温州市分行对民间借贷状况的问卷调查显示，87.9% 的借贷活动既无财产抵押，也无他人担保（陈明衡，2008）。

② 民间借贷违约风险与借贷圈破裂息息相关，多个借贷圈链条的断裂会带来系统性的违约事件（王尚银，2016）。

③ 温州法院金融案件收案数据显示，温州地区 2008 年民间借贷收案数为 5109 件，受案标的额 20 亿元，2011 年收案数急剧上升至 12542 件，标的额达 113 亿元，到 2012 年，这两个数字达到顶峰，分别为 19406 件和 217 亿元（温州市决策咨询委员会、中共温州市委政策研究室，2016）。

④ 温州因其独特的地理、人文环境，形成了较为完善的民间借贷结构网络，丰富的民间资本和独有的民间融资渠道为该地区民营经济发展提供了重要的金融支持（邵传林，2014），而支撑这一复杂借贷网络的则是一些无形的、约定俗成且被人们广泛认同的“隐规则”（王尚银，2016）。

⑤ 夏择民等（2015）对温州市永嘉县桥下镇 11 家中小企业的经验研究发现，这些企业为了应对民间借贷危机，充分利用已有的社会资本，利用自组织协作融资的方式渡过难关。

⑥ 古典经济学研究的交易已经隐含了这一“标准化”的假设，科斯（1937）及之后发展出来的交易成本经济学的重要贡献正在于认识到，市场中还有不少的交易行为难以“标准化”，交易本身是有成本的。

贷是金融市场上最标准化的交易，储户—银行和银行—贷款者双重交易关系都在非常标准的条件和预期下达成。即使发生违约，处理的程序也是标准化的。与此相反，由于创新创业活动充满了不确定性，不同企业家在能力、个性、经历等方面都大相径庭，加之各行业都有其独特性，这导致每一项创业投融资活动都是非常特殊的，难以实现交易的标准化。

民间借贷交易的标准化程度位于前两者之间。一方面，不同于成熟的银行信贷，传统上民间借贷大多以借入者与借出者直接交易的形式出现，没有持续经营的中介机构从中撮合，每一笔交易都在非常特殊的情景下达成，交易双方也没有能力和意愿采用标准化的规则（刘西川和陈立辉，2012）；但另一方面，民间借贷活动发生的环境其不确定性程度低于创业投资，涉及的交易要素相对较少，多数交易细节都在可预期范围之内，因此其标准化程度高于创业投资。

（四）代理人激励必要性

在信息不对称条件下，一旦融资关系确立，委托人就会面临代理人机会主义行为的风险。在交易持续期，代理人行动通常不可观察、不可验证，并会影响到委托人的利益（Stiglitz & Weiss，1981）。因此，激励代理人采取最大化委托人利益的行动是非常必要的，极端情况下，激励机制的缺乏有可能导致金融市场关闭。当然，不同的融资关系对激励机制的要求是不同的，为了简化分析，这里用不同程度的代理人激励必要性来刻画。

作为参照，银行信贷交易已有成熟的贷前贷后风险管理体系，并且债务契约本身已具有较强的激励效应，正式契约的可实施性还可以得到法院、仲裁等第三方的保证，因此，其额外的代理人激励必要性最低。相反，创业投融资关系中代理人—创业者的激励必要性最高，这至少有三方面原因。首先，创业融资的交易基础不是创业者提供的抵押、担保或可验证的经营记录，而是未来创业成功后分享巨额收益的预期，这种名义上基于股权的融资关系对创业者行动只具有很小的约束。① 其次，创业成功的必要条件是创新（Schumpeter，1934；Shane & Venkataraman，2000），创业型企业的价值高低直接取决

① 例如，即使投资者能够确信且能向第三方提供可验证的证据表明创业失败应归咎于创业者采取了错误的行动，但如果创业者的行动并没有违反基本的受托责任，投资者依然无法要求其归还所投资金。

于创新程度的高低（Dyer & Gregersen，2011）。但正如吉云和姚洪心（2011）所指出的，企业家的创新过程异常艰辛，且面临高度不确定性，并且更重要的是，投资者不能用冷冰冰的条款规定企业家行为，据此“要求”企业家创新。事实上，如果创业者自身没有足够的创新动机和“改变世界”的愿望，真正的创新很难出现。最后，相对于普通借贷者而言，创业者行动的可观察性、可验证性更低，规制创业融资关系的正式契约不完全程度更高。如果没有非正式契约提供足够高的隐性激励，很难指望企业家会自动采取最符合投资者利益的行动。

民间借贷的代理人激励必要性介于前两者之间。在典型的民间直接借贷关系中，委托人一般不会进行正式的贷前调查和贷后监督活动，为了节约交易成本，融资契约也会尽可能地简化，甚至不存在书面形式的条款（刘西川和陈立辉，2012；陈志武等，2014）。此外，民间借贷较为活跃的国家和地区一般经济发展水平不高，法律监管水平较低（张元红等，2012；Montiel，1993；Handa & Kirton，1999），并且更为重要的是，民间借贷活动在多数国家被界定为非正规金融或地下金融（林毅夫和孙希芳，2005），债权人利益很少得到法律保护（陈志武等，2014）。因此，对代理人行为的影响主要来自非正式激励。但相对于创业融资关系而言，民间借贷对代理人激励的必要性更低一些，因为借贷关系本身具有一定的激励效应，并且借贷双方直接接触可在一定程度上降低信息不对称程度，而代理人的行为大多也处于可预期范围，这些都有助于实现部分的自我激励。

（五）关系专用性

民间借贷活动通常“嵌入”在一定的社会关系网络之中，脱离关系网络，这类直接借贷交易很难达成（王婷，2017），这种现象可用关系专用性来描述。传统上，民间借贷通常基于血缘、亲缘、地缘等关系资本进行（张改清，2008）[①]，这种特殊主义的交易安排限制了民间借贷活动的扩展，关系网络的天然壁垒构成了民间金融市场的边界（福山，1998；李伟民和梁玉成，2002；

① 张元红等（2012）的调查显示，中国农村的民间借贷基于血缘关系的居多，在1375个样本户中，49.1%的借款来自兄弟姐妹，16.6%来自其他近亲，7.9%来自父母子女。此外，绝大多数借贷活动都发生在借款人居住的村庄，借款人与贷款人居住距离在5公里以内的占72.44%。

林毅夫和孙希芳，2005）。王尚银（2016）对温州民间借贷市场的调查显示，放贷活动主要发生在兄弟圈、朋友圈、家族圈、互助会、黑社会圈等范围之内，大部分参与者的放贷圈子在10~30人，熟人圈决定借贷圈的特征非常明显。从世界范围来看，各国民间金融活动也受社会关系网络所限（Karlan，2007）。因此可以认为，民间借贷交易的关系专用性程度最高。

作为一种重要的金融中介机构，银行的主要职能就在于为陌生的资金供求双方提供交易机会，融资关系的发生不依赖特定的社会关系网络，理论上其市场范围只受管理能力所限，关系专用性程度最低。创业融资介于前两者之间。国内外创投行业的成功经验表明，稳定的创业融资关系需要建立在投资者与创业者彼此了解和熟悉的基础之上，并在交易持续期频繁保持互动。在典型的创业融资活动中，交易前投资者和创业者并没有其他非经济性的社会关系，为了推进合作，双方需要投入精力和时间彼此了解。[①] 一旦进入实质性的融资交易阶段，双方的关系专用性程度就提高了，任何一方退出交易都会面临重建另一关系的高额成本。因此，在某种意义上，可将其看成一种“内生”的关系专用性。在此预期下，交易双方会在事前做好充分准备，以应对关系专用性在事后带来的“锁定效应”。

表11-1和图11-1归纳了以上分析得出的初步结果。从图11-1可以看出，银行信贷和创业投资是两种截然不同的融资关系，相应的契约机制需要匹配其各自不同的交易特征。民间借贷兼具前两者的部分特征，且由于其高度嵌入社会关系网络，关系专用性较高。以下根据不同融资关系在不同维度上的不同特征具体分析相应的契约机制。

表11-1　　　　不同融资关系的交易特征

融资关系	不确定性	可实施性	标准化程度	激励要求	关系专用性
银行信贷	低	高	高	低	低
创业投资	高	低	低	高	中
民间借贷	中	中	中	中	高

资料来源：笔者根据理论分析归纳整理而得。

① 具体方式可能包括：创业项目展示、推介，创投机构安排投资团队跟进、沟通，在有投资意向后经过多轮商谈了解细节等。

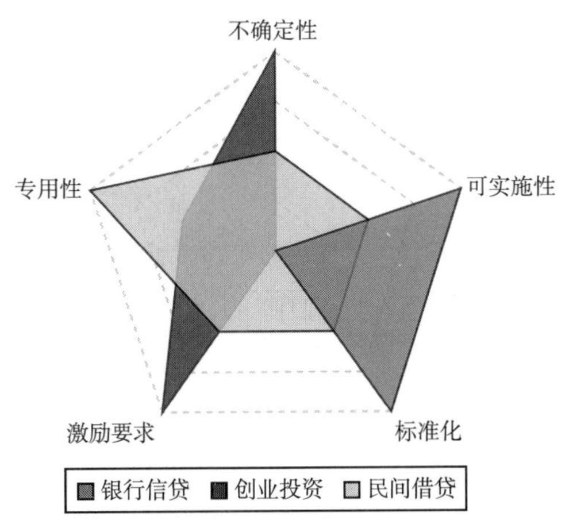

图 11－1 融资关系交易特征

资料来源：笔者根据理论分析归纳整理而得。

第三节 融资契约与实施机制

就本章研究对象而言，前面给出的5维度交易特征已经足够刻画不同的融资关系。沿着威廉姆森（1979）的逻辑，具有不同特征的交易需要不同的契约进行规制。一个有效的契约机制至少需要满足两个条件：第一，相对于融资标的而言，签约成本要足够低，其不能成为一项交易是否能够达成的决定因素之一①；第二，融资契约具有可自我实施性，即交易双方正常履约是一个纳什均衡，任何无法按照预期实施有关显性或隐性条款的契约都是没有意义的。以下按顺序讨论适应于不同交易特征的契约机制，并尝试对创业投资和民间借贷两种融资关系的一些典型事实给出部分解释。

（一）不确定性

不确定性环境下，融资双方对履约前景难以形成稳定、一致的预期。对资

① 事实上，很多借贷者就是因为银行信贷签约成本过高而选择民间借贷渠道的。例如，为了一笔金额不大的贷款，按照银行的信贷程序办理会带来时间、精力、延误等隐性成本，选择银行信贷合约显然是不划算的。2009年一项对黑龙江、湖南和云南三省的农村金融调查显示，在农村自营工商企业的借款中，来自银行等正规金融机构的资金占46.1%，而民间借贷占到了53.9%（马光荣，2012）。

金提供者而言，不确定性会妨碍其对合约现金流的精确预测，危及本金和收益的安全，进而降低其出借意愿。对资金需求者而言，不确定性会影响其对资本投入和回报的正确估计，在融资额一定的情况下，破产风险会随着不确定性的增加而增大。例如，古代农村民间借贷违约通常发生在灾害频发、农作物大幅减产的年代（陈志武等，2014）。而在创业投资行业发展历史上，聚集在每一个时代技术前沿的创业投资失败率也是很高的（Gompers & Lerner，2006；Berger & Udell，2002）。

对于不确定性程度较高的融资交易，有效的契约机制应能降低不确定性程度或规避其不利影响。前面已经指出，创新创业活动面临高度奈特不确定性，为了应对其影响，创业投资行业发展出动态契约、分阶段注资、可转换证券、股权回购、相机控制权、投后参与运作等多种独特的契约机制（姚铮等，2011；Bengtsson，2011；Kaplan & Strömberg，2001；Gompers & Lerner，2006）。动态契约应对不确定性的功能已在不少研究中得到详细考察（Gompers，1995）。这类契约可以充分发挥市场的信息发现功能，利用创业推进阶段动态出现的信息不断降低甚至消除创业融资过程中的不确定性，优化创业融资过程。将动态契约与投后管理、相机控制权等其他机制相结合，可以大幅度降低不确定性对投资者的不利影响，提高创业投资吸引力，维系良好的创业融资关系。此外，本书作者的另一研究表明，分阶段注资可在不确定性环境中为投资者提供风险管理工具，并通过嵌入实物期权直接提高创业项目的投资价值，增大创业投资吸引力。

民间借贷面临中等程度的不确定性——风险。根据定义，风险是具有客观概率分布的不确定性。理论上，参与者可以利用分散化策略和衍生产品组合降低其对融资关系的不利影响①，但在现实中，由于针对民间借贷违约风险的管理工具非常有限，传统上民间借贷较为发达的地区发展出不少应对不确定性的契约机制（张元红等，2012），如合会、互助会、联保互保等。王尚银（2016）探讨了民间社会在防控民间借贷风险方面的优势，认为人情关系的制约、信任力量的约束、业缘性关系网络、传统习俗等非正式制度有助于民间借

① 银行风险管理经验表明，风险分散和聚合策略可以大幅降低单笔信贷违约对银行的影响，而恰当利用金融衍生品可以很好地对冲被动期限错配、系统性因素等导致的经营风险，总体上维持正常融资关系的稳定性。

贷关系的稳定。

以合会为例，对于资金提供者而言，合会兼具分阶段投入和风险分散的功能。一方面，合会参与者——会脚不是一次性投入全部参会资金，而是按照事先约定的时间间隔，每期投入一小笔金额。一旦在某一轮出现“倒会”，其损失的只是此前已投入的那部分资金。另一方面，各会脚按照一定的规则先后得会[①]，这意味着后得会者面临的违约风险分散于之前得会的各会脚，较早得会，投资风险自然很小，但如果越晚得会，投资分散化程度则越高，两种情况下损失风险都能得到很好的控制。合会这一独特的契约机制巧妙地解决了民间借贷面临的中等不确定性问题（Chiteji，2002；姚耀军，2009），一定程度上维系了这类融资关系的稳定性和持续性，这是合会在我国东南沿海地区普遍存在的根本原因。[②]

此外，在温州、台州等地民间金融市场大量存在的互保、联保机制也具有降低不确定性影响的功能。在民营经济比较发达的地区，互保、联保是中小企业主之间相互提供保险的一种方式（王婷，2017），降低了各企业所面临独特风险对于融资关系的破坏性影响，总体上维系了民间金融市场的稳定性。

当然，正如后文有关关系专用性部分所述，民间借贷借以维系融资关系的这些契约机制是以“嵌入”社会关系网络为条件的，离开了一定的社会网络，前述这些有效的契约机制事实上很难发挥作用，在个别违约事件发生时甚至推波助澜，放大局部金融风险，例如温州发生的局部金融风波就出现了这一问题（温州市决策咨询委员会、中共温州市委政策研究室，2016）。

（二）可实施性

交易承诺被如实履行是融资关系得以维系的必要条件。对于可实施性程度较低的融资关系来说，契约机制的设计需要纳入更多维度，确保相关条款具有可自我实施性。

导致正式契约难以被有效实施的原因有三个。首先，契约是不完全的

① 按照得会规则，合会一般分为轮会、摇会和标会，轮会按照事先规定的顺序依次得会，摇会利用抽签等随机性原则安排各会脚得会顺序，标会则在每轮举行竞标，价高者得会，具体细节可参阅张翔（2016）。

② 例如温州市洞头县，到2014年，这里几乎处于“全民皆会”的状态，在民间甚至有“不参加合会不叫洞头人”的说法（张强，2017）。

（Grossman & Hart，1986；Hart & Moore，1999），由于某些关键指标很难观测、无法验证，不能写入正式契约[①]，这导致许多条款不具有自我实施性（Klein & Leffler，1981；Macleod & Malcomson，1989）。其次，即使理论上契约可以制定得非常完备，但现实中交易双方没有能力低成本地签约[②]，这可能导致契约条款非常粗糙[③]，存在大量漏洞，有时甚至只有口头协议，没有任何可靠的书面证据作为履约的保障（刘西川和陈立辉，2012）。最后，即使交易双方能低成本地制定完备的正式契约，但由于缺乏有效的第三方辅助执行机构（如法院、仲裁、律师事务所等）[④]，机会主义动机的存在也可能导致有关条款无法得到执行（陈志武等，2014）。

当契约不完备或不存在可靠的第三方强制实施时，交易关系的维系需要依靠可自我实施的隐性契约或关系契约（Baker et al.，2002；Macleod & Malcomson，1989）。这类契约的实施机制已被相关文献详细考察。克莱因和勒费乐（1981）指出，当正式契约不能被政府或其他任何第三方强制实施时，交易双方只能依靠中断商业关系的威胁来保证契约承诺得到执行。麦克莱德和麦克姆森（1989）以及贝克尔等（2002）将隐性契约或关系契约的自我实施过程模型化为重复博弈均衡，当履约成为有关各方的均衡策略时，该契约就是可自我实施的。莱文（2003）、布尔（Bull，1987）、伯恩海姆和温斯顿（Bernheim & Whinston，1998）、贝克尔等（Baker et al.，1994）、皮尔斯和斯塔切蒂（Pearce & Stacchetti，1998）等也从主观绩效指标、诚实品性、声誉和品牌、战略性模糊、主观指标与客观指标的互补等角度考察了隐性契约的自我实施问题。

前面分析已经指出，创业融资交易的可实施性程度最低。创业过程面临高度不确定性，且企业家创新活动很难观察、无法度量，很多权利和义务在事前无法预见，并一一罗列在契约之内，只能在事后“商量”着解决，因此，创业

① 热依拉·依里木和刘明（2017）通过研究保留存世的古代维吾尔民间借贷契约，发现一旦舍弃宗教信仰、道德规范、风俗习惯等非正式因素的作用，这些契约都是高度不完全的，很难被有效实施。

② 例如很多农村民间借贷活动都发生在文化程度不高的农民之间，缺乏专业的法律服务，借贷契约不可能完备。

③ 李雨纱和张亚光（2015）对整理出的485份1644～1949年的中国民间金融契约的研究发现，契约文书中明确注明借贷利息的只有46.19%，注明借款期限的也只有45.15%，均不到总量一半。

④ 在很多发展中国家，民间借贷是农户获得融资的主要途径，但这些国家法律体系并不健全，法院系统效率低下，这导致大量纠纷很难通过正规法律途径得到解决（Karlan，2007），正式契约的可实施性难以得到保障。

融资契约是高度不完备的。此外，不同于普通信贷契约，投资者回报完全由创业企业的未来价值决定，而该价值的高低又取决于创新活动，但正式契约不能对创业者提供足够的创新激励，有时甚至适得其反（吉云和姚洪心，2011；Bernheim & Whinston，1998）。[①] 因此，尽管风险投资机构试图与创业者签订尽量完备的正式投资协议（Lerner et al.，2012），但创投行业发展历史表明，为了有效治理投资者与创业者的双边关系，隐性契约或关系契约依然是必不可少的。例如，对成功的创业投资模式进行考察可以发现，分阶段融资机制虽然以正式契约的形式约束双方行为，但其蕴含的隐性契约也发挥着不可替代的作用。作者的另一研究表明，在分阶段融资安排下，后轮融资失败可能性的存在会以隐性契约的形式激励企业家采取最符合投资者利益的行动，如果隐性契约失效，不存在可自我实施的正式契约条款及时纠正企业家行为。此外，投资者与创业者投入时间和精力，经过长期互动建立起来的关系资本也构成了可自我实施的隐性契约，这种机制通过中断合作关系的威胁来对企业家实施激励（Klein & Leffler，1981）。

民间借贷的可实施性很大程度上取决于其“嵌入”社会关系网络的程度（刘西川和陈立辉，2012），这意味着交易双方在“差序格局”上的相对位置会影响融资关系的稳定性和安全性。研究表明，几乎所有民间借贷形式如直接借贷、社会集资、合会、私人钱庄、典当商行、互助会等都与一定的关系网络密不可分（王婷，2017；杨汝岱等，2011）。例如，张元红等（2012）在温州调研时向民间借贷放款人问过一个问题：“借款人没有任何抵押物品，你怎么就放心把钱借给他？”一个放款人回答说：“他家祖祖辈辈居住在这个村子里，他还要在这里居住和生活，如果他不还钱，个人的名声甚至包括他家族的名声将受到极大的损害，表面看上去，钱要不回来是受了损失，实际上他的家庭和家族受到的损失更大。”

理论上，关系网络的存在有助于缓解交易双方信息不对称问题（马光荣和杨恩艳，2011；冯兴元，2004），提高民间借贷合约的可实施性（张元红等，2012；张改清，2008；Baker et al.，2002）。在缺乏正式的完备契约及其有效的

---

① 例如，为了降低违约风险，投资者可能在正式契约里规定创业者不能进入高风险、高收益项目，这会导致创业者过于谨小慎微，更多地进入低风险、低收益项目。但创业型企业的价值源泉正在于其从事的颠覆性创新，如果企业家总是担心创新失败导致违约，他会以牺牲投资者长期利益的代价向短期低风险项目投入过多资源，最终损害双方利益。

第三方强制实施保障时，关系网络中蕴涵的私人治理机制和非正式制度（例如民风、习俗、惯例等）可对融资关系施加社会约束（福山，1998；李伟民和梁玉成，2002；马光荣，2012）①，这被认为是民间借贷合约违约率较低的主要原因（卓凯，2006；刘西川和陈立辉，2012）。② 张文妍（2016）提到，福建省某镇一位参加合会的超市营业者说："我们这一圈子参加互助会的人很重视信用，要是入会后不交会钱（即会金），那这个消息会传得很快，你在这个互助会的圈子里就会失去信用，以后别人也不会找你凑会了。所以一般哪怕是货款还没还清我也会在会期前一两天把会钱凑齐。"

关系网络将民间借贷交易的一次性博弈转变成了重复博弈或关联博弈，在显性契约之上增加了隐性契约机制（Macleod & Malcomson，1989；卓凯，2006），后者的可实施性来自声誉机制、社会资本以及网络成员之间的闲言碎语"说坏话"机制（张翔，2016；邵传林，2014）。大量经验证据表明，在正式契约机制无法发挥作用的情况下，作为替代者，基于社会关系网络的隐性契约机制的确能有效治理民间借贷双边关系，很大程度上维系了民间金融市场的稳定性。

（三）标准化程度

交易的标准化程度会直接影响其达成的成本。标准化程序不但可以大幅度节约签约成本，而且有关条款给双方对交易的期望确立了基准，在事前降低了讨价还价的必要性，在事后降低了再谈判或其他机会主义行为的可能性。以银行信贷为例，绝大多数融资交易都在非常标准化的框架下完成。储户一般不会就储蓄协议的具体条款对银行提出疑问，而贷款者通常也不会就还款条件、利息区间等跟银行进行冗长的谈判。在交易达成后，双方的责权利由信贷协议清晰规定，并有法律强制实施保障，很少出现因对某个条款的理解偏差引致争议，

① 热依拉·依里木和刘明（2017）的研究表明，基于关系网络的非正式治理机制在古代维吾尔民间借贷契约执行中发挥着重要作用，主要包括道德约束机制、网络信用机制、宗教实施机制以及地域压制机制。

② 据调查，在2002年温州市300亿~350亿元规模的民间借贷中，最终发生违约的资金只有2.87亿元，占比不到1%，作为对比，同期全市银行"两呆"坏账率达3%~4%（陈明衡，2008）。同期另一项对广州非正规金融的调查显示，2个地区非正规信贷回收率在80%以上，3个地区回收率在70%~79%，1个地区为60%~69%，60%以下的只有一个地区，远远高于同区域正规金融机构的贷款回收率（卓凯，2006）。冯兴元（2004）对温州苍南农村中小企业融资情况的调研也发现，中小企业民间借贷违约率极低。

甚至对簿公堂的情况。因此，银行信贷交易的高度标准化大幅度节约了交易成本。

相反，每一项创业投资活动都是高度“定制化”的交易，投资协议中几乎所有条款都要经过双方长时间的沟通、协商、谈判才能确定下来，签约成本极高。即使交易已经达成，由于多数条款都是非常特殊的安排，没有标准化的参照（Lerner et al.，2012），事后双方对已签协议依然有不同甚至完全相反的解读和理解，导致履约机制非常脆弱，彼此都有再谈判和机会主义动机。可以想象，如果没有某些特殊机制应对创业投资非标准化交易带来的困难，这类融资关系是很难达成并长久持续的。

当然，创投领域的活跃现状表明该行业创造出了多种契约机制以应对低标准化交易的难题，不但减缓了高签约成本的负面影响，而且降低了双方的机会主义动机。首先，大多数创投机构的投资团队都由拥有创业经验的投资人领衔（即 GP），这些投资人深谙创业成功之道和失败之因，对创业者的心理和创业体验能感同身受，善于换位思考，这大大降低了非标准化融资关系的谈判、签约以及履约成本。其次，行业内比较活跃的天使投资、风险投资、私募基金等创投机构一般都有多年创业投资经验，例如 KPCB、红杉资本等都有 40 年以上的运营历史。这些机构已有非常成熟的投资模式、投资流程以及具体交易规则，即使每一个创业项目都非常特殊，融资交易还是可以在一个基本的框架下展开。再次，创投机构通常会对拟投项目进行层层筛选，确保每笔投资都具有潜在的巨额回报可能性,[①] 因此，与投资回报预期相比，高额的签约成本就变得可以接受了。最后，正如前述，隐性契约机制可在很大程度上消除双边机会主义行为，保证创业融资关系的持续性和稳定性，因此，交易双方可以降低对标准化合约的需要，大幅度简化正式契约条款，节约交易成本。

民间借贷的标准化程度也不高，由于缺乏正规金融中介居中撮合、安排和执行交易，每一笔民间借贷交易都是在较为特殊的情境下达成的。大多数情况下，借贷双方都缺乏足够的专业知识和能力签订标准化契约。在小额融资情况

① 这是创投机构偏好于高风险、高收益的前沿科技项目的重要原因。这样的项目虽然失败风险极高，平均高达 90%，但一旦成功投出一个项目，将获得十倍，甚至百倍、千倍以上的投资回报，足以覆盖失败项目的损失。这样的案例在创投行业比比皆是，例如，“风险投资之父”多里奥特 1957 年通过 ARD 向 DEC 投入的 7 万美元股份到 1972 年价值 4 亿美元，投资回报超过 5000 倍；而软银对阿里巴巴的早期投资在后者上市时回报超过 400 倍。

下，聘请专业的第三方机构提供契约签立服务也不划算。因此，为了降低谈判、签约和履约成本，民间借贷参与者会利用多种机制支撑交易。首先，尽量简化契约条款，甚至不签订正式契约，以降低非标准化交易的成本。李雨纱和张亚光（2015）对中国古代民间借贷契约的整理和研究表明，绝大多数契约只载明利息、借款额、还款日期等三个最关键的信息，其他细节均忽略。令人惊讶的是，在485份整理出来的契约文书中，明确注明利息的只有224份，占总数不到一半。此外，张元红等（2012）的调查发现，87.2%的农户借款没有正式合同，只有口头协议，主要原因就在于节约签约成本。

其次，民间借贷通常发生在一定的社会关系网络之中，且有不少是重复性借贷，完成融资交易必不可少的许多契约要素被非正式的隐性契约机制所替代（李伟民和梁玉成，2002；卓凯，2006），这大幅度降低了对标准化规制结构的依赖。2003年一项针对温州地区的调查表明，近90%的民间借贷发生在亲朋好友之间，65%的被调查对象表示曾有过重复性借贷（陈明衡，2008）。另外一项2009年对黑龙江、湖南和云南三省的农村金融调查显示，具有更多亲友间社会网络的农民能够获得更多的民间借款（马光荣，2012）。杨汝岱等（2011）也发现，社会网络更发达的农户更愿意参与民间借贷。

最后，合会、钱庄、典当商行等民间金融活动具有特殊的契约结构和实施规则，部分实现了正规金融机构标准融资契约的功能。例如，多数典当商行都有标准化的典当品估值、存放、赎回等规则，签立的典当契约则会详细约定当金、赎回期限、违约责任等。交易前典当双方能对未来各方责权利形成一致且稳定的预期，一旦发生纠纷，契约条款一般也很容易被第三方验证且强制实施。再如合会，在温州、台州、福州等传统民间金融活动较为活跃的地区，其运作模式和契约机制经过长期发展已非常成熟，无论作为合会组织者的会主，还是作为参会者的会脚，其对合会契约规定的权利和义务都有清晰的认知和一致的信念，所有人都按“惯例”和“习俗”按期缴纳会金，适时获得资金使用权。很少发生参与者对某一显性或隐性的契约条款进行质疑的情况。

（四）代理人激励必要性

委托人的利益在多大程度上取决于代理人的不可观察、不可验证行为，这是激励后者时需要考虑的关键问题。在最简单的融资关系中，双方的责权利完全由契约进行规制，只要严格按照可实施的契约条款行事，各方的权利都能得到保证。但多数现实中的融资关系都或多或少需要一定的治理结构来提供足够的代理人激励，并且各类具有不同交易特征的融资关系要求不同的契约机制来达到这一目标，很难找到“放之四海而皆准”的一般性激励规则。

创业融资交易面临着非常特殊的代理人激励问题，因为被激励的对象——企业家的创新活动具有高度不确定性、不可预测性和不可观察性，而有限责任和现代破产制度又为创业者提供了强有力的保护，因此，利用显性契约直接规定企业家的行为是不可行的。幸运的是，创投行业发展出很多独特的契约机制可以间接激励创业者采取最大化投资者利益的行为。此处讨论三种典型的机制。

第一种是股权投资安排。尽管存在例外，创业融资通常基于股权让渡实现交易。股权融资虽然在一定程度上让委托人处于不利地位，因为不存在对代理人——企业家的硬性约束。但由于对委托人而言，创业型企业的价值具有期权的属性，即损失有下限，收益无上限，[①] 如果创业者有最大动力去创新，则投资者拥有的股权价值将非常可观，这种巨额收益的潜力可对创业的高失败率进行补偿，使创业投资有利可图。当然，只有在创业者自身也拥有足够多股份的融资安排下，其创新动力才是有保障的。作为对比，可以考虑一下债权融资契约对投资者的影响。在此类融资安排下，创业项目对委托人的价值存在上下限，但由于创业型企业失败概率远超成熟型企业，正常利率下委托人的期望收益很可能是负的，创业型企业将失去对投资者的吸引力。

第二种是动态契约机制。动态契约及与其相关的分阶段融资机制的一般原理已在大量文献中得到充分讨论（Cornelli & Yosha，2003；Neher，1999；金永红等，2004；Tian，2011），此处重点关注其激励代理人的功能。动态契约中蕴涵的两种机制有助于解决企业家的激励问题。首先，动态契约引入了市场发现信息的功能。尽管在融资关系确立之初无法观察和预测企业家的行为，但随着创业过程不断推进，有关信息还是会不断被揭示出来。委托人可以基于这些信息对企业家实施动态监督或激励，例如，根据前一阶段的表现决定后一阶段的

① 最坏的情况是创业型企业的价值为0，这意味着投资者的最大损失是100%，但如果创业取得巨大成功，收益可能成百倍、千倍。因此，失败风险较小，但未来发展潜力不够大的创业项目一般不会被风险投资者青睐（Ueda，2004）。

投资额就具有隐性激励效应，而投资者持有的可转换证券的转换权利则具有显性激励效应（Cornelli & Yosha，2003）。其次，在融资契约中直接增加基于标志性业绩指标的行为激励条款，例如控制权转移条款、清算事件、基于里程碑表现的股权赠予等（Lerner et al.，2012；Kaplan & Strömberg，2003）。大量经验证据表明，这些机制的确能在很大程度上实现对企业家的激励（Gompers & Lerner，2006）。

第三种是赋予创业者一定的看涨期权或股票回购权。该机制的运作可以不依赖于任何可观察的信息，能够自我调节、自动运行。当创业者被赋予在某一期限内可自由行使的看涨期权时，如果他尽力提升企业的价值，便可在合适的时候行权，增大自身占有的股权比例和股权价值。而当创业者被赋予股票回购权时，一旦企业价值上升，他可以按照事先约定的价格回购投资者持有的股份，增大其股权价值。反之，如果创业者的行为不利于企业价值的提升，则他自己会选择不行权、不回购股票，而这反过来却有利于投资者对企业施加影响，扭转不利局面。总之，期权、回购权对不可观察的企业家创新活动具有独特的激励效应。

民间借贷面临中等程度的代理人激励问题，其主要表现为代理人的不可观察、不可验证行为会影响还款概率，这是金融市场中典型的逆向选择和道德风险问题（Stiglitz & Weiss，1981）。现实中，民间借贷参与者主要依靠贷前筛选机制和贷后约束机制解决激励问题（Karlan，2007）。在一个典型的民间借贷关系中，出借者不会无差异地对待所有有借贷意愿的贷款者，关系网络此时会发挥筛选功能。[①] 个体之间在社会关系网络中的相对距离决定了相互之间信息传递的强度和频率（王婷，2017）。一个合适的距离可以确保出借者在贷出资金前充分掌握对方与违约可能性相关的信息，例如，一个嗜赌者的声誉很容易沿着关系网络的通路四处传播，获知该信息的出借者不会考虑与其交易。同样的论证也适用于关系网络在贷后发挥约束功能。尽管有关贷款者行为的信息不一定完

---

① 例如，张翔（2016）在北京“浙江村”调研该问题时一位来自温州鹿城的服装批发老板回答道：“别人找我借钱，我首先要知道这个人怎么样。怎么看这个人怎么样呢？这要看这个人是不是有个正当的‘业’（指工作）做，整天吊儿郎当的人我们是不会借钱的……这个人信用怎么样，是不是会‘耍赖’的人，这个也很重要……然后要看这个人的实力怎么样，就是说他自己的资金能力要有一定基础，事业开始做起来了，这个时候如果遇到缺钱的情况，他又是我熟悉的人，我就会借给他。”此外，另一位来自温州乐清的服装老板回答道：“我还会看他拿钱去做什么，看看这个项目需要多少钱，有时候我还会帮他出出主意，项目不好我会和他说，建议他别搞了。”

整，且多数无法验证，但在出借者获得贷款者贷后行为的残缺信息时，仍然可以利用关系网络的社会压力、“说坏话”机制等手段纠正贷款者的高风险行为。由此可以得到一个推论，民间借贷关系的有效治理高度依赖于社会关系网络，一旦稳定的关系网络遭遇危机，甚至崩塌，民间借贷市场极有可能出现混乱（马光荣，2012）。2011 年温州发生局部金融危机，在民间借贷风波演化成地方系统性金融风险过程中，社会关系网络破裂就起到了推波助澜的作用（邵传林，2014）。

作为一种重要的民间借贷模式，合会在长期实践中发展出很多巧妙的机制解决代理人激励问题（姚耀军，2009）。前面已在多处提到了合会契约机制如何匹配于民间借贷的某些交易特征，此处重点关注合会解决激励问题的三个机制：信息汇聚机制、会主担保机制和身份转化机制。张翔（2016）详细考察了合会的信息汇聚功能，其认为，合会通过信息汇聚与传播扩大了民间借贷合约的市场范围。利用合会的信息机制，“信息匮乏者”——潜在出借者也能很好地掌握资金需求者的人品、经营能力、经济实力、社会资金动员能力和投资项目的规模和前景等方面的信息，这可在很大程度上减缓民间借贷市场上的逆向选择问题（姚耀军，2009）。此外，张翔（2016）还指出，合会把原来由个人间直接借贷形成的多个“一对一”关系链条转变成了一个借贷关系网，强化了社会关系网络对个人行为的监督和制约，降低了道德风险动机。在这样的借贷关系网中，每个参会者的行为都会被其他参会者直接监督，机会主义动机会减弱（张文妍，2016）。

合会还具有担保功能，这有助于降低参会者损失所投入会金的风险。在一个典型的合会中，负责组会的会主一般只会邀请与自己存在密切私人关系的个体参会，正如费孝通指出的，“互助会的核心总是亲属关系团体”。①建立在亲属或亲属的亲属关系基础上的合会，互助、互利、互惠是其运作的基本原则（张强，2017），因此，一旦出现某会脚因故不能继续按期缴纳会金，会主一般会承担其后续缴纳义务（姚耀军，2008）。在很多地方，会主通常由财力雄厚、德高望重、社会影响力大的个体担任，这一方面降低了参会者对于“倒会”的顾虑，另一方面可以利用会主的权威约束部分参会者的机会主义行

① 转引自张翔（2016）。

为（张翔，2016）。[①]

合会这种互助性质的民间借贷模式还有一个较为特殊的安排，即每个参会者在不同时间段身兼两种不同的身份——出借者和借入者。根据一定的得会规则，参会者在得会之前扮演出资人的角色，而在得会之后马上转换成资金需求者的角色。张翔（2016）给出了一份典型的固定利息月会现金流表，里面标明了各参会者在合会运作期间的现金流进出情况，从中可以清晰地看出每个参会者身份转换的状况。就此处讨论的问题而言，参会者存在双重身份有助于解决激励问题。首先，从出借者的角度，所有人都希望其他人不要违约，这种共同身份意识有助于各参会者“换位思考”，形成稳定、一致的参会预期，强化个体的履约意识，降低机会主义动机。其次，个体在某个时点获得资金使用权的前提是在其他时点借出资金，这种互助互惠的性质不但加强了参会者之间的经济联系，还强化了彼此的社会关系。在一个运作周期，如果合会能正常结束，所有参会者不仅获得了一定金融服务，而且还收获了彼此的信任，这种预期事实上有助于个体按期履行其会金缴纳义务。这里存在一个推论，即如果合会的组织偏离互助性原则，则代理人行为会出现偏差，最终影响合会的稳定性。现实中出现的大量倒会事件，究其根本，就在于偏离了互助性原则，大量“以会养会”“标息套利”“连环会”等现象的出现（张翔，2016；王婷，2017；张文妍，2016），意味着支撑合会良性运行的社会基础出现了裂痕，离系统性倒会风波也就不远了。

（五）关系专用性

不同于古典理论假设的无差异原子式交易市场，现实中不同个体间不同性质的交易关系在不同程度上存在专用性，即一旦其中一方退出交易，则另一方寻找替代者重建关系需要付出额外代价。就融资关系而言，关系专用性具有正反两方面的效应。

一方面，关系专用性提高了交易参与方的退出与转换成本，这有助于稳定和持续双方交易关系。例如，正如前述，合会参与者大多与会主存在特殊主义

---

① 潘士远等（2009）利用温州平阳水头镇506份标会合约样本进行实证研究，发现会主质量会显著影响合会的倒会风险。汉达和科尔顿（Handa & Kirton，1999）对牙买加合会的实证研究也表明，会主对合会的持续运转有重要影响，会主一般由年纪较大、较为富裕、组会经验较丰富的人担任。

联系，这种超经济联系加强了合会契约的可自我实施性，并在一定程度上解决了代理人激励问题。另一方面，关系专用性会将双方“锁定”于某一特殊的交易关系，使存在机会主义动机的一方有可能利用其专用性地位攫取另一方的准租（Klein et al.，1978；Williamson；1979）。例如，已投入大量时间、精力和资金的早期投资者会被“锁定”于某一创业型企业，与创业者绑定在一起，导致后者有可能滥用其专用性地位，恶意侵害投资者利益。因此，如果没有特殊契约机制的保护，投资者在事前就会在该不利预期下退出交易关系，导致创业融资失败。此外，关系专用性会妨碍融资交易扩展至没有特殊关系的个体，限制了市场交易的范围。最典型的情形就是民间借贷关系。大量经验研究表明，民间借贷的交易基础是社会关系网络，网络的边界决定了这类融资交易的市场范围（林毅夫和孙希芳，2005；王尚银，2016）。

对创业投资而言，关系专用性在很大程度上内生于投资者与创业者融资交易进程，因此有关各方可在交易前将其纳入最大化决策，并利用恰当的契约机制最大限度地缓解其不利影响。经过多年发展，创投行业已创造出不少独特机制解决关系专用性带来的难题。

第一种是分散化机制。其可以大幅度降低双边依赖程度，降低任意一方对另一方机会主义动机的担忧。对投资者而言，存在双重分散化策略降低单一投资者进入创业融资交易的关系专用性程度。首先，创投基金通常以 GP + LP 的模式进行运作，单一投资者在一只基金中的份额一般不会超过 10%。投资者通过投资于多只不同风格的基金来分散风险，这降低了单一投资者与创业者之间的关系专用性程度。其次，创投基金一般不会向单一创业项目投入过多资金，多数情况下是多只创投基金联合起来投向某一项目，这种“多对一”的融资交易也可以缓解关系专用性的不利影响。对创业者而言，为了不被投资人“锁定”而陷入不利境地，创业者也会主动寻找多个投资机构参与融资。现实中经常看到这样的案例，一个好的创业项目吸引某个投资机构愿意投入巨资购买大笔股份，但心存顾虑的创业者一般会抵住诱惑，尝试与更多的投资机构进行合作，这与其说是为了“自抬身价”，还不如说是为了在后期不“受制于人”。

第二种是分阶段融资机制。内赫尔（Neher，1999）注意到，新创企业通常没有足够有形资产可供抵押，在一次性融资安排下，资金一旦全部注入，创业者会利用再谈判优势侵占投资者利益，这导致外部融资在事前就变得不可行。资金分阶段注入可以明显改善这一不利状况。前期资金少量注入不但可以降低企业家的事后再谈判地位，更重要的是，还可在创业早期阶段与企业家一道形成部分可抵押、可分割资产，缓解了再谈判的机会主义行为。冈波斯（Gompers，1995）的证据显示，创业型企业的融资轮次与其无形资产所占比重正相关，这一发现支持了内赫尔（1999）的观点。因此，分阶段注资可以降低投资者被“锁定”于特定融资关系的程度，关系专用性对创业投资关系的负面影响可在很大程度上得到缓解。

第三种是可转换证券、控制权转移、强制清算等机制。这些契约机制可以直接降低关系专用性给创业者带来的再谈判优势地位，减少其机会主义动机。可转换证券兼具股权和债权两种融资方式的特点，随着创业项目的推进，如果投资者发现创业者存在攫取准租的动机，那么他可以继续保有证券的债权属性，对创业者施加财务硬约束。反之，如果投资者发现创业者按预期推进各项创新活动，则可在合适的时候将证券转换为股权，参与分享创业成功带来的巨额收益。因此，可转换证券内嵌的期权可以在事前降低关系专用性给投资者带来的不利影响。此外，控制权转移条款的触发一般基于某些事先约定的标志性事件，例如新产品开发进度、市场份额、公司估值水平等，在一定条件下，强制转移创业者的全部或部分控制权。该机制有助于在事前筛选出最有能力的企业家，在事后还具有监督和激励效应。对于转移条款有所顾虑的创业者不会轻易尝试机会主义行为。强制清算条款的作用机制与控制权转移相似，不同之处在于该条款一般只由某些极端事件触发，以作为保护投资者利益的最后防线。

对民间借贷而言，关系专用性增加了交易双方退出合作关系的成本，在一定意义上有助于提升融资关系的稳定性（马光荣和杨恩艳，2011）。但由于民间借贷活动赖以正常运作的社会关系存在“差序格局”特征，且此类“外生”给定的关系网络限制了融资活动的市场范围，在既定的关系网络之外重建社会关系以支撑更广范围的民间借贷面临着高额成本。因此，关系专用性是民间借贷在现代经济中继续发挥资金融通功能面临的重要挑战。现实中出现三种契约机制应对其不利影响。

首先，是按照“差序格局”扩展社会关系，从血缘、亲缘、地缘等“外生”给定的关系，扩展至业缘、商缘、上下游等“内生”于个体间积极互动衍生的关系（王曙光和邓一婷，2007），这类基于“自己人”身份获得的泛关系网络可以弱化关系专用性对民间借贷活动范围的限制（李伟民和梁玉成，2002）。以温州为例，目前民间借贷活动呈现一个鲜明的特点，借贷双方不再局限于家人、亲戚和邻居等具有密切关系的个体，朋友和生意伙伴之间的借贷逐渐增多。据调查，基于朋友关系和同业关系发生的民间借贷占比已接近60%（刘西川和陈立辉，2012）。此外，全世界只要有温州人的地方就有温州商会，除了为温州商人在当地的经营活动提供支持之外，温州商会还可以扩大参会者的关系网络，支撑更大范围的资金融通活动。表面上看，商会会员是以温州人身份入会，享受权利，承担义务，但实际上，支撑商会真正发挥资金融通功能的基础还是个体之间的商业关系。从历史上来看，以商会、行会形式扩展社会关系网络，从而支撑更大范围的市场交易在很多地方都出现过，如潮商、浙商、徽商、晋商等。从世界范围来看，以犹太人商会为代表的泛关系网络也扮演了类似角色。

其次，合会这种独特的融资机制兼具分散化投资和扩大交易范围的功能，这两者都有助于缓解关系专用性的负面影响。合会的分散化功能前面已有所论及，其关键在于每一位参会者不是同一个人建立融资关系，而是同多个其他参会者建立融资关系（张翔，2016）。此外，参会者不是一次性投入全部会金，而是分期投入多笔会金。这两者都有助于降低个体间关系专用性程度，彼此不会被“锁定”于特定的“一对一”融资关系。合会扩大交易范围的功能体现在会员可以扩展到“亲戚的亲戚或朋友”，比如张翔（2016）提到，20世纪30年代通县第一区“入钱会者既不限于本乡会员，更不限于本乡住户”，寿阳县会员则是会主的亲友或亲友的亲友。这充分表明，合会可在一定程度上减轻关系专用性对于民间借贷市场范围的限制，提高民间金融市场运行效率。

最后，“银背”“钱中”“私人钱庄”“典当商行”“农村合作基金会”等非正规金融中介的出现，可以部分降低民间借贷依赖于特殊社会关系的程度，扩展民间金融市场边界。在正规金融服务供给不足的地区和传统社会，此类金融中介很好地弥补了民间直接借贷的不足①，缓解了普遍信任缺失导致的履约难题（李伟民和梁玉成，2002）。但是，正因为关系专用性降低，由这类非正规金融中介撮合的民间间接借贷关系缺乏足够稳定性，多个地区出现过的局部金融风波，其背后都有“银背”等民间金融中介的身影。20世纪80年代，温州曾发生过三次大规模的“倒会”风潮②，其中就与“银背”以高额回报为诱饵吸引入

① 1992年一项对温州瑞安市莘塍区的调查发现，该区总共30个村，平均每村有一个“银背”，每个“银背”的平均资金规模达100万元左右，总规模达3000万~4000万元（转引自张元红，2012）。

② 即1985年的“抬会”风潮、1986年的“排会”案、1988年的“平会”案。

大量群众入会有关，在这些“倒会”案中，大量“银背”破产（王尚银，2016）。此外，金融中介参与民间借贷的获利动机会带来新的违约风险，因为逐利倾向会诱使中介机构盲目扩张，将民间金融活动由熟人社会的小圈子逐步扩大到陌生人社会，导致熟人社会的信用机制失效，融资契约的可实施性下降（林毅夫和孙希芳，2005；马光荣，2012；邵传林，2014）。因此，为了充分发挥民间金融对于正规金融市场的补充作用，规避其扰乱金融秩序的负面效应，应逐步完善金融监管体系，将非正规金融中介机构纳入监管范围，推动其正规化、规范化、透明化运作，维护地方金融稳定，确保其更好服务地方经济发展。

第四节　融资关系治理的一般框架

我们已从契约机制与交易特征相匹配的角度考察了民间借贷和创业投资两种较为特殊的融资模式，并对其治理结构进行微观分析。该分析可以很容易地推广到其他融资关系治理问题，例如 P2P、网络众筹、供应链金融、融资租赁、私募股权投资等。以下继续基于威廉姆森（1979）的契约关系治理思想，结合融资交易的原理，提出一个一般性的分析框架。

对不同融资关系的交易特征进行细致刻画是讨论相应规制结构的逻辑起点。就本章主题而言，我们提出了不确定性、可实施性、标准化程度、代理人激励必要性和关系专用性五个维度来刻画交易关系。正如前述，为了应对民间借贷和创业投资在这些维度上不同程度的表现给融资交易带来的困难，契约治理需要采取某些独特的机制和措施。尽管这五个维度对多数融资关系来说都是适用的，但对某些其他融资模式而言，能恰当刻画其交易特征的维度可能与此处给出的不完全一致。例如网络众筹，交易前项目信息真实性，交易后代理人主动披露信息的动机等都会对融资关系带来新的挑战，确保交易正常推进的契约机制需要很好地解决这些问题，否则这类融资模式将是不可持续的。总之，有效的契约机制建立在仔细分析融资关系的交易特征基础之上。

即使对融资关系的特征已经有了较为完备且准确的描述，要找到与之相匹配的可行契约机制依然是极具挑战性的任务。事实上，作为研究者，其主要任务应是对现实中观察到的契约机制给出交易成本意义上的解释，并尝试据此给出某些一般原则，以对其他融资关系提供启示，而非“设计”出某种可以解决具体融资交易问题的机制。根本原因在于，市场才是最好的“机制设计者”，就算最聪明的头脑也比不过神奇的市场发现过程（Mises，1949；朱海就，2009）。

为了更直观地说明这一点，可以前面讨论过的不确定性维度为例。正如前述，创业投资和民间借贷都面临一定程度的不确定性，但这两种融资模式应对不确定性的契约机制却大相径庭。创投行业发展出分阶段注资、可转换证券等机制来解决不确定性带来的治理难题，而民间金融市场却发展出合会、互保联保等机制来治理不确定性下的双边关系。由此可见，即使可以准确界定融资关系的交易特征，也很难找到“放之四海而皆准”的契约机制来治理同样的交易难题。很难想象这些精巧的机制能被人事先“设计”出来。因此，研究者的任务应是分析市场已经“发现”的独特机制的作用机理，并归纳出一般原理，为其他融资关系的治理提供启示。

契约机制难以被“设计”的原因还与一个事实有关，即可行的契约机制受现有的技术、文化、法律等外部因素影响，但研究者很难预测这些外部因素的未来变化。以 P2P 网络信贷为例，早期 P2P 纯信用借贷主要依靠两种手段解决融资契约的可实施性问题，即贷款者资格审查和小额贷款。由于基于互联网的交易完全超越了空间的限制，由 P2P 平台对贷款者进行详尽的资格审查是不可能的。此外，小额贷款提高了利用 P2P 进行融资交易的个人成本[①]，降低了 P2P 对于资金供求者的吸引力。因此，纯信用借贷目前并未成为 P2P 的主要融资模式。这一状况有可能在不久的将来发生巨变。随着大数据信用体系的建立和完善，以及人工智能对贷款者个体精准画像技术的进步，纯信用网络借贷的契约可实施性将不再是难以克服的问题。[②] 只需要贷款者签约授权 P2P 平台使用其个人信用数据，融资关系就能得到很好的治理。由此可见，如果不能精确预测未来的技术变化，也就不可能预先设计出合适的契约机制以治理融资关系。

---

① 例如，一笔中等规模资金的提供者不得不寻找一定数量的借款者达成交易，这无疑会增加时间、精力等额外成本，而资金需求者则不得不利用“滚动借贷”的方式持续小额融资，不断地借新债、还旧债，这也会耗费过多时间和精力。

② 例如，阿里巴巴首创的芝麻信用评分系统，凭借其电商平台、支付平台等收集的海量数据，可以实现对个人信用状况的精确评估。基于该系统，阿里巴巴可以根据个体的芝麻信用分值大小，利用“花呗”功能给予相应的信用消费额度，且没有上限。可以推知，如果 P2P 平台引入类似的大数据信用评估系统，则信用借贷的交易成本将大幅降低，融资契约及其实施机制也能大大简化。

第五节 小结与建议

以交易为单位对经济治理结构进行分析是交易成本经济学的基本范式，本章利用此框架对融资交易关系进行微观分析。以民间借贷和创业投资两种特殊的融资关系为例，通过考察相应的交易特征和契约机制，从五个维度研究不同融资交易的治理机制。

具体地，我们利用不确定性、可实施性、标准化程度、代理人激励必要性、关系专用性五个维度来刻画一项金融交易的特征，并据此分析民间借贷和创业投资两种融资活动的参与者如何应对其带来的困难。研究表明，现实中发展出的多种独特契约和实施机制很好地解决了各种融资交易难题，例如，基于关系网络的隐性契约及其自我实施机制降低了民间借贷的违约风险；创业型企业的分阶段融资机制缓解了创新不确定性的影响，并且减少了投资者与创业者之间双边机会主义动机。基于此，本章提出了有关融资关系治理的一般分析框架，即对任何融资关系的分析都应建立在对交易行为的特征刻画基础上，准确刻画交易特征有助于研究者对那些“被市场发现”的特殊契约机制给出理论解释，并据此讨论移植到其他融资交易活动的可能性和有效性。此外，这一类微观分析还有助于揭示某些融资交易活动的潜在风险及其来源，并给出可行的契约安排。

本章分析对金融市场参与者和监管者具有一定参考意义。尽管不同类型的融资交易具有不同特征，相应的契约机制也有所不同，但某项融资交易中的个体可以借鉴其他交易的成功经验，以改进其契约机制。例如，民间借贷参与者可以借鉴创投行业普遍采用的分阶段融资机制以降低违约风险；而创业投资参与者也可以借鉴民间借贷利用关系网络生成隐性契约的机制，通过构建“内生”性关系网络，提高契约可实施性，并实现创业者的自我激励。此外，融资活动参与者需要在事前对融资关系的交易特征有足够的理解，确定该交易的主要风险来源，设计恰当的契约机制以规制双边关系。

对监管者而言，为了兼顾安全性和创新性目标，实现金融市场的有序、健康发展，需要根据融资交易关系的不同特征实施分类监管。认可民间借贷这类非正规金融的市场补充作用，充分发挥金融市场参与者的创造力，鼓励微观个体设计独特的契约机制以治理双边关系。从契约关系及其实施机制的角度揭示融资交易的风险源头，据此确定监管目标和被监管对象。对市场“自发形成”的各类融资交易活动，不应以简单粗暴的方式一禁了之，应坚持外部监管与内部激励相结合，在不引发系统性风险的前提下鼓励金融创新，推动金融市场逐渐走向完备，更好地服务实体经济发展。

参考文献

[1] 毕海德著，魏如山译：《新企业的起源与演进》，中国人民大学出版社2004年版。

[2] 才国伟、吴华强、徐信忠：《政策不确定性对公司投融资行为的影响研究》，载于《金融研究》2018年第3期，第89~104页。

[3] 陈德球、金雅玲、董志勇：《政策不确定性、政治关联与企业创新效率》，载于《南开管理评论》2016年第4期，第27~35页。

[4] 陈逢文、徐纯琪、张宗益：《基于创投双方潜在努力的最优融资契约研究》，载于《系统工程理论与实践》2013年第3期，第642~649页。

[5] 陈敏灵、党兴华、薛静：《项目新颖性对联合风险投资形成的作用机理研究》，载于《软科学》2013年第5期，第16~20页。

[6] 陈明衡：《温州金融改革三十年》，浙江人民出版社2008年版。

[7] 陈思、何文龙、张然：《风险投资与企业创新：影响和潜在机制》，载于《管理世界》2017年第1期，第158~169页。

[8] 陈伟：《风险投资的资本来源影响企业技术创新的机理分析和实证研究——基于非资本增值视角》，载于《商业经济与管理》2013年第9期，第87~96页。

[9] 陈志武、林展、彭凯翔：《民间借贷中的暴力冲突：清代债务命案研究》，载于《经济研究》2014年第9期，第162~175页。

[10] 达摩达兰著，朱武祥等译：《投资估价：评估任何资产价值的工具和技术》，清华大学出版社2014年版。

[11] 邓可斌、丁重：《中国为什么缺乏创造性破坏？——基于上市公司特质信息的经验证据》，载于《经济研究》2010年第6期，第66~79页。

[12] 董静、汪江平、翟海燕、汪立：《服务还是监控：风险投资机构对创业企业的管理——行业专长与不确定性的视角》，载于《管理世界》2017年第6

期，第 82 ~ 103，第 187 ~ 188 页。

［13］董静、翟海燕、汪江平：《风险投资机构对创业企业的管理模式——行业专长与不确定性的视角》，载于《外国经济与管理》2014 年第 9 期，第 3 ~ 11 页。

［14］董晓芳、袁燕：《企业创新、生命周期与聚集经济》，载于《经济学（季刊）》2014 年第 1 期，第 767 ~ 792 页。

［15］冯兴元：《温州市苍南县农村中小企业融资调查报告》，载于《管理世界》2004 年第 9 期，第 53 ~ 66 页。

［16］福山：《信任——社会道德与繁荣的创造》，远方出版社 1998 年版。

［17］福斯特：《创新：进攻者的优势》，中信出版社 2008 年版。

［18］付雷鸣、万迪昉、张雅慧：《VC 是更积极的投资者吗？——来自创业板上市公司创新投入的证据》，载于《金融研究》2012 年第 10 期，第 125 ~ 138 页。

［19］苟燕楠、董静：《风险投资进入时机对企业技术创新的影响研究》，载于《中国软科学》2013 年第 3 期，第 132 ~ 140 页。

［20］顾夏铭、陈勇民、潘士远：《经济政策不确定性与创新——基于我国上市公司的实证分析》，载于《经济研究》2018 年第 2 期，第 111 ~ 125 页。

［21］郭娜：《政府？市场？谁更有效——中小企业融资难解决机制有效性研究》，载于《金融研究》2013 年第 3 期，第 194 ~ 206 页。

［22］郝威亚、魏玮、温军：《经济政策不确定性如何影响企业创新？——实物期权理论作用机制的视角》，载于《经济管理》2016 年第 10 期，第 40 ~ 54 页。

［23］黄宁、郭平：《经济政策不确定性对宏观经济的影响及其区域差异——基于省级面板数据的 PVAR 模型分析》，载于《财经科学》2015 年第 6 期，第 61 ~ 70 期。

［24］吉云：《企业家活动与创新利润的来源》，载于《财经论丛》2007 年第 4 期，第 14 ~ 20 页。

［25］吉云、姚洪心：《企业家才能的定价问题》，载于《制度经济学研究》2011 年第 2 期，第 138 ~ 161 页。

［26］姜红玲、王重鸣、倪宁：《基于因子分析的创业特质探索研究》，载于《心理科学》2006 年第 4 期，第 153 ~ 155 页。

[27] 金雪军、钟意、王义中：《政策不确定性的宏观经济后果》，载于《经济理论与经济管理》2014 年第 2 期，第 17 ~26 页。

[28] 金永红、慈向阳、叶中行、奚玉芹：《风险投资多阶段动态信号传递契约安排》，载于《上海交通大学学报》2004 年第 3 期，第 3 ~7 页，第 434 ~437 页。

[29] 金永红、蒋宇思、奚玉芹：《风险投资参与、创新投入与企业价值增值》，载于《科研管理》2016 年第 9 期，第 59 ~67 页。

[30] 康永博、王苏生、彭珂：《公司创业投资对企业技术创新的影响研究——基于组织间学习的视角》，载于《研究与发展管理》2017 年第 5 期，第 87 ~98 页。

[31] 李凤羽、杨墨竹：《经济政策不确定性会抑制企业投资吗？——基于中国经济政策不确定指数的实证研究》，载于《金融研究》2015 年第 4 期，第 115 ~129 页。

[32] 李汉涯、袁超文、蒋天：《风险投资与企业创新——基于中国中小板上市公司的研究》，载于《金融学季刊》2017 年第 1 期，第 103 ~124 页。

[33] 李伟民、梁玉成：《特殊信任与普遍信任：中国人信任的结构与特征》，载于《社会学研究》2002 年第 3 期，第 11 ~22 页。

[34] 李雨纱、张亚光：《近代中国民间金融契约整理与制度解析》，载于《经济科学》2015 年第 6 期，第 117 ~128 页。

[35] 林建浩、李幸、李欢：《中国经济政策不确定性与资产定价关系实证研究》，载于《中国管理科学》2014 年第 S1 期，第 222 ~226 页。

[36] 林强、姜彦福、张健：《创业理论及其架构分析》，载于《经济研究》2001 年第 9 期，第 85 ~94 页。

[37] 林毅夫、孙希芳：《信息、非正规金融与中小企业融资》，载于《经济研究》2005 年第 7 期，第 35 ~44 页。

[38] 刘西川、陈立辉：《风险防范中的非利率条件、业缘型社会关系和关联性交易——基于温州民间借贷的经验考察》，载于《财贸研究》2012 年第 5 期，第 104 ~111 页。

[39] 陆瑶、张叶青、贾睿、李健航：《“辛迪加”风险投资与企业创新》，载于《金融研究》2017 年第 6 期，第 159 ~175 页。

[40] 罗家德：《人际关系连带、信任与关系金融：以嵌入性观点研究台湾

民间借贷》，载于《清华社会学评论》1999 年第 2 期，第 19～50 页。

[41] 罗知、徐现祥：《投资政策不确定性下的企业投资行为：所有制偏向和机制识别》，载于《经济科学》2017 年第 3 期，第 88～101 页。

[42] 马光荣、杨恩艳：《社会网络、非正规金融与创业》，载于《经济研究》2011 年第 3 期，第 83～94 页。

[43] 马光荣：《从民间借贷优劣看其出路》，载于《中国社会科学报》2012 年 4 月 25 日。

[44] 买忆媛、李江涛、熊婵：《风险投资与天使投资对创业企业创新活动的影响》，载于《研究与发展管理》2012 年第 2 期，第 79～84 页。

[45] 迈尔森：《博弈论：矛盾冲突分析》，中国人民大学出版社 2015 年版。

[46] 孟庆斌、师倩：《宏观经济政策不确定性对企业研发的影响：理论与经验研究》，载于《世界经济》2017 年第 9 期，第 75～98 页。

[47] 木志荣、李盈陆：《创业投资的增值活动真的有用吗？来自深圳中小板上市公司的经验证据》，载于《投资研究》2012 年第 2 期，第 67～77 页。

[48] 潘士远、罗德明、杨奔：《会首质量、互助会的得会风险、得会价格折现与规模——基于浙江省的实证分析》，载于《新政治经济学评论》2009 年第 11 期，第 25～42 页。

[49] 齐绍洲、张倩、王班班：《新能源企业创新的市场化激励——基于风险投资和企业专利数据的研究》，载于《中国工业经济》2017 年第 12 期，第 95～112 页。

[50] 热依拉·依里木、刘明：《乡村借贷、非正式治理与信贷效率——基于维吾尔借贷契约的历史启示》，载于《上海经济研究》2017 年第 9 期，第 119～128 页。

[51] 邵传林：《温州式金融危机生成的制度逻辑》，载于《当代经济管理》2014 年第 7 期，第 81～87 页。

[52] 邵同尧：《风险投资、创新与创新累积效应——基于系统 GMM 估计的动态面板分析》，载于《软科学》2011 年第 6 期，第 6～10 页。

[53] 孙春玲、张梦晓、赵占博、杨强：《创新能力、创新自我效能感对大学生自主创业行为的影响研究》，载于《科学管理研究》2015 年第 4 期，第 87～97 页。

[54] 汤颖梅、王怀明、白云峰：《CEO 特征、风险偏好与企业研发支出——

以技术密集型产业为例》，载于《中国科技论坛》2011 年第 10 期，第 89 ~95 页。

[55] 唐清泉、甄丽明：《管理层风险偏爱、薪酬激励与企业 R&D 投入——基于我国上市公司的经验研究》，载于《经济管理》2009 年第 5 期，第 56 ~ 64 页。

[56] 田轩：《创新的资本逻辑：用资本视角思考创新的未来》，北京大学出版社 2018 年版。

[57] 汪丽：《公司风险投资与新创企业创新绩效：决策环境的约束机制》，载于《珞珈管理评论》2017 年第 3 期，第 18 ~32 页。

[58] 王兰芳、胡悦：《创业投资促进了创新绩效吗？——基于中国企业面板数据的实证检验》，载于《金融研究》2017 年第 1 期，第 177 ~190 页。

[59] 王孟成：《潜变量建模与 Mplus 应用》，重庆大学出版社 2014 年版。

[60] 王山慧：《管理者过度自信与企业技术创新投入关系研究》，载于《科研管理》2013 年第 5 期，第 1 ~9 页。

[61] 王尚银：《民间借贷的社会风险防控机制研究——温州案例》，厦门大学出版社 2016 年版。

[62] 王曙光、邓一婷：《民间金融扩张的内在机理、演进路径与未来趋势研究》，载于《金融研究》2007 年第 6 期，第 69 ~79 页。

[63] 王婷：《民间金融风险生成机制研究：基于社会网络的视角》，浙江大学博士学位论文，2017 年。

[64] 王义中、宋敏：《宏观经济不确定性、资金需求与公司投资》，载于《经济研究》2014 年第 2 期，第 6 ~19 页。

[65] 温军、冯根福：《风险投资与企业创新："增值"与"攫取"的权衡视角》，载于《经济研究》2018 年第 2 期，第 185 ~199 页。

[66] 温州市决策咨询委员会、中共温州市委政策研究室：《温州企业资金链、担保链风险化解的实践与探索》，中国经济出版社 2016 年版。

[67] 吴超鹏、吴世农、程静雅、王璐：《风险投资对上市公司投融资行为影响的实证研究》，载于《经济研究》2012 年第 1 期，第 105 ~119，第 160 页。

[68] 吴涛、赵增耀：《风险投资对创业板上市公司技术创新影响的实证研究》，载于《科技管理研究》2016 年第 14 期，第 12 ~17，第 23 页。

[69] 夏择民、朱康对、朱呈访：《信用危机中，社会资本失效了吗？——基于温州中小企业自组织协作融资案例》，载于《金融评论》2015 年第 3 期，

第 105 ~ 113，第 126 页。

［70］谢雅萍、宋超俐：《风险投资与技术创新关系研究现状探析与未来展望》，载于《外国经济与管理》2017 年第 2 期，第 47 ~ 59 页。

［71］熊彼特：《经济发展理论》，商务印书馆 2000 年版。

［72］徐向阳、陆海天、孟为：《风险投资与企业创新：基于风险资本专利信号敏感度的视角》，载于《管理评论》2018 年第 10 期，第 58 ~ 72，第 118 页。

［73］徐勇、宋罡、贾键涛：《风险投资、技术创新与经济增长》，载于《中大管理研究》2012 年第 3 期，第 114 ~ 127 页。

［74］许昊、万迪昉、徐晋：《风险投资改善了新创企业 IPO 绩效吗?》，载于《科研管理》2016 年第 1 期，第 101 ~ 109 页。

［75］许昊、万迪昉、徐晋：《风险投资、区域创新与创新质量甄别》，载于《科研管理》2017 年第 8 期，第 27 ~ 35 页。

［76］杨汝岱、陈斌开、朱诗娥：《基于社会网络视角的农户民间借贷需求行为研究》，载于《经济研究》2011 年第 11 期，第 116 ~ 129 页。

［77］杨胜刚、张一帆：《风险投资对企业创新的影响——基于中小板和创业板的研究》，载于《经济经纬》2017 年第 2 期，第 147 ~ 152 页。

［78］姚耀军：《资金配置、价格发现与风险控制——对投资型互助会的田野调查分析》，载于《中国农村观察》2008 年第 2 期，第 19 ~ 27，第 39 页。

［79］姚耀军：《非正规金融市场：反应性还是自主性? 基于温州民间借贷利率的经验研究》，载于《财经研究》2009 年第 4 期，第 28 ~ 48 页。

［80］姚铮、王笑雨、程越楷：《风险投资契约条款设置动因及其作用机理研究》，载于《管理世界》2011 年第 2 期，第 127 ~ 141 页。

［81］易靖韬、张修平、王化成：《企业异质性、高管过度自信与企业创新绩效》，载于《南开管理评论》2015 年第 6 期，第 101 ~ 112 页。

［82］游家兴、张俊生、江伟：《制度建设、公司特质信息与股价波动的同步性——基于 R ~ 2 研究的视角》，载于《经济学（季刊）》2007 年第 1 期，第 189 ~ 206 页。

［83］于永达、陆文香：《风险投资和科技企业创新效率：助力还是阻力?》，载于《上海经济研究》2017 年第 8 期，第 47 ~ 60 页。

［84］俞文华：《发明专利、比较优势、授权差距——基于中国国内外发明

专利授权量比较分析》，载于《中国软科学》2009年第6期，第19~32页。

[85] 张改清：《中国农村民间金融的内生成长——基于社会资本视角的分析》，载于《经济经纬》2008年第2期，第129~131页。

[86] 张俊芳、郭永济：《风险投资对我国区域创新能力及经济增长的影响——基于全国21个省市的实证研究》，载于《科学与管理》2018年第1期，第9~15页。

[87] 张强：《合会的运行机制及其风险研究》，浙江大学硕士学位论文，2017年。

[88] 张维迎：《企业的企业家——契约理论》，上海三联书店、上海人民出版社1995年版。

[89] 张文妍：《标会风险防范法律制度研究——以福建省T镇为例》，西南政法大学硕士学位论文，2016年。

[90] 张翔：《民间金融合约的信息机制》，社会科学文献出版社2016年版。

[91] 张学勇、张叶青：《风险投资、创新能力与公司IPO的市场表现》，载于《经济研究》2016年第10期，第112~125页。

[92] 张元红、张军、李静、李勤：《中国农村民间金融研究——信用、利率与市场均衡》，社会科学文献出版社2012年版。

[93] 赵先进、李雪：《风险投资、研发资本与战略性新兴产业的技术创新》，载于《科技管理研究》2016年第13期，第90~95，第101页。

[94] 赵向阳、李海、孙川：《从个人价值观到创业意愿——创造力作为中介变量》，载于《北京师范大学学报（社会科学版）》2014年第3期，第115~130页。

[95] 赵晓军、蒋承、杨丹妮：《显性、隐性和关系契约——以信用轮储机制为例》，载于《中国市场》2011年第11期，第15~23页。

[96] 赵毅、戚安邦、乔朋华：《强权CEO能更好地利用风险投资进行创新吗?》，载于《科学学与科学技术管理》2016年第9期，第155~168页。

[97] 周其仁：《市场里的企业：一个人力资本与非人力资本的特别合约》，载于《经济研究》1996年第6期，第71~79页。

[98] 朱海就：《市场的本质：人类行为的视角与方法》，上海三联书店、上海人民出版社2009年版。

[99] 朱小婷、吴继忠：《风险投资对企业创新的影响》，载于《技术与创

新管理》2018 年第 6 期，第 671 ~ 677 页。

[100] 庄新霞、欧忠辉、周小亮、朱祖平：《风险投资与上市企业创新投入：产权属性和制度环境的调节》，载于《科研管理》2017 年第 11 期，第 48 ~ 56 页。

[101] 卓凯：《非正规金融契约治理的微观理论》，载于《财经研究》2006 年第 8 期，第 112 ~ 123 页。

[102] 邹双、成力为：《风险投资进入对企业创新绩效的影响——基于创业板制造业企业的 PSM 检验》，载于《科学学与科学技术管理》2017 年第 2 期，第 68 ~ 76 页。

[103] Admati, R. A. and Pfleiderer, P., "Robust Financial Contracting and the Role of Venture Capitalists", *The Journal of Finance*, 1994, 49 (2): 371 - 402.

[104] Aghion, P. and Bolton, P., "An Incomplete Contracts Approach to Financial Contracting", *The Review of Economic Studies*, 1992, 59 (3): 473 - 494.

[105] Aghion, P. and Tirole, J., "The Management of Innovation", *Quarterly Journal of Economics*, 1994, 109 (4): 1185 - 1209.

[106] Ahlin, B., Drnovšek, M. and Hisrich, R. D., "Entrepreneurs' Creativity and Firm Innovation: The Moderating Role of Entrepreneurial Self-Efficacy", *Small Business Economics*, 2014, 43 (1): 101 - 117.

[107] Ahmed, I., Nawaz, M. M., Ahmad, Z., Shaukat, M. Z., Usman, A. and Wasimul-Rehman, N. A., "Determinants of Students' Entrepreneurial Career Intentions Evidence from Business Graduates", *European Journal of Social Sciences*, 2010, 15 (2): 14 - 22.

[108] Ajzen, I., "The Theory of Planned Behavior", *Organizational Behavior and Human Decision Processes*, 1991, 50 (2): 179 - 211.

[109] Arqué - Castells, P., "How Venture Capitalists Spur Invention in Spain: Evidence from Patent Trajectories", *Research Policy*, 2012, 41 (5): 897 - 912.

[110] Atanassov, J., Julio, B. and Leng, T. "The Bright Side of Political Uncertainty: The Case of R&D", Available at SSRN 2693605, 2015.

[111] Audretsch, D., "R & D Spillovers and The Geography of Innovation and Production", *American Economic Review*, 1996, 86 (3): 630 - 640.

[112] Audretsch, D., *The Entrepreneurial Society*, London: Oxford University Press, 2007.

[113] Bae, T. J., Qian, S., Miao, C. and Fiet, O. J., "The Relationship Between Entrepreneurship Education and Entrepreneurial Intentions: A Meta-Analytic Review", *Entrepreneurship Theory and Practice*, 2014, 38 (2): 217 - 254.

[114] Baker, S. R., Bloom, N. and Davis, S. J., "Measuring Economic Policy Uncertainty", *The Quarterly Journal of Economics*, 2016, 131 (4): 1593 - 1636.

[115] Baker, G., Gibbons, R. and Murphy, K. J., "Relational Contracts and the Theory of the Firm", *Quarterly Journal of Economics*, 2002, 117 (1): 39 - 84.

[116] Baker, G., Gibbons, R. and Murphy, K. J., "Subjective Performance Measures in Optimal Incentive Contracts", *Quarterly Journal of Economics*, 1994, 109 (4): 1125 - 1156.

[117] Barry, C. B., Muscarella, C., Peavy, J. W. and Vetsuypens, M., "The Role of Venture Capital in the Creation of Public Companies: Evidence from the Going-Public Process", *Journal of Financial Economics*, 1990, 27 (2): 447 - 471.

[118] Baum, J. A. C. and Silverman, B. S., "Picking Winners or Building Them? Alliance, Intellectual, and Human Capital as Selection Criteria in Venture Financing and Performance of Biotechnology Startups", *Journal of Business Venturing*, 2004, 19 (3): 411 - 436.

[119] Beaton N. J., *Valuing Early Stage and Venture-Backed Companies*, New York: John Wiley & Sons, 2010.

[120] Bengtsson, O., "Covenants in Venture Capital Contracts", *Management Science*, 2011, 57 (11): 1926 - 1943.

[121] Bergemann, D. and Ulrich, H., "Venture Capital Financing, Moral Hazard, and Learning", *Journal of Banking & Finance*, 1998, 22 (6 - 8): 703 - 735.

[122] Berger, N. A. and Udell F. G., "Small Business Credit Availability and Relationship Lending: the Importance of Bank Organizational Structure", *The Economic Journal*, 2002, 112 (2): 32 - 53.

[123] Berger, N. A. and Schaeck K., "Small and Medium-Sized Enterprises,

Bank Relationship Strength, and the Use of Venture Capital", *Journal of Money, Credit and Banking*, 2011, 43 (2-3): 461-490.

[124] Berglöf, E., "A Control Theory of Venture Capital Finance", *Journal of Law, Economics and Organization*, 1994, 10 (2): 247-267.

[125] Berk, B. J., Green, C. R. and Naik, V., "Valuation and Return Dynamics of New Ventures", *Review of Financial Studies*, 2004, 17 (1): 1-35.

[126] Bernanke S. B., "Irreversibility, Uncertainty, and Cyclical Investment", *The Quarterly Journal of Economics*, 1983, 98 (1): 85-106.

[127] Bernheim, B. D. and Whinston, D. M., "Incomplete Contracts and Strategic Ambiguity", *American Economic Review*, 1998, 88 (4): 902-932.

[128] Bewley, F. T., "Market Innovation and Entrepreneurship: A Knightian View", *Cowles Foundation*, No. 905, 1989.

[129] Bhattacharya, U., Hsu, P. H., Tian, X. and Xu, Y., "What Affects Innovation More: Policy or Policy Uncertainty?", *Journal of Financial & Quantitative Analysis*, 2017, 52: 1-33.

[130] Bloom, N., "The Impact of Uncertainty Shocks", *Econometrica*, 2009, 77 (3): 623-685.

[131] Bolton, P. and Dewatripont, M., *Contract Theory*, Cambridge, MA: The MIT Press, 2005.

[132] Born, B. and Pfeifer, J., "Policy Risk and the Business Cycle", *Journal of Monetary Economics*, 2014, 68 (1): 68-85.

[133] Bottazzi, L., Rin, D. M. and Hellmann, T., "Who Are the Active Investors? Evidence from Venture Capital", *Journal of Financial Economics*, 2008, 89 (3): 488-512.

[134] Bottazzi, L., Rin, D. M., van Ours C. J. and Berglöf E., "Venture Capital in Europe and the Financing of Innovative Companies", *Economic Policy*, 2002, 17 (34): 229-269.

[135] Broughman, B. and Fried, J., "Renegotiation of Cash Flow Rights in the Sale of VC-backed Firms", *Journal of Financial Economics*, 2010, 95 (3): 384-399.

[136] Bull, C., "The Existence of Self-Enforcing Implicit Contracts", *Quar-*

terly Journal of Economics*, 1987, 102 (1): 147 -159.

[137] Burchardt, J., Hommel, U., Kamuriwo, S. D. and Billitteri, C., "Venture Capital Contracting in Theory and Practice: Implications for Entrepreneurship Research", *Entrepreneurship Theory & Practice*, 2016, 40 (1): 25 -48.

[138] Carr, J. C. and Sequeira, J. M., "Prior Family Business Exposure as Intergenerational Influence and Entrepreneurial Intent: A Theory of Planned Behavior Approach", *Journal of Business Research*, 2007, 60 (10): 1090 -1098.

[139] Casamatta. C., "Financing and Advising: Optimal Financial Contracts with Venture Capitalists", *Journal of Finance*, 2010, 58 (5): 2059 -2086.

[140] Caselli, S., Gatti, S. and Perrini, F., "Are Venture Capitalists a Catalyst for Innovation?", *European Financial Management*, 2009, 15 (1): 92 -111.

[141] Casson, M., *The Entrepreneur: An Economic Theory*, New York: Barnes & Noble, 1982.

[142] Celikyurt, U., Sevilir, M and Shivdasani, A., "Venture Capitalists on Boards of Mature Public Firms", *Review of Financial Studies*, 2014, 27 (1): 56 -101.

[143] Cestone, G., "Venture Capital Meets Contract Theory: Risky Claims or Formal Control?", *Review of Finance*, 2014, 18 (3): 1097 -1137.

[144] Chan, L. K., Lakonishok, J. and Sougiannis, T., "The Stock Market Valuation of Research and Development Expenditures", *The Journal of Finance*, 2001, 56 (6): 2431 -2456.

[145] Chan, Y. S., Siegel, D. and Thakor, A., "Learning, Corporate Control and Performance Requirements in Venture Capital Contracts", *International Economic Review*, 1990, 31 (2): 365 -381.

[146] Chateauneuf, A. and Faro, H. J., "Ambiguity Through Confidence Functions", *Journal of Mathematical Economics*, 2009, 45 (9 -10): 535 -558.

[147] Chemmanur, J. T., Elena, L. and Tian, X., "Corporate Venture Capital, Value Creation, and Innovation", *Review of Financial Studies*, 2014, 27 (8): 2434 -2473.

[148] Chemmanur, J. T., Karthik, K. and Debarshi, K. N., "How Does Venture Capital Financing Improve Efficiency in Private Firms? A Look Beneath the

Surface", *Review of Financial Studies*, 2011, 24 (12): 4037 -4090.

[149] Chiteji, N. S. , "Promises Kept: Enforcement and the Role of Rotating Ravings and Credit Associations in an Economy", *Journal of International Development*, 2002, 14 (4): 393 -411.

[150] Christensen, M. C. and Rosenbloom, S. R. , " Explaining the Attacker's Advantage: Technological Paradigms, Organizational Dynamics, and the Value Network", *Research Policy*, 1995, 24 (2): 233 -257.

[151] Chun, H. , Kim, J. W. , Morck, R. and Yeung, B. , "Creative Destruction and Firm-Specific Performance Heterogeneity", *Journal of Financial Economics*, 2008, 89 (1): 109 -135.

[152] Coase, H. R. , "The Nature of the Firm", *Economica*, 1937, 4 (16): 386 -405.

[153] Cochrane, H. J. , "The Risk and Return of Venture Capital", *Journal of Financial Economics*, 2005, 75 (1): 3 -52.

[154] Colombo, M. G. and Grili, L. , "On Growth Drivers of High-Tech Start-Ups: Exploring the Role of Founders' Human Capital and Venture Capital", *Journal of Business Venturing*, 2010, 25 (6): 610 -626.

[155] Colombo, M. G. , "The Participation of New Technology-Based Firms in EU-Funded R&D Partnerships: The Role of Venture Capital", *Research Policy*, 2016, 45 (2): 361 ~375.

[156] Conti, A. , Thursby, C. M. and Rothaermel, F. , "Show Me the Right Stuff-Signals for High-tech Startups", *Journal of Economics and Management Strategy*, 2011, 22 (2): 341 -364.

[157] Cornelli, F. and Yosha, O. , "Stage Financing and the Role of Convertible Securities", *Review of Economic Studies*, 2003, 70 (1): 1 -32.

[158] Cremer, J. , "Arm's Length Relationships", *Quarterly Journal of Economics*, 1995, 110 (2): 275 -295.

[159] Cumming, D. and Sofia, J. A. , "Advice and Monitoring in Venture Finance", *Financial Markets and Portfolio Management*, 2007, 21 (1): 3 -43.

[160] de Bettignies, J. E. , "Financing the Entrepreneurial Venture", *Management Science*, 2008, 54 (1): 151 -166.

[161] Dessí, R., "Start-Up Finance, Monitoring and Collusion", *The RAND Journal of Economics*, 2005, 36 (2): 255-274.

[162] Dewatripont, M. and Maskin, E., "Contract Renegotiation in Models of Asymmetric Information", *European Economic Review*, 1990, 34 (2-3): 311-321.

[163] Dixit, A. K., Dixit, R. K. and Pindyck, R. S., *Investment Under Uncertainty*, New Jersey: Princeton University Press, 1994.

[164] Douglas, E., and Shepherd, D., "Self-Employment as a Career Choice: Attitudes, Entrepreneurial Intentions, and Utility Maximization", *Entrepreneurship Theory and Practice*, 2002, 26 (3): 81-90.

[165] Dushnitsky, G. and Lenox, M. J., "When Does Corporate Venture Capital Investment Create Firm Value?", *Journal of Business Venturing*, 2006, 21 (6): 753-772.

[166] Dutta, D. K., Gwebu, K. L. and Wang, J., "Personal Innovativeness in Technology, Related Knowledge and Experience, and Entrepreneurial Intentions in Emerging Technology Industries a Process of Causation or Effectuation", *International Entrepreneurship and Management Journal*, 2015, 11 (3): 529-555.

[167] Dyer Jr, W. G., "Toward A Theory of Entrepreneurial Careers", *Entrepreneurship: Theory and Practice*, 1994, 19 (2): 7-22.

[168] Dyer, J., Gregersen, H. and Christensen, M. G., "Entrepreneur Behaviors, Opportunity Recognition, and the Origins of Innovative Ventures", *Strategic Entrepreneurship Journal*, 2008, 2 (4): 317-338.

[169] Dyer, J., Gregersen, H. and Christensen, M. G., *The Innovator's DNA*, Boston: Harvard Business Review Press, 2011.

[170] Engel, D. and Keilbach, M., "Firm Level Implications of Early Stage Venture Capital Investment—an Empirical Investigation", *Journal of Empirical Finance*, 2007, 14 (2): 150-167.

[171] Epstein, G. L. and Schneider, M., "Ambiguity, Information Quality and Asset Pricing", *Journal of Finance*, 2008, 63 (1): 197-228.

[172] Faria, A. P. and Barbosa, N., "Does Venture Capital Really Foster Innovation", *Economics Letters*, 2014, 122 (2): 129-131.

[173] Feldman, C. D. and Bolino, C. M., "Career Patterns of the Self-Employed: Career Motivations and Career Outcomes", *Journal of Small Business Management*, 2000, 38 (3): 53-67.

[174] Fitza, M. M., Matusik, F. S. and Mosakowski, E., "Do VCs Matter? The Importance of Owners on Performance Variance in Start-Up Firms", *Strategic Management Journal*, 2009, 30 (4): 387-404.

[175] Fried, V. H., Bruton, G. D. and Hisrich, R. D., "Strategy and the Board of Directors in Venture Capital-Backed Firms", *Journal of Business Venturing*, 1998, 13 (6): 493-503.

[176] Furnham, A. and Marks, J., "Tolerance of Ambiguity: A Review of the Recent Literature", *Psychology*, 2013, 4 (9): 717-728.

[177] Galasso, A. and Simcoe, T. S., "CEO Overconfidence and Innovation", *Management Science*, 2011, 57 (8): 1469-1484.

[178] Gartner, W. B., "Is There an Elephant in Entrepreneurship? Blind Assumptions in Theory Development", *Entrepreneurship Theory and Practice*, 2001, 25 (3): 27-39.

[179] Gebhardt, G. and Schmidt, K., "Conditional Allocation of Control Rights in Venture Capital Firms", *CEPR Discussion Paper*, No. 5758, 2006.

[180] Geronikolaou, G. and Papachristou, G., "Venture Capital and Innovation in Europe", *MPRA Paper*, No. 36706, 2008, https://mpra.ub.uni-muenchen.de/36706/.

[181] Gilboa, I. and Schmeidler, D., "Maxmin Expected Utility With Non-Unique Priors", *Journal of Mathematical Economics*, 1989, 18 (2): 141-153.

[182] Gilboa, I. and Marinacci, M., "Ambiguity and the Bayesian Paradigm", *Working Papers from IGIER*, No. 379, Bocconi University, 2011.

[183] Gompers, A. P., "Optimal Investment, Monitoring, and the Staging of Venture Capital", *The Journal of Finance*, 1995, 50 (5): 1461-1489.

[184] Gompers, P. and Lerner, J., *The Venture Capital Cycle* (2nd Ed.), Cambridge MA: The MIT Press, 2006.

[185] Gompers, P., Lerner, J. and Scharfstein, D., "Entrepreneurial Spawning: Public Corporations and The Genesis of New Ventures, 1986 to 1999", *Journal*

of Finance, 2005, 60 (2): 577 –614.

[186] Gorman, M. and Sahlman, W., "What Do Venture Capitalists Do?" *Journal of Business Venturing*, 1989, 4 (4): 231 –248.

[187] Grossman, J. S. and Hart, D. O., "The Costs and Benefits of Ownership: A Theory of Vertical and Lateral Integration", *Journal of Political Economy*, 1986, 94 (4): 691 –719.

[188] Gulen, H. and Ion, M., "Policy Uncertainty and Corporate Investment", *The Review of Financial Studies*, 2016, 29 (3): 523 –564.

[189] Hall, B. H. and Lerner, J., "The Financing of R&D and Innovation", *Handbook of the Economics of Innovation*, North-Holland, 2010, 1: 609 –639.

[190] Handa, S. and Kirton, C., "The Economics of Rotating Savings and Credit Associations: Evidence from the Jamaican 'Partner'", *Journal of Development Economics*, 1999, 60 (1): 173 –194.

[191] Hart, O. and Moore, J., "Foundations of Incomplete Contracts", *The Review of Economic Studies*, 1999, 66 (1): 115 –138.

[192] Hart, O. and Tirole, J., "Contract Renegotiation and Coasian Dynamics", *Review of Economic Studies*, 1988, 55 (4): 509 –540.

[193] Hasan, I, Wang, H., "The Role of Venture Capital on Innovation, New Business Formation, And Economic Growth", *2006 FMA Annual Meeting*, Salt Lake City: The Fabricators & Manufac-turers Association Intl, 2006.

[194] Hellmann, T., "The Allocation of Control Rights in Venture Capital Contracts", *The RAND Journal of Economics*, 1998, 29 (1): 57 –76.

[195] Hellmann, T. and Puri, M., "The Interaction Between Product Market and Financing Strategy: The Role of Venture Capital", *Review of Financial Studies*, 2000 (13): 959 –984.

[196] Hellmann, T. and Puri, M., "Venture Capital and The Professionalization of Start-Up Firms: Empirical Evidence", *Journal of Finance*, 2002, 57 (1): 169 –197.

[197] Hills, G. E., Shrader, R. C. and Lumpkin, G. T., "Opportunity Recognition as a Creative Process", *Frontiers of Entrepreneurship Research*, 1999, 19 (2): 216 –227.

[198] Hirshleifer, D., Low, A. and Teoh, S. H., "Are Overconfident CEOs Better Innovators?", *The Journal of Finance*, 2012, 67 (4): 1457-1498.

[199] Hirshleifer, D., Hsu, P. H. and Dongmei, Li, "Innovative Efficiency and Stock Returns", *Journal of Financial Economics*, 2013, 107 (3): 632-654.

[200] Hirukawa, M. and Ueda, M., "Venture Capital and Innovation: Which Is First?", *Pacific Economic Review*, 2011, 16 (4): 421-465.

[201] Hmieleski, K. M. and Corbett, A. C., "Proclivity for Improvisation as A Predictor of Entrepreneurial Intentions", *Journal of Small Business Management*, 2006, 44 (1): 45-63.

[202] Hoenen, S., Kolympiris, C., Schoenmakers, W. and Kalaitzandonakes, N., "The Diminishing Signaling Value of Patents Between Early Rounds of Venture Capital Financing", *Research Policy*, 2014, 43 (6): 956-989.

[203] Hsu, D., "What Do Entrepreneurs Pay for Venture Capital Affiliation?" *Journal of Finance*, 2004, 59 (4): 1805-1844.

[204] Hsu, D. H. and Ziedonis, R. H., "Resources as Dual Sources of Advantage: Implications for Valuing Entrepreneurial Firm Patents", *Strategic Management Journal*, 2013, 34 (7): 761-781.

[205] Hsu, P. H., Tian, X. and Xu, Y., "Financial Development and Innovation: Cross-Country Evidence", *Journal of Financial Economics*, 2014, 112 (1): 116-135.

[206] Inderst, R. and Müller, H., "Early-Stage Financing and Firm Growth in New Industries", *Journal of Financial Economics*, 2009, 93 (2): 276-291.

[207] Ju, N. and Miao, J., "Ambiguity, Learning, and Asset Returns", *Econometrica*, 2012, 80 (2): 559-591.

[208] Julio, B. and Yook, Y., "Political Uncertainty and Corporate Investment Cycles", *The Journal of Finance*, 2012, 67 (1): 45-84.

[209] Kaplan, N. S. and Strömberg, P., "Venture Capitalists as Principals: Contracting, Screening, and Monitoring", *American Economic Review*, 2001, 91 (2): 426-430.

[210] Kaplan, N. S. and Strömberg, P., "Financial Contracting Theory Meets the Real World: An Empirical Analysis of Venture Capital Contracts", *The Re-*

view of Economic Studies, 2003, 70 (2): 281 -315.

[211] Kaplan, N. S. and Strömberg, P., "Characteristics, Contracts, and Actions: Evidence from Venture Capital Analysis", *The Journal of Finance*, 2004, 54 (5): 2173 -2206.

[212] Karlan, D., "Social Connections and Group Banking", *The Economic Journal*, 2007, 117 (517): 52 -84.

[213] Keynes, M. J., *The General Theory of Employment, Interest, and Money*, London: Macmillan, 1936.

[214] Kirilenko, A., "Valuation and Control in Venture Finance", *Journal of Finance*, 2001, 56 (2): 565 -587.

[215] Kirzner, M. I., "Entrepreneurial Discovery and the Competitive Market Process: An Austrian Approach", *Journal of Economic Literature*, 1997, 35 (1): 60 -85.

[216] Klein, B., Crawford, G. R. and Alchian, A. A., "Vertical Integration, Appropriable Rents, and the Competitive Contracting Process", *Journal of Law and Economics*, 1978, 21 (2): 297 -326.

[217] Klein, B. and Leffler, B. K., "The Role of Market Forces in Assuring Contractual Performance", *Journal of Political Economy*, 1981, 89 (4): 615 -641.

[218] Klibanoff, P., Marinacci, M. and Mukerji, S., "A Smooth Model of Decision Making Under Ambiguity", *Econometrica*, 2005, 73 (6): 1849 -1892.

[219] Knight, H. F., *Risk, Uncertainty and Profit*, Boston: Houghton Mifflin Company, 1921.

[220] Koellinger, P., "Why Are Some Entrepreneurs More Innovative than Others?", *Small Business Economics*, 2008, 31 (1): 21 -37.

[221] Kollmann, T. and Kuckertz, A., "Evaluation Uncertainty of Venture Capitalists' Investment Criteria", *Journal of Business Research*, 2010, 63 (7): 741 -747.

[222] Kolmakov, V. V., Polyakova, A. G. and Shalaev, V. S., "An Analysis of the Impact of Venture Capital Investment on Economic Growth and Innovation: Evidence from the USA and Russia", *Economic Annals*, 2015, 207: 7 -37.

[223] Kolvereid, L., "Prediction of Employment Status Choice Intentions", *Entrepreneurship: Theory and Practice*, 1996, 21 (1): 47-58.

[224] Korteweg, A. and Sorensen, M., "Risk and Return Characteristics of Venture Capital-Backed Entrepreneurial Companies", *Review of Financial Studies*, 2010, 23 (10): 3738-3772.

[225] Kortums, J. L., "Assessing the Contribution of Venture Capital to Innovation", *The RAND Journal of Economics*, 2000 (31): 674-692.

[226] Krishnan, C. N. V., Ivanov, I. V., Masulis, W. R. and Singh, K. A., "Venture Capital Reputation, Post-IPO Performance, and Corporate Governance", *Journal of Financial and Quantitative Analysis*, 2011, 46 (5): 1295-1333.

[227] Krueger, N. F., Reilly, M. D. and Carsrud, A. L., "Competing Models of Entrepreneurial Intention", *Journal of Business Venturing*, 2000, 15 (5): 411-432.

[228] Lauriola, M., Foschi, R., Mosca, O. and Weller, J., "Attitude Toward Ambiguity Empirically Robust Factors in Self-Report Personality Scales", *Assessment*, 2016, 23 (3): 1-21.

[229] Lerner, J., "Venture Capitalists and The Oversight of Private Firms", *Journal of Finance*, 1995, 50 (1): 301-318.

[230] Lerner, J. and Malmendier, U., "Contractibility and the Design of Research Agreements", *American Economic Review*, 2010, 100 (1): 214-446.

[231] Lerner, J., *Boulevard of Broken Dreams: Why Public Efforts to Boost Entrepreneurship and Venture Capital Have Failed and What to Do About It*, New Jersey: Princeton University Press, 2009.

[232] Lerner, J., Leamon, A. and Hardymon, G. F., *Venture Capital, Private Equity, And the Financing of Entrepreneurship*, New York: John Wiley & Sons, 2012.

[233] Levin, J., "Relational Incentive Contracts", *American Economic Review*, 2003, 93 (3): 835-857.

[234] Liñán, F. and Fayolle, A., "A Systematic Literature Review on Entrepreneurial Intentions: Citation, Thematic Analyses, and Research Agenda", *Interna-*

tional Entrepreneurship and Management Journal, 2015, 11 (4): 907 -933.

[235] Liñán, F., Santos, J. F. and Fernández, J., "The Influence of Perceptions on Potential Entrepreneurs", *International Entrepreneurship and Management Journal*, 2011, 7 (3): 373 -390.

[236] Lindsey, L., "Blurring Firm Boundaries: The Role of Venture Capital in Strategic Alliances", *The Journal of Finance*, 2008, 63 (3): 1137 -1168.

[237] MacDonald, P., "Revised Scale for Ambiguity Tolerance Reliability and Validity", *Psychological Reports*, 1970, 26 (3): 791 -798.

[238] Macleod, W. B. and Malcomson, M. J., "Implicit Contracts, Incentive Compatibility, and Involuntary Unemployment", *Econometrica*, 1989, 57 (2): 447 -480.

[239] Manso, G., "Motivating Innovation", *Journal of Finance*, 2011, 66 (5): 1823 -1860.

[240] Maskin, E. and Moore J., "Implementation and Renegotiation", *The Review of Economic Studies*, 1999, 66 (1): 39 -56.

[241] McLain, L. D., "Evidence of the Properties of an Ambiguity Tolerance Measure: The Multiple Stimulus Types Ambiguity Tolerance Scale-II (MSTAT-II)", *Psychological Reports*, 2009, 105 (3): 975 -988.

[242] Mises, V. W., *Human Action*, New York: William Hodge and Co. Ltd, 1949.

[243] Montiel, J. P., Agénor, P. R. and Haque, N. U., *Informal Financial Markets in Developing Countries: A Macroeconomic Analysis*, Oxford: Blackwell, 1993.

[244] Moskowitz, J. T. and Vissing-Jørgensen, A., "The Returns to Entrepreneurial Investment: A Private Equity Premium", *American Economic Review*, 2002, 92 (4): 745 -778.

[245] Mueller, J., Zapkau, F. B. and Schwens, C., "Impact of Prior Entrepreneurial Exposure on Entrepreneurial Intention: Cross-Cultural Evidence", *Journal of Enterprising Culture*, 2014, 22 (3): 251 -282.

[246] Neher, V. D., "Staged Financing: An Agency Perspective", *Review of Economic Studies*, 1999, 66 (2): 255 -274.

[247] O' Connor, G. C. and Mark, P. R., "A Comprehensive Model of Uncertainty Associated with Radical Innovation", *Journal of Products Innovation Management*, 2013, 30 (S1): 2-18.

[248] Panousi, V. and Papanikolaou, D., "Investment, Idiosyncratic Risk, and Ownership", *Journal of Finance*, 2012, 67 (3): 1113-1148.

[249] Paolo, F. and Merih, S., "Size and Focus of a Venture Capitalist's Portfolio", *Review of Financial Studies*, 2009, 22 (11): 4643-4680.

[250] Pastor, L. and Veronesi, P., "Uncertainty About Government Policy and Stock Prices", *The Journal of Finance*, 2012, 67 (4): 1219-1264.

[251] Pearce, G. D. and Stacchetti, E., "The Interaction of Implicit and Explicit Contracts in Repeated Agency", *Games and Economic Behavior*, 1998, 23 (1): 75-96.

[252] Peneder, M., "The Impact of Venture Capital on Innovation Behavior and Firm Growth", *Venture Capital*, 2010, 12 (2): 83-107.

[253] Pintado, T. R., De Lema, D. G. P. and Auken, H. V., "Venture Capital in Spain by Stage of Development", *Journal of Small Business Management*, 2007, 45 (1): 68-88.

[254] Popov, A. and Roosenboom, P., "Venture Capital and Patented Innovation: Evidence from Europe", *Economic Policy*, 2012, 27 (71): 447-482.

[255] Rauch, A. and Frese, M., "Let's Put the Person Back into Entrepreneurship Research: A Meta-Analysis on the Relationship Between Business Owners' Personality Traits, Business Creation, and Success", *European Journal of Work and Organizational Psychology*, 2007, 16 (4): 353-385.

[256] Repullo, R. and Suarez, J., "Venture Capital Finance: A Security Design Approach", *Review of Finance*, 2004, 8 (1): 75-108.

[257] Rin, D. M., Hellmann, T. F. and Puri, M., "A Survey of Venture Capital Research", *NBER Working Paper*, No. 17523, 2011.

[258] Robinson, P. P., Stimpson, V. D., Huefner, C. J. and Hunt, H. K., "An Attitude Approach to the Prediction of Entrepreneurship", *Entrepreneurship Theory and Practice*, 1991, 15 (4): 13-31.

[259] Sahlman, A. W., "Aspects of Financial Contracting in Venture Cap-

ital", *Journal of Applied Corporate Finance*, 1988, 1 (2): 473 – 521.

[260] Sánchez, C. J., "University Training for Entrepreneurial Competencies: Its Impact on Intention of Venture Creation", *International Entrepreneurship and Management Journal*, 2010, 7 (2): 239 – 254.

[261] Schertler, A., "Knowledge Capital and Venture Capital Investments: New Evidence from European Panel Data", *German Economic Review*, 2007, 8 (1): 64 – 88.

[262] Schindele, I., "Advice and Monitoring: Venture Financing with Multiple Tasks", *EFA* 2004 *Maastricht Meetings Paper*, No. 4637, 2006, March 15, Available at SSRN: http://dx.doi.org/10.2139/ssrn.567647.

[263] Schmidt, M. K., "Convertible Securities and Venture Capital Finance", *The Journal of Finance*, 2003, 58 (3): 1139 – 1166.

[264] Schumpeter, J. A., "Capitalism, Socialism, and Democracy", *American Economic Review*, 1942, 3 (4): 594 – 602.

[265] Schumpeter, J. A., *The Theory of Economic Development*, Cambridge: Harvard University Press, 1934.

[266] Schwienbacher, A., "Innovation and Venture Capital Exits", *The Economic Journal*, 2008, 118 (533): 1888 – 1916.

[267] Segal, I., "Complexity and Renegotiation: A Foundation for Incomplete Contracts", *The Review of Economic Studies*, 1999, 66 (1): 57 – 82.

[268] Shane, S. and Venkataraman S., "The Promise of Entrepreneurship as a Field of Research", *Academy of Management Review*, 2000, 25 (1): 217 – 226.

[269] Shapero, A. and Sokol, L., "Social Dimensions of Entrepreneurship", in Kent, C. A., Sexton, D. L. and Vesper, K. H., *Encyclopedia of Entrepreneurship*, Englewood Cliffs: Prentice Hall, 1982: 72 – 90.

[270] Sørensen, M., "How Smart is Smart Money? A Two-Sided Matching Model of Venture Capital", *The Journal of Finance*, 2007, 62 (6): 2725 – 2762.

[271] Sternberg, R. J., "Successful Intelligence as a Basis for Entrepreneurship", *Journal of Business Venturing*, 2004, 19 (2): 189 – 201.

[272] Stiglitz, E. J. and Weiss, A., "Credit Rationing in Markets with Imperfect Information", *The American Economic Review*, 1981, 71 (3): 393 – 410.

[273] Thomas, F. H. and Manju, P., "The Interaction Between Product Market and Financing Strategy: The Role of Venture Capital", *Review of Financial Studies*, 2000, 13 (4): 959 -984.

[274] Tian X., "The Causes and Consequences of Venture Capital Stage Financing", *Journal of Financial Economics*, 2011, 101 (1): 132 -159.

[275] Tian, X. and Wang, T. Y., "Tolerance for Failure and Corporate Innovation", *Review of Financial Studies*, 2014, 27 (1): 211 -255.

[276] Townsend, M. R., "Optimal Multiperiod Contracts and the Gain from Enduring Relationships Under Private Information", *Journal of Political Economy*, 1982, 90 (6): 1166 -1186.

[277] TradeUp Capital Fund and Nextrade Group, *State of SME Finance in the United States in* 2015, 2016.

[278] Tsai, K. H., Chang, H. C. and Peng, C. Y., "Extending the Link Between Entrepreneurial Self-Efficacy and Intention: A Moderated Mediation Model", *International Entrepreneurship and Management Journal*, 2016, 12 (2): 445 -463.

[279] Tykvova, T., "Venture Capital in Germany and Its Impact on Innovation", *2000 EFMA Conference*, Athens: European Financial Management Association, 2000.

[280] Ueda, M., "Banks Versus Venture Capital: Project Evaluation, Screening, and Expropriation", *The Journal of Finance*, 2004, 59 (2): 601 -621.

[281] Wang, C. K, Wang, K. and Lu, Q., "Effects of Venture Capitalists Participation in Listed Companies", *Journal of Banking and Finance*, 2003, 27 (10): 2015 -2034.

[282] Ward, T. B., "Cognition, Creativity and Entrepreneurship", *Journal of Business Venturing*, 2004, 19 (2): 173 -188.

[283] Weinstein, N., "Unrealistic Optimism About Future Life Events", *Journal of Personality and Social Psychology*, 1980, 39 (5): 806 -820.

[284] Williamson, E. O., "The Vertical Integration of Production: Market Failure Considerations", *American Economic Review*, 1971, 61 (2): 112 -123.

[285] Williamson, E. O., "Transaction-Cost Economics: The Governance of Contractual Relations", *The Journal of Law and Economics*, 1979, 22 (2): 233 -261.

[286] Wurthmann, K., "Business Students' Attitudes Toward Innovation and Intentions to Start Their Own Businesses", *International Entrepreneurship and Management Journal*, 2014, 10 (4): 691 - 711.

[287] Yang, J., "The Theory of Planned Behavior and Prediction of Entrepreneurial Intention Among Chinese Undergraduates", *Social Behavior and Personality: An International Journal*, 2013, 41 (3): 367 - 376.

[288] Zampetakis, L. A., Gotsi, M., Andriopoulos, C. and Moustakis, V., "Creativity and Entrepreneurial Intention in Young People Empirical Insights from Business School Students", *The International Journal of Entrepreneurship and Innovation*, 2011, 12 (3): 189 - 199.

[289] Zhang, P., Owen, L. C. and Wang, D. D., "A Study of Entrepreneurial Intention of University Students", *Entrepreneurship Research Journal*, 2015, 5 (1): 1 - 22.

[290] Zider, B., "How Venture Capital Works", *Harvard Business Review*, 1998, Nov. - Dec.: 131 - 139.